安徽芜合高速公路
改扩建工程创新实践

于春江　吴忠广　编著

人民交通出版社

北京

内 容 提 要

本书以安徽芜合高速公路改扩建工程为依托，践行芜合高速公路"低碳安全建造"理念，从施工交通组织、路基路面工程、桥涵工程、隧道工程、固废利用与节能减排5个方面，系统归纳总结了芜合高速公路改扩建工程建设实施近10年来的创新技术与实践经验。

本书可供高速公路工程建设、监理、施工等单位从业人员使用，也可供高等院校相关专业的师生学习参考。

图书在版编目（CIP）数据

安徽芜合高速公路改扩建工程创新实践／于春江，吴忠广编著. — 北京：人民交通出版社股份有限公司，2024.11

ISBN 978-7-114-18917-3

Ⅰ.①安… Ⅱ.①于…②吴… Ⅲ.①高速公路—改建—道路工程—研究—安徽②高速公路—扩建—道路工程—研究—安徽 Ⅳ.①U418.8

中国国家版本馆 CIP 数据核字（2023）第 183724 号

Anhui Wu-He Gaosu Gonglu Gai-Kuojian Gongcheng Chuangxin Shijian

书　名：	安徽芜合高速公路改扩建工程创新实践
著 作 者：	于春江　吴忠广
责任编辑：	潘艳霞
责任校对：	赵媛媛　刘　璇
责任印制：	刘高彤
出版发行：	人民交通出版社
地　　址：	（100011）北京市朝阳区安定门外外馆斜街3号
网　　址：	http://www.ccpcl.com.cn
销售电话：	（010）85285857
总 经 销：	人民交通出版社发行部
经　 销：	各地新华书店
印　　刷：	北京建宏印刷有限公司
开　 本：	787×1092　1/16
印　 张：	18
字　 数：	342千
版　 次：	2024年11月　第1版
印　 次：	2024年11月　第1次印刷
书　 号：	ISBN 978-7-114-18917-3
定　 价：	148.00元

（有印刷、装订质量问题的图书，由本社负责调换）

《安徽芜合高速公路改扩建工程创新实践》

专家委员会

胡 可　郑建中

编委会

主　　编：于春江
副 主 编：吴忠广　　杨大海
编　　委：窦维禹　雷　进　肖中伟　曹为民　刘　拓
　　　　　陈建伟　潘　硕　李　娟　汪志甜　陈　钱
　　　　　杨　芳　蔡　杰　张兴才　陈建军　徐国庆
　　　　　张志强　陈　朋　余树森　杜和军　朱　俊
参　　编：吴军银　张　岩　张　雷　李　涛　陈　思
　　　　　倪媛媛　胡松也　张品道　赵福利　丁　敏
　　　　　赵　祎　马乙一　王文刚　潘家升　段宗国
　　　　　田　伟　朱海军　赵玉虎　韩尤直

PREFACE 前 言

G5011芜合高速公路是国家高速公路网的重要组成部分,是安徽省通往浙江等东部沿海地区的重要通道,是皖北、皖中与皖江、皖南地区联系的重要干线公路,也是合肥经济圈、皖江经济带与长江三角洲地区联系最便捷的高速公路通道之一,在区域路网中具有十分重要的地位。

芜合高速公路是安徽省"八五"期间交通基础设施重点建设项目,起自肥东陇西立交,终于和县雍镇,全长100km,为全封闭、全立交、控制出入的双向四车道高速公路,设计速度100km/h,路基宽24.5m。自2000年9月全线通车以来,芜合高速公路已累计服役20余年,为安徽省社会经济发展作出了巨大贡献。然而,近年来,芜合高速公路交通量增长迅猛,截至2015年,部分断面日均交通量已达5万辆以上,高峰交通流量达10万辆以上,节假日及高峰时段出现常态化拥堵,特别是部分隧道、互通枢纽等关键节点拥堵现象频发、区域通行能力较差,已不能适应安徽省交通发展需求。芜合高速公路扩容改造列入《安徽省交通运输"十三五"发展规划》,其中一期林头至陇西立交段改扩建工程于2019年12月实施完成,二期芜湖至林头段改扩建工程于2022年12月正式通车。

芜合高速公路改扩建工程涵盖特大桥工程、隧道工程、互通枢纽改造工程、上跨桥拆除新建以及涉铁工程等多种施工类型,交通组织风险高、地形地质条件复杂、关键结构施工难度大、外部条件困难。经过10年的实践与攻关,项目积累了大量工程建设与创新实践经验,总结了建设实施中面临的工程技术难题,归纳了施工管理实践经验,形成了具有"芜合"特色的成套创新技术与装备。

芜合高速公路改扩建工程办公室高度重视科研创新工作,牵头成立了由交通运输部科学研究院、安徽省交通规划设计研究院股份有限公司和参建各方等共同组成的芜合高速公路改扩建工程创新实践小组,开展了系列创新技术攻关,围绕项目建设施工期各项创新实践技术及科研探索工作展开系统总结与提升,凝练形成了《安徽芜合高速公路改扩建工程创新实践》,以期为安徽省及全国同类高速公路改扩建工程项目的建设施工与运营管理提供一定借鉴。

  由于编者水平有限,书中内容难免有不足和疏漏之处,敬请读者批评指正。

作 者

2024 年 5 月

CONTENTS 目　　录

1　绪论

1.1　安徽省高速公路改扩建工程建设现状　002
1.2　芜合高速公路改扩建工程概况　002
1.3　项目重难点及管理特点　005
1.4　本书主要内容　007

2　施工交通组织

2.1　芜合高速公路改扩建工程交通组织方案　012
2.2　单向封闭条件下施工保通方案经济效益分析　019
2.3　高速公路改扩建工程交通安全风险评估方法　025
2.4　本章小结　037

3　路基路面工程

3.1　软土地基预应力高强度混凝土管桩施工技术　040
3.2　新型多跨连续桩板式道路结构快速建造技术　050
3.3　新老路基拼接施工典型做法　078
3.4　泡沫混凝土路基填筑施工技术　083
3.5　本章小结　090

4 桥涵工程

- 4.1 牛屯河大桥施工关键技术 ········· 092
- 4.2 装配式通道技术创新 ········· 111
- 4.3 支线上跨桥拆除与重建施工技术 ········· 119
- 4.4 免涂装高性能耐候钢钢板组合梁 ········· 125
- 4.5 复杂地质条件下路基改桥梁路段施工基础处置方法 ········· 140
- 4.6 本章小结 ········· 149

5 隧道工程

- 5.1 近邻隧道施工动态控制技术 ········· 152
- 5.2 既有隧道应急车道扩建施工关键技术 ········· 176
- 5.3 既有隧道病害处治技术 ········· 187
- 5.4 本章小结 ········· 201

6 固废利用与节能减排

- 6.1 旧沥青路面就地冷再生及异位利用关键技术 ········· 204
- 6.2 基于干式油石分离的沥青混合料高效再生利用关键技术 ········· 226
- 6.3 高山隧道照明与装饰技术 ········· 247
- 6.4 本章小结 ········· 261

附录

- 附录A 芜合高速公路改扩建项目科研项目及科技创新成果 ········· 264
- 附录B 芜合高速公路改扩建项目"平安工程"创建实践 ········· 267

参考文献

CHAPTER ONE

1 绪论

1.1　安徽省高速公路改扩建工程建设现状

"十三五"时期,安徽省公路网络不断完善。全省公路总里程达23.6万km,跃居全国第7位。高速公路"五纵十横"主骨架加速形成,总里程4904km,基本形成省际互通、市市连通的高速公路网络,"县县通高速"即将实现。国省干线公路网络进一步优化,一级公路总里程5773km,居全国第8位,四市实现省会到市一级公路连接,八市实现市到所辖县一级公路连接。然而,全省公路网络结构仍需提升。具体而言,公路网总体规模较大,二级及以上公路占比为10.1%,总体技术水平偏低。高速公路密度为3.5km/100km^2,六车道及以上高速公路占比为8.4%,低于周边地区平均水平;普通国省道一级公路网络尚未全面建成,部分地市与省会、所辖县尚未实现一级公路连通。

"十四五"期间,安徽省高速公路工程将以贯通、加密、扩容为重点,着力构建畅通高效的高速公路网。全省计划新增高速公路里程1900km以上,其中完成扩容改造637km,积极推进路网功能突出、交通流量较大的高速公路扩容改造,高速公路主通道通行能力大幅提升,到2025年实现对接长三角、合肥都市圈对外辐射主通道八车道通行。高速公路通车总里程将达到6800km,高速公路密度将达到4.85km/100km^2,基本建成"五纵九横"的高速公路网。其中,扩容改造工程相关计划主要包括:续建G4211宁芜高速公路皖苏界至芜湖东枢纽段、G5011芜合高速公路芜湖至林头段、G40沪陕高速公路合肥至大顾店段改扩建工程;实施G36宁洛高速公路(明光至蚌埠段、来安至明光段)、G5011芜合高速公路芜湖至宣城段、G50沪渝高速公路宣城至广德段、G3京台高速公路合肥至蚌埠段改扩建工程。加快G50沪渝高速公路钟鸣枢纽至上水桥枢纽段改扩建、G4212合安高速公路桐城至安庆北段等改扩建工程前期研究工作。

1.2　芜合高速公路改扩建工程概况

1.2.1　项目总体情况

G5011芜合高速公路是国家高速公路网的重要组成部分,是安徽省通往浙江等东部沿海地区的重要通道,也是皖北、皖中与皖江、皖南地区联系的重要干线公路,在路网中具有十分重要的地位。芜合高速公路是安徽省"八五"期间交通基础设施重点建设项目,起自肥东陇西立交,终止于和县雍镇,全长100km,为全封闭、全立交、控制出入的双向四车道高速公路,设计速度100km/h,路基宽24.5m。1992年12月开工建设,2000年9月全线通车,并于2004年4—12月完成全线沥青混凝土路面改建。近年来,芜合高速公路交通量增加迅猛,截至2015年,部分断面日均交通量已达5万辆以上,高峰交通流量达10万辆以上,节假日及高峰时段出现常态化拥堵,试刀山隧道、高山隧道等关键节点拥堵现象频发、区域通行能力较差,已不能适应安徽省交通发展需求。芜合高速公路扩容改造迫在眉睫,列入《安徽省交通运输"十三五"发展规划》。其中,G5011芜合高速公路试刀山隧道应急工程于2016年9月完工,林头至陇西立交段改扩建工程已实施完成,芜湖至林头段改扩建工程于2022年12月正式通车。

1.2.2　G5011芜合高速公路试刀山隧道改扩建应急工程

试刀山隧道应急工程是整个合芜高速公路改扩建工程的控制性工程,也是芜合高速公路堵点之最,为缓解道路通行压力,化解营运安全风险,经省政府批准,将试刀山隧道的改扩建作为应急工程现行开工实施。主要的工作内容在既有隧道两侧各新建一个隧道,其中左线长1220m,右线1310m,断面形成四洞8车道,新老隧道间设车行横洞2对,人行横洞2对,同时对既有隧道进行加固改造,既有隧道改造加固工程也是省内第一个长大隧道改造工程,改造工程有治有改更有扩,治的是渗漏水、裂缝、衬砌背后脱空注浆、溶洞导排回填等;改的是破挖再造路面结构和疏排水工程,全面更换升级隧道机电、通风及照明、消防、监控等系统;扩的是在老隧道结构中增设扩挖应急车道(3车道断面)、打通新老隧道的救援连接通道等。

1.2.3　G5011芜合高速公路林头至陇西立交段改扩建工程

G5011芜合高速公路林头至陇西立交段改扩建工程(以下简称"芜合一期高速公路改扩建工程")起自芜合高速公路与北沿江高速公路交叉处的林头立交以北,起点桩号K61+425,路线向北经林头镇、半汤镇(巢湖经开区)、试刀山隧道、夏阁镇、柘皋镇、庙岗乡、王铁至店埠镇,终于与合徐南高速公路交叉处的陇西立交以南,终点桩号K115+501.513,路线全长54.088km。项目路线图如图1.2-1所示。项目原为双向四车道高速公路,设计速度100km/h,路基宽24.5m。本次扩建按双向八车道高速公路标准建设,设计速度120km/h,整体路段路基宽度42.0m(在原有路基两侧各加宽8.75m)。全线改扩建隧道1座(试刀山隧道,作为应急工程已先期实施),设桥梁20座,长1151.4m,其中扩建18座,拆除重建2座。设互通式立交3处,均为移位重建,分离式立交43处,其中新建14处,其他拆除重建或改扩建。设涵洞188道,通道121处。附属服务设施主要有收费站3处,均为改扩建,新建服务区1处。

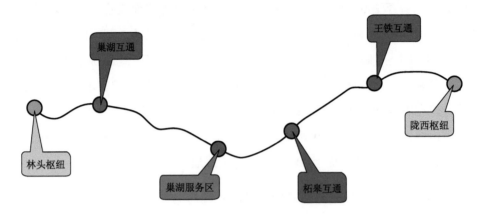

图1.2-1 芜合一期高速公路改扩建工程项目路线图

1.2.4 G5011芜合高速公路芜湖至林头段改扩建工程

G5011芜合高速公路芜湖至林头段改扩建工程(以下简称"芜合二期高速公路改扩建工程")起点位于芜湖市鸠江区裕溪河特大桥北,起点桩号K19+947.372,向北经芜湖市鸠江区雍镇、沈巷、马鞍山市含山县铜闸、关镇、林头,终止于马鞍山西枢纽北顺接林头至陇西段改扩建起点,终点桩号K61+520.812,全长41.573km。项目路线图如图1.2-2所示。全线采用双向八车道高速公路标准改扩建,其中起点至雍镇主线收费站路段(K19+947.372~K23+760.866)长3.813km,设计速度100km/h,路基宽度41.0m;雍镇主线收费站至终点(K23+760.866~K61+520.812)长37.760km,其中,既有高山隧道原隧利用路部分(YK49+500.000~YK53+400.000,ZK49+500.000~ZK53+396.114)维持现状设计速度100km/h,其余路段设计速度120km/h,路基宽度42.0m。全线改扩建特大桥2343m/2座、大桥187m/1座、中小桥417m/10座,涵洞250座;改扩建隧道810m/1座;改扩建互通式立交3处:芜湖北互通、含山互通和马鞍山西枢纽,匝道桥536.6m/2座;主线上跨分离式立体交叉764m/11座,支线上跨分离式立体交叉418m/6座;人行天桥60m/1座;通道117座。改扩建福山服务区、芜湖北养护中心,新增养护工区1处,为含山养护工区。

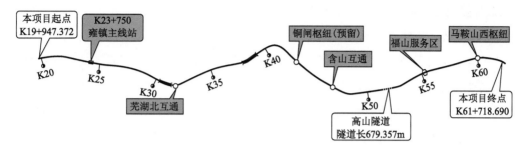

图 1.2-2 芜合二期高速公路改扩建工程项目路线图

1.3 项目重难点及管理特点

1.3.1 项目重难点

芜合一期和二期高速公路改扩建工程涵盖特大桥工程、隧道工程、互通枢纽改造工程、上跨桥拆除新建以及涉铁工程等多种施工类型,根据工程区自然条件、交通状况及既有道路状况,项目的主要特点及建设重难点主要包括以下四个方面:

(1)运营保通困难重。

作为安徽省"内通外联"的重要通道,扩容改造前芜合改扩建项目交通流量大,日均断面流量4.81万辆,高峰时间段超过10.3万辆,货车率约占28%,高山隧道等关键节点拥堵现象频发、区域通行能力差。为保障改扩建施工期间施工路段及区域路网交通运营畅通,项目采用"边通车、边施工"的交通组织方式,在各主要施工路段采取"保四通行"模式,进一步提升了施工过程中交通组织管理难度,施工安全风险与交通安全风险交织。

(2)关键工程风险高。

项目沿线软土分布广泛,软基处置工程量大,其中,芜湖至林头段单侧PHC管桩处理长度占路线总长的58%。软基处置与路基拼宽施工同步,施工工序交叉、工艺复杂、高大机械设备倾覆、物体打击等风险高;牛屯河特大桥采用超大直径水下钻孔灌注桩,单桩独柱墩结构,单桩直径3.8m,最大桩长超过80m,单桩钢筋笼重量超78t。项目施工对钢护筒焊接质量、吊装沉放精度、钢筋笼加强圈加工质量和吊装稳定性要求较高,桩基施工难度大,物体打击、机械伤害等安全风险高,施工组织复杂;高山隧道服役时间长,存在渗漏水、衬砌背后脱空、净空断面侵界等问题,现状远不满足规范要求。隧道左洞二次衬砌撤除重建比例达到70%,原有初期支护结构缺失,部分原有二次衬砌背后空洞较多,Ⅴ级围岩高达70%。改扩建施工需拆除重建既有二次衬砌结构,隧道坍塌施工安全风险,近邻隧道施工对既有隧道运营安全影响较大。

(3)平纵交叉组合多。

芜合高速公路改扩建项目涉及多处平纵转换、公铁转换路段,交通转换贯穿项目建设全周期,转换范围广。马鞍山西枢纽匝道日均交通流量超过3万辆,在保通状况下进行施工改造,对交通安全影响大;既有淮南铁路分离立交跨铁路净空不满足电气化铁路净空要求,主线及匝道最大纵断面抬高3.77m,铁路桥墩柱距离铁路中心线最小距离仅5.1m,无盖梁结构桥梁拆除及跨越既有铁路箱梁架设施工安全风险大、现场防护要求高。

(4)外部环境变量大。

芜湖至合肥高速公路是上海至重庆国家高速公路的联络线,是合肥连接马鞍山、芜湖等皖东城市群的重要干线公路,也是合肥经济圈、皖江经济带与长江三角洲地区联系最便捷的高速公路通道之一,扩容改造社会关注度高。项目建设贯穿疫情始末,且受土地政策影响,对施工进度及总体工期造成较大压力。项目所经区域地形平坦,部分路段已经为城镇路段或已有城镇规划,路线所经过的鸠江区沈巷镇两侧均为基本农田,无合适的取土场地,沿线取土较为困难。同时,随着国家加强对环境保护工作的重视及人民群众日益增长的对美好生态环境的需求,环保的高标准高要求提高了项目管理难度。

1.3.2 项目管理特点

芜合高速公路改扩建项目始终坚持"低碳安全"的建设理念,以"徽匠筑徽道,品质塑芜合"为建设目标,以工程实体安全与耐久为导向,充分运用"四新"(新技术、新工艺、新材料、新设备)技术,优化管理流程,通过科技创新与实践,落实关键质控指标,提高安全管理绩效,总体实现工程质优耐久,具体而言主要包括以下几个方面:

(1)坚持管理创新,建立安全管理策划机制。在规划阶段,率先编制安全管理策划大纲,推动落实安全生产条件,坚持做足规定动作、做好自选动作"两动作",确保安全责任落实、安全措施执行、安全费用投入、安全隐患整治"四到位"。推动一路多方积极参与前期统筹谋划,及时消解涉路安全风险,实施"联勤联动维常态,通力合作筑平安",实现了从开工到交工2250d"建设零死亡"。

(2)坚持模式创新,创新单向封闭交通组织模式。提出大交通流量、高施工难度、短施工时间等多重制约因素下适应安全快速施工的单向封闭交通组织模式,提出基于最小交通影响的施工路段安全风险评估方法,加强一路多方协调联动,科学管控大流量条件下交通安全风险,大大降低改扩建路段交通事故率,实现"运营保通畅",落实了既定建设目标。

(3) 关键工程先行,发挥先行工程土地政策优势。根据土地政策要求,芜合一期高速公路改扩建工程确定试刀山隧道应急工程等控制性工程、芜合二期高速公路改扩建工程确定马西枢纽、高山隧道、牛屯河特大桥等控制性工程为先行工程,充分发挥先行工程土地政策的优势,保证关键工程的有效工期,推动项目整体进展,为保障道路畅通和全线总体建设目标奠定了坚实基础。

(4) 动态设计调整,立足工程项目功能完善提升。紧密围绕品质工程建设目标,科学处理功能、质量与建设成本的关系,实现工程全寿命周期低碳安全、质量可靠和成本最优,采取的主要举措包括:根据桥位区地质条件及施工现场位移监测结果,将江北大道分离式立交桥右幅下部结构设计方案动态优化为桩柱一体化方案,增强结构整体稳定性、提高施工效率;针对路基拼宽施工现场场地条件受限问题,将仰斜式路肩墙优化设计为轻质泡沫混凝土路基,有效解决了新建分离式路基水平距离不满足自然放坡宽度问题;根据高山隧道监控量测结果,将既有高山隧道浅埋段换拱施工"超前小导管+地表注浆"设计方案动态调整为"大开挖"方案,在保障施工安全前提下提高隧道施工效率。

1.4 本书主要内容

全书共包括7章,包括绪论、施工交通组织、路基路面工程、桥涵工程、隧道工程、固废利用与节能减排、结论与展望,各章之间的相互关系及主要研究思路如图1.4-1所示。

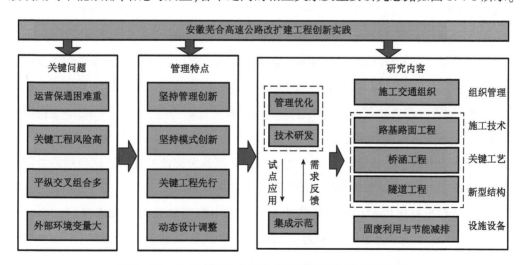

图1.4-1 本书各部分之间的相互关系及主要研究思路

第 1 章绪论,分析了安徽省高速公路改扩建工程建设现状及未来发展趋势,介绍了芜合高速公路改扩建工程的基本情况,系统总结分析了工程建设过程中存在的重难点问题,总结了在工程建设全过程中采取的施工技术、关键工艺以及设计研发的新型结构、设施装备,提出了工程项目管理特点。

第 2 章施工交通组织,分别介绍了芜合高速公路改扩建工程采取单向封闭施工情况下的施工交通组织管理经验,开展单向封闭条件下施工交通组织经济效益分析;开展了高速公路改扩建工程交通安全风险辨识与分析,建立了交通安全总体风险评估和专项风险评估指标体系,分别提出了相应的交通安全风险评估方法。

第 3 章路基路面工程,介绍了芜合高速公路改扩建工程软土地基预应力高强度混凝土管桩施工技术,总结了 PHC 管桩桩基施工关键工艺及质量管控要点;设计研发了新型多跨连续桩板式道路结构,提出了桩板式结构关键连接构造并通过试点应用验证了其在芜合高速公路改扩建工程中的适用性;针对低填路段、一般边坡路段、高边坡路段、设置挡土墙路段和挖方路段,分别提出了相应的路基拼接施工方案,总结了新老路基拼接施工的关键工艺及典型经验;分析了泡沫混凝土在高速公路改扩建工程路基填筑施工中的技术优势,提出了相关技术在路基抬升段及浸水路基换填段的应用技术方案、关键工艺及管控要点。

第 4 章桥涵工程,研发了深水河漫滩区超长大直径桩基施工系列技术装备,介绍了装配式通道技术创新、支线上跨桥拆除与重建技术,总结了复杂地质条件下路基改桥梁施工基础处置方法,提出了免涂装高性能耐候钢组合梁耐久性提升关键结构及构造设计方法,总结了耐候钢板施工工艺。

第 5 章隧道工程,针对近邻隧道施工过程中的爆破影响控制、岩体参数获取方法、施工动态模拟技术及 BIM(Building Information Modeling,建筑信息模型)技术在隧道改扩建工程中的应用等进行了详细介绍;总结了隧道应急车道扩建施工中的技术要点和典型经验;针对不同等级围岩分别提出了既有高山隧道病害处治方案,总结了衬砌净空侵限处治施工的关键工艺和质量管控要点。

第 6 章固废利用与节能减排,系统总结了芜合高速公路改扩建工程绿色建造关键技术应用情况;分析了旧沥青路面就地冷再生及异位利用技术和基于干式油石分离的沥青混合料高效再生利用技术在高速公路改扩建工程中应用的适用性和取得的社会经济效益,介绍了由多功能蓄能发光隧道灯(DFLED 灯)、纳米硅负离子涂料、多功能储能发光涂料和多功能蓄能发光视线诱导设施共同构成的新型隧道光环境体系及相关技术。

本书以低碳安全建造为主线，从施工交通组织、路基路面工程、桥涵工程、隧道工程、固废利用与节能减排五个维度出发，建立了贯穿项目设计与施工全过程的低碳安全技术体系，形成了芜合高速公路改扩建工程低碳安全成套施工技术、关键工艺和设施设备等成果，主要研究内容及方法如图1.4-2所示。

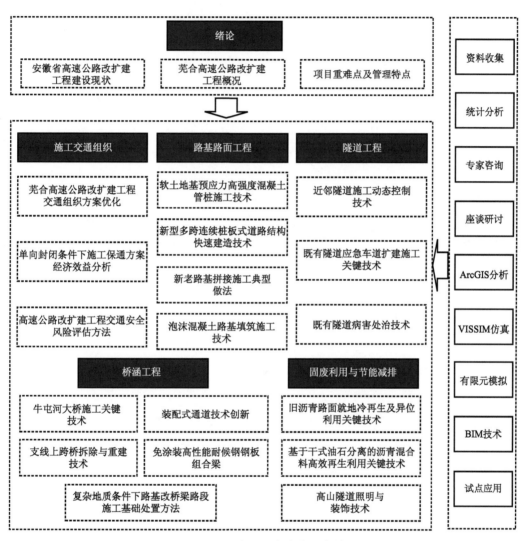

图1.4-2 主要研究内容及方法

CHAPTER TWO 2

施工交通组织

芜合高速公路在一期改扩建工程施工中,综合考虑老路现状、互通立体交叉的分布情况及扩建应充分利用老路的需要,始终维持四车辆通行,减少了因公路施工给道路带来的拥堵。在二期改扩建工程施工时,项目批复工期比一期项目减少了2个月,同时增加了新建隧道任务以及大量软基处理工程,且项目前期受土地政策影响,工期压力巨大,因此给施工交通组织带来很大挑战。针对上述问题,本章从改扩建工程交通组织方案比选、单向封闭条件下施工保通方案经济效益分析以及高速公路改扩建工程交通安全风险评估方法等方面,系统总结芜合高速公路改扩建工程施工交通组织实施面临的主要问题,归纳项目施工交通组织实施中取得的经验。

2.1 芜合高速公路改扩建工程交通组织方案

2.1.1 交通组织总体方案

芜合高速公路在安徽省高速公路网中具有突出的地位与作用,基于项目周边路网的情况及社会经济利益的考虑,在芜合一期高速公路改扩建工程施工中,项目采取"两侧拼宽、单侧拼宽、局部分离"组合型的方式将原双向四车道高速公路扩建为双向八车道高速公路,综合考虑老路现状、互通立体式交叉的分布情况及扩建应充分利用老路的需要。

芜合二期高速公路改扩建工程施工交通组织总体方案,综合考虑主线交通量特征、区域路网几何特征以及工期要求等因素确定。

2.1.1.1 主线交通流量特征

交通量预测以数据相对完善、增速较为正常的2018年交通量为基准年,考虑自然增长及交通量转移等因素。2021年平均日交通量见表2.1-1。由交通量预测数据可知,途经本项目车辆的主要出行区间是合肥、芜湖两地的短途出行。

2021年平均日交通量(单位:辆/d)　　　　　表2.1-1

项目	年份								
	2020	2021	2022	2023	2024	2025	2030	2035	2040
巢湖—芜湖	35803	37589	39464	41432	43498	45667	—	—	—
改建分流	8951	9397	9866	10358	10875	11417	—	—	—
趋势转向量	34190	35895	37685	39564	41537	43609	39794	46379	54054
转向量预测	43140	45292	47551	49922	52412	55026	41386	48234	56216

续上表

项目	年份								
	2020	2021	2022	2023	2024	2025	2030	2035	2040
重方向(单向)	23727	24911	26153	27457	28826	30264	22762	26529	30919
节假日转向量	64711	67938	71326	74883	78618	82538	62079	72352	84324
重方向(单向)	35591	37366	39229	41186	43240	45396	34143	39793	46378

2.1.1.2 区域路网几何特征

根据安徽省路网分布构成情况及建设现状,本项目影响区域内的高速公路,主要包括合肥绕城高速公路(G40/G4011)、合宁高速公路(G40 沪陕高速公路)、沿江高速公路(G50 沪渝高速公路)、合安高速公路(G4212)、马芜高速公路(G4211)、芜宣高速公路(G50)、合徐南高速公路(G3 京台高速公路)、合蚌高速公路(S17)、天潜高速公路(S22)、常合高速公路(S24)、宁芜高速公路(G4211)、宁洛高速公路(G36)、蚌淮高速公路(S17)、凤阳支线(S95)、滁淮高速公路等;国省道包括 G206、G346、S103、S319、S105、S208、S226、S331、S206 等。本项目大致呈南北方向,从路网布局来看,本项目可利用相邻高速公路及国省道有效实现中短途分流方案。区域内主要相关道路基本情况见表 2.1-2。

区域内相关道路基本情况   表 2.1-2

道路名称	长度(km)	行车道数量	设计速度(km/h)	路面宽度(m)	路面状况
S208 巢湖—无为	42	2	50~60	14	良好
S105 居巢区	105	2	60	14	良好
S105 居巢区	6	2	60	10.2	良好
S206 巢湖市境内	81	2	50、80	9	良好
S206 滁州市境内	28	4	80	23	良好
S331 巢湖境内	42	2	40~60	7	良好
S331 合肥境内	61	2	40、60	14~30	良好
S226	55	2	50、60	8、14	良好
S319	146	2	30、40	7~12	良好
S316	73	2	50、60	12	良好

由以上交通流量预测数据和区域路网几何特征分析可知:

(1)根据交通量预测结果,2020 年本项目路段平均交通量为 3.5 万 pcu/d,局部路段服务水平已达三级水平下限,改扩建施工期间双向两车道通行难以满足通道交通量迅速增长的需求,必然导致交通拥堵,会对整个路段的交通安全带来隐患,且交通拥堵又延长改扩建的施工工期,造成较大的社会影响。

(2)本项目路段交通量占该区域整体交通量的比例较大,如果不采取保持四车道通行的保通方案,改扩建施工期间芜合高速公路将不能承担现有的交通量,需将部分车辆分流到周边路网。

(3)本项目沿线的国省道路虽然路面条件尚好,但是路幅较为窄小,通道余量不足,可以用于辅助分流本项目的能力有限。

综合分析,本项目推荐采用双向四车道通行,局部困难路段采用双向两车道通行,对存在可绕行的路线,建议可采用半幅封闭施工,以提高项目服务水平稳定性。实际施工过程中,项目因红线用地批复滞后,前期进展极度缓慢,至2021年3月底,全线路基土方工程完成不到8%,无法实现按原定施工计划于2010年10月底完成一阶段交通导改。鉴于工期要求以及本项目路网分流条件较好,在2021年7月进行半幅封闭施工。经与芜合一期高速公路改扩建工程双向四车道保通的交通组织方案对比分析,半幅封闭施工具有以下优势:

(1)加快施工进度,有效节约工期。路面半幅封闭后,新建桥梁与老桥改造可同步实施;既有高速公路代替施工便道,加大运输机械效率;施工作业面充裕,桥梁旋挖钻机、路面全幅摊铺机等大型设备能够得到充分发挥。经测算,半幅封闭后节约工期至少4个月。

(2)避免车道压缩,降低安全风险。路面半幅封闭后,避免了新老路搭接开挖台阶导致的车道压缩。数据显示,本项目交通堵塞每年约36次,交通事故约17日,半幅封闭后,杜绝了交通堵塞和交通剐蹭事故;同时半幅封闭后,既有封闭道路充当安全隔离带,降低了施工对运营道路通行的干扰,安全风险进一步降低。

(3)提高工程质量,保证工程品质。路面半幅封闭后,路基路面拼接更加有保障。路基拼接可按照设计方案侵入应急车道开挖台阶,而对于路面拼接,可使用铣刨机铣刨台阶,保证了台阶的质量。桥梁上部结构、伸缩缝、涵洞通道等可一次建造成形,保证了结构的稳定性。

(4)降低工程造价,大幅节约成本。路面半幅封闭后,原设计用作交通导改的辅助工程取消,降低工程造价,节约施工成本。取消原设计的保通路、保通桥,节省造价约2300万元。三阶段导改方案是在第一阶段路面完成至下面层,加铺一层微表处用作交通导改,而半幅封闭后,封闭侧路面可全部施工至上面层,再进行交通转换。取消路面微表处节省造价348万元。

芜合二期高速公路改扩建工程首段交通导改完成后效果如图2.1-1所示。

2 施工交通组织

图 2.1-1　芜合二期高速公路改扩建工程首段交通导改完成效果

2.1.2　路网交通分流方案

2.1.2.1　区域路网及分流道路分析

项目区域内 G5011 芜合高速公路林头至陇西立交段、G40 沪陕高速公路周庄至陇西立交段、G3 京台高速公路方兴大道至马堰段需要同时进行改扩建,故合肥的东、东南方向的交通量均会有较大压力。在进行交通分配之前,需要对改扩建区域路网进行详细的分析,从而保障项目内的分流道路能够承载分流的交通量。

经研究,区域路网内可进行分流的国省道有 G206、S105、S124、S103、S319、S331、S206、S208 等。项目影响区已形成了以沪陕高速公路、京台高速公路、芜合高速公路、马芜高速公路为主,S226、S124、S206、S331、S311 等道路为辅的公路运输网络。对这些相关分流道路,选取了代表性的观测点并收集了相应的交通量观测资料,见表 2.1-3。

区域路网分流国省道交通量(单位:辆/d)　表 2.1-3

道路名称	车辆类型									
	小型货车	中型货车	大型货车	拖挂车	小型客车	大型客车	拖拉机	摩托车	机动车合计	机动车折算合计
S331	622	442	372	439	1863	457	219	1520	5934	8291
S206	733	626	1096	783	3669	332	312	2613	10164	14241
S105	287	422	663	341	2293	223	340	3624	8193	10881
S124	312	303	654	163	2494	310	79	1009	7594	9603
S319	593	893	1155	755	2413	313	325	1799	8246	12489
S208	951	904	827	544	2891	604	174	1216	8111	11302
S103	511	609	1014	447	2013	224	413	1481	6712	10276
G206	835	845	605	471	2573	638	150	1546	7663	10402

2.1.2.2 项目路段交通组织及路阻函数分析

项目区域内三条高速公路中,G40沪陕高速公路周庄至陇西段(合宁高速公路)是合肥东部出城的主要干道,采用双侧拼宽的保通方案,全阶段为封闭硬路肩的交通组织方式,项目路施工期间内从始至终保持双向四车道通行。G5011芜合高速公路林头至陇西段(芜合高速公路)为合肥东南方向出城的主要干道,采用单侧拼宽与双侧拼宽相结合的保通方案,全阶段为封闭硬路肩的交通组织方式,项目施工区期间始终保持双向四车道通行,不存在封闭车道的情况。而G3京台高速公路方兴大道至马堰段(合安高速公路)采用左右幅分区段并行施工的方案,存在封闭内侧车道、借用对向半幅车道以及封闭硬路肩交通组织的情况。因此,分三种情况进行交通分流研究。具体交通组织情况见表2.1-4。

改扩建工程交通组织情况划分　　　表2.1-4

情况	G40高速公路施工组织	G5011高速公路施工组织	G3高速公路施工组织
1	封闭硬路肩	封闭硬路肩	封闭硬路肩
2	封闭硬路肩	封闭硬路肩	封闭内侧车道
3	封闭硬路肩	封闭硬路肩	封闭半幅车道

封闭硬路肩条件下,施工区通行能力的简化主要是参考行车道数、大型车辆比例、侧向宽度以及驾驶人对环境熟悉程度和施工区强度修正系数。路阻函数采用经典BPR函数,参数值取值分别为值$\alpha=0.15, \beta=4$。根据路线设计规范,对车辆换算系数进行选取,合安高速公路的大型车辆占比为15%,则分别采用15%对应的路阻函数,即施工区的封闭半幅车道和封闭内侧车道的路阻函数分别满足式(2.1-1)和式(2.1-2)。

$$t = t_0 \left[1 + 1.500 \left(\frac{q}{c}\right)^{3.634}\right] \quad (2.1\text{-}1)$$

$$t = t_0 \left[1 + 1.897 \left(\frac{q}{c}\right)^{4.086}\right] \quad (2.1\text{-}2)$$

式中:t——实际通过该路段所需要的时间;

t_0——路段自由行驶时间;

q——当时通过该路段的交通量;

c——路段的实际通行能力。

2.1.2.3 区域路网建模

完成项目区域路网的分析后,对区域路网进行建模。首先在项目区域内,进行小区划分。就改扩建交通分流而言,由于收费站小区OD太过密集,并没有实际意义,因此根据本项目的实际情况和项目需求,对交通小区进行适当合并。采用 TransCAD 仿真软件进行交通仿真,其中高速公路为安徽省项目区域内的高速公路,一级公路和二级公路为项目影响区域内道路。项目区域内一、二级分流道路为 S105、S124、S103、S319、S331、S206、S208。

将 OD 矩阵和交通路网数据输入到 TransCAD 中,采用 SUE(Stochastic User Equilibrium,随机用户平衡配流)进行交通分配。分配结果见表 2.1-5。

高速公路改扩建路段交通分配结果 表 2.1-5

交通组织条件划分	道路名称	车道编号	预测交通量(pcu/d)	原有交通量(pcu/d)	分流比例(%)
情况一	G3	79	29406	32164	8.57
		81	23426	25312	7.45
	G5011	74	19467	25022	22.20
		86	23902	25023	4.48
	G40	69	26635	29820	10.68
情况二	G3	79	28680	32164	10.83
		81	18428	25312	27.20
	G5011	74	20132	25022	19.54
		86	24029	25023	3.97
	G40	69	26635	29820	10.68
情况三	G3	79	20681	32164	35.70
		81	18254	25312	27.88
	G5011	74	23335	25022	6.74
		86	20330	25023	18.75
	G40	69	27453	29820	7.94

2.1.2.4 交通分流结果分析

根据交通分配的结果,对不同阶段的项目路段的交通分配结果进行分析。由分配结果可知,不同交通组织情况下的分流结果有着明显差异。由于 G3 高速公路在不同的交通组织阶段,其路段阻抗较大,从而会对周边的交通量产生影响。G3 高速公路在三种情况条件下的分流比例有着明显的变化,情况一要比情况二的分流比例少 11%,情况三比情况二分流比例要多 12.775%。而 G5011 高速公路整体分流情况变化不大,分流比例分别为 13.34%、11.755%、12.745%,但是局部路段的分流比例却有较大的变化。G40

高速公路的分流比例三种情况下的分流比例变化不突出,变化范围为2%~3%。

根据上述分析,情况一下的分流比例最小,其对应的通行能力也最大。情况二前一段与后一段的分流比例相差较大,与周围路网的情况也有关系。若可分流道路多,且最短路径小,则其分流比例会随之变大;若周边分流道路较少,且绕行距离较长,则分流比例会随之降低。而情况三条件下,前后两端的分流比例均比较大,且均高于情况一与情况二,与实际情况吻合。

从情况一、二、三纵向对比来看,G3高速公路分流比例差距较大,而相关的项目路的分流比例会有相应的变化,即如果按传统的路网分流方法按同一分流比例不考虑施工区交通组织阶段进行路网交通组织,在后期G3高速公路会面临很大的交通压力,在特定时刻有导致部分路段交通瘫痪的可能性,从而对另外两条项目路也产生巨大的影响。从纵向对比来看,本项目构建的改扩建交通组织分流方法较传统分流方法有较大的优越性。

2.1.3 临时交通安全设施布设

2.1.3.1 路基施工期临时交通安全设施布设

临时交通标志主要包括警告标志、禁令标志、指示标志和指路标志。高速公路主线上原有的标志除一些公益性告示牌等必要性不大的标志以外,其他交通标志原则上增设一套。该阶段临时交通标志实施完成以后,高速公路上两套标志共存,经过一段时间,驾驶人对于新增的交通标志会逐渐熟悉和接受,为下一步拆除路侧交通标志准备条件。由于国内早期建造的高速公路中央分隔带一般较窄,因此采用中央分隔带设置方案时,所有标志宽度和高度均受到控制。由于标志版面较小,标志视认性较差,所有标志集中于中央分隔带以后,导致中央分隔带标志过于集中,会进一步导致中央分隔带视觉效果变差。为此,应取消部分不是十分必要的标志。

路基施工阶段一般利用防撞墙将施工场地和高速公路进行有效隔离以及将施工场地和外界进行有效隔离,其目的是防止外来人员进入施工场地和高速公路,对改扩建施工和车辆运行造成干扰。临时隔离设施安装时预留施工道口,方便施工车辆进入施工场地,但应安排人员看管,不允许其他车辆进入。原有的沿线设施必须保持良好状态,特别是沿线的闭路电视监视设备、可变信息标志等。这些设备应能及时发现道路施工和交通状况,并及时给出信息提示,确保道路畅通。夜间施工应开启夜间照明设施。

2.1.3.2 路面施工期临时交通安全设施布设

路面施工第一阶段将选定的施工段落半幅封闭,通过设置在中央分隔带开口的交通标志、标线和锥形路标等将该侧通行车辆引导至道路另半幅通行,通行一侧改为对向双车道通行。通行半幅路侧护栏、隔离栅和部分临时标志保留。施工半幅路侧波形梁护栏、临时隔离设施均拆除,设置对向行车的隔离设施。中央分隔带开设紧急停车带时,除增设紧急停车带标志以外,还应在该紧急停车带的另一侧加设封闭设施。在封闭状态下进行整体路面施工时,应抓住这一时机进行半幅永久性交通工程设施的施工,包括路侧的交通标志、路侧护栏、本侧半幅中央分隔带护栏等。

路面施工第二阶段全部车辆改在新修路面的半幅通行,另一侧封闭施工。此时新修的半幅路侧有永久交通标志和路侧护栏,中央分隔带有临时交通标志,需要实施的安全设施包括新修半幅对向行车中央隔离设施、中央分隔带紧急停车带封闭设施、道路永久性交通工程设施。

路面施工第三阶段主要工程为中央分隔带的恢复,包括拆除原中央分隔带的临时紧急停车带进行绿化、中央分隔带人孔施工、中央分隔带护栏及活动护栏施工等。该阶段的主要临时安全设施是临时车道封闭设施。为了确保道路施工安全,应全线加设锥形路标等隔离设施,应尽量采用其他阶段拆除下来的临时封闭隔离设施,尽量降低该方面的费用。

2.1.3.3 主体工程后期临时交通安全设施布设

该阶段区域路网交通组织的主要任务是重新吸引交通流,将转移至其他高速公路的交通量重新恢复到本高速公路上。该阶段一方面要加强宣传,及时向社会宣传高速公路扩建工程进展情况;另一方面应及时变更区域路网交通标志。此阶段应尽快实施永久性交通安全设施。

2.2 单向封闭条件下施工保通方案经济效益分析

2.2.1 减少事故效益分析

高速公路改扩建工程施工期间,交通运营与施工作业相互干扰严重,发生交通事故或拥堵的概率明显加大。尤其是在大型货车发生交通事故时,由于货车的体积、吨位相对较大,事故的影响范围及处理难度增大、处理时间增长,造成的经济损失及社会影响也较大。借鉴国内道路交通事故经济损失相关研究成果,基于经济学和统计学理论,从通行延误经济损失、交通设施经济损失以及清障服务费用损失等几个方面对高速公路改扩建工程道路交通事故经济损失进行分析,构建相应的评价计算模型。

根据上述分析,构建高速公路改扩建工程每公里交通事故经济损失计算模型,见式(2.2-1):

$$L = L_1 + L_2 + L_3 \qquad (2.2\text{-}1)$$

式中:L_1——通行延误经济损失;

L_2——交通安全设施经济损失;

L_3——清障服务费用损失。

2.2.1.1 通行延误经济损失 L_1

通行延误经济损失,即在道路上发生交通事故以后,与事故直接相关以外的社会物质生产、旅行、环境等产生不良影响而造成的经济损失,具体表现为因道路发生不同程度的拥堵所导致的额外增加的运输时间和运输成本。高速公路改扩建工程施工路段发生交通事故或交通拥堵造成的通行延误经济损失,主要体现为旅客在途时间的增加,可以通过这部分时间创造的国民收入来间接衡量。

因此,高速公路改扩建工程每公里交通通行延误经济损失计算方法见式(2.2-2):

$$L_1 = N \times Q_k \times \frac{T}{8 \times 250} \qquad (2.2\text{-}2)$$

式中:L_1——通行延误经济损失(万元/km);

N——人均国民收入(元/人);

Q_k——延误的客运量(人);

T——每公里平均延误时间(h/km)。

(1)边通车边施工模式。

经查阅国家统计局最新统计数据,2021年我国人均国民收入80976元。

根据芜合高速公路运营单位提供数据,在芜合高速公路改扩建工程封闭硬路肩施工时的日均流量为4.88万辆。根据芜合高速公路改扩建工程统计资料以及安徽省其他高速公路改扩建工程事故率统计,在边通车边施工模式下,通行道路一般以上道路交通事故率为每年0.18次/km,无人员伤亡的一般性剐蹭事故率为每年47次/km。查阅相关道路交通事故统计资料,一般以上交通事故平均处理时间为6.5h,一般性剐蹭事故平均处理时间为0.5h,将事故处理时间作为平均延误时间代入客运间接经济损失计算模型。

因此,计算得到边通车边施工模式下通行延误损失为8.67万元/km。根据本项目路线总长度42km,得到项目每年通行延误经济损失为360.63万元。

(2)单向封闭施工模式。

高速公路改扩建工程路段在单向封闭施工模式下无通行车辆及运营交通事故,不涉及社会经济损失。

2.2.1.2 交通安全设施经济损失 L_2

高速公路改扩建工程在边施工边通车情况下,需要设置移动钢护栏、混凝土护栏、锥桶、水马等隔离设施对通行区域和施工区域进行分隔。当发生交通事故后,往往容易破坏路侧的临时交通安全设施,造成一定的经济损失。

高速公路改扩建工程每公里交通安全设施损失费用计算方法见式(2.2-3):

$$L_2 = P_{jsh} \times J_w \tag{2.2-3}$$

式中:L_2——交通安全设施经济损失(万元/km);

P_{jsh}——交通事故平均交通安全设施损失费(万元/次);

J_w——项目事故率(次/km)。

(1)边通车边施工模式。

根据芜合高速公路改扩建工程项目以及安徽省其他高速公路改扩建项目统计数据,在边通车边施工模式下,通行道路一般以上道路交通事故率为每年0.18次/km,无人员伤亡的一般性剐蹭事故率为每年47次/km。综合考虑较大交通事故与简易交通事故对施工区域临时交通安全设施的损坏情况来看,初步确定一般以上道路交通事故的道路设施经济损失费用为5.6万元/次,一般性剐蹭事故的道路设施经济损失费用为0.34万元/次。

因此,根据道路交通事故损失费用计算模型,在边通车边施工模式下,交通事故损失费用为16.98万元/km,本项目交通事故损失费用总计713.50万元。

(2)单向封闭施工模式。

高速公路改扩建工程路段在单向封闭施工模式下无通行车辆及运营交通事故,不涉及交通安全设施经济损失费用。

2.2.1.3 清障服务费用损失 L_3

清障服务费用损失包括事故车辆的清障服务费用、清障车费用和救援人员社会劳动价值损失。清障服务费用损失主要与事故车辆损坏程度和需要清理的车辆数量等因素有关。

高速公路改扩建工程每公里交通事故清障费用服务计算公式见式(2.2-4):

$$L_3 = P_{qz} \times J_w \tag{2.2-4}$$

式中：L_3——清障服务费用损失(万元/km)；

P_{qz}——交通事故平均清障服务费用(万元/次)；

J_w——项目事故率(次/km)。

(1)边通车边施工模式。

结合前述统计到的相关数据,通常事故等级为一般及以上的道路交通事故需要清障服务,而简易刮蹭事故则不需清障服务。因此,在本项费用计算中,只考虑一般及以上道路交通事故,在边通车边施工模式下,通行事故等级道路一般及以上道路交通事故率为每年0.18次/km。经过市场调研,初步确定事故等级为一般及以上道路交通事故的清障服务费用为9.6万元/次。

因此,计算得到边通车边施工模式下清障服务费用损失为1.728万元/km,本项目通行费用总计72.576万元。

(2)单向封闭施工模式。

高速公路改扩建工程路段在单向封闭施工模式下无通行车辆及运营交通事故,不涉及道清障服务费用。

2.2.2 节约工期效益分析

高速公路改扩建工程在边施工边通车条件下,通车路面压缩,缺乏让行条件。通常为避免大面积拥堵,左右幅最多允许一个单元同步施工,全线需多次交通组织转换,导致施工工期大幅增加。例如,按照《道路交通标志和标线 第4部分:作业区》(GB 5768.4—2017)、《公路养护安全作业规程》(JTG H30—2015)等相关标准规范以及项目实际情况,一般工作区设置为4~5km,以10 km路段为例,半幅封闭施工需至少2次交通组织转换,交通组织转换导致工期延长。半幅全封闭施工模式下,可有效减少交通导改次数。

芜合二期高速公路改扩建工程批复工期28个月,相比芜合一期高速公路改扩建项目减少了2个月,且工程量显著增加。项目前期施工进展极度缓慢,至2021年3月底,全线路基土方工程完成不到8%。在采用半幅封闭的交通组织模式后,新建桥梁与老桥板同步实施,既有高速公路代替施工便道,加大运输机械效率;施工作业面充裕,桥梁旋挖钻机、路面全幅摊铺机等大型设备能够得到充分发挥。

根据实际工程进度测算,在项目采取单向封闭施工模式下,项目整体节约工期至少4个月。

2.2.3 降低工程造价分析

采用单向封闭的交通组织模式后,原设计用作交通组织转换的保通工程取消,降低工程造价,节约施工成本,具体如下:

(1)取消原设计的保通路、保通桥。

项目采用单向封闭的交通组织模式后,取消原淮南铁路保通桥等保通工程,共节省造价约2300万元。

(2)取消全线导改路面微表处。

项目原定的第三阶段交通组织方案是在第一阶段路面完成至下面层后,加铺一层微表处用作交通转换;而采取单向封闭的交通组织模式后,封闭侧路面可全部施工至上面层,再进行交通转换。因此,取消路面微表处节省造价共348万元。

综上分析,采用单向封闭的交通组织模式后,在工程造价方面共节省了2648万元。

2.2.4 运营收费效益分析

高速公路通行费收入作为高速公路运营的主营收入,对运营阶段经济效益起着重要作用。改扩建期间采用单向封闭施工模式后,部分车辆分流转移至其他路段,将一定程度上降低高速公路的通行费收入。

交通量和收费标准是车辆通行费收入的两大决定因素,基于交通量和收费标准的通行费收入预测模型是最常用的模型之一,其计算公式见式(2.2-5):

$$R_t = \sum_i \sum_j (Q_{ijt} \times \tau_{ijt} \times L_i) \times N \times K \tag{2.2-5}$$

式中:R_t——目标年(从基年开始第t年)车辆通行费总收入;

Q_{ijt}——目标年路段i车型j的年平均日交通量;

τ_{ijt}——目标年路段i车型j的收费标准;

L_i——路段i的公路里程;

N——当年的天数;

K——附加系数,一般取0.95左右。

由理论分析可知,通行费收入的损失额跟交通分流量、分流车型和对应费率有直接关系。在车型组成固定的情况下,分流量越大,通行费收入损失越多。至于特定车型的通行费率,短时间内一般是固定不变的,其与通行费收入损失可视为线性关系。分流车型宜选择对区域交通整体运行影响较大的大型及以上货车,原因在于过多的重型车辆拥挤在高速公路上,会导致高速公路服务水平急剧下降,失去快速通过的功能。其次,货车载重大、起动缓、行进慢、制动差、危险性大,出现交通事故后,容易导致全线拥堵。

根据《安徽省收费公路车辆通行费计费方式调整方案》,安徽省货车由现行计重收费方式统一调整为按车(轴)收费方式。安徽省高速公路车辆收费标准见表2.2-1。

安徽省高速公路车辆收费标准　　　　　　表2.2-1

车型分类	按《收费公路车辆通行费车型分类》(JT/T 489—2019)分类标准	收费标准(元/km)
第1类	2轴,车长小于6000mm且最大允许总质量小于4500kg	0.45
第2类	2轴,车长不小于6000mm或最大允许总质量不小于4500kg	0.90
第3类	3轴	1.35
第4类	4轴	1.70
第5类	5轴	1.85
第6类	6轴	2.20

注:6轴以上的货车,在第6类货车收费标准的基础上,每增加一轴,按1.1倍系数确定收费标准;10轴及以上货车收费标准按10轴货车标准执行。

(1)边通车边施工模式。

根据对芜合高速公路改扩建工程施工路段实际车流量进行观测,得出施工路段上行驶车辆的客货运输车辆比为7∶3。根据交通预测量和改扩建路段通行能力比较确定施工阶段各路段的分流量,然后根据车型比例和对应通行费率计算得到分流大型车通行费收入的损失金额,见表2.2-2。

边通车边施工模式通行费用收入损失　　　　　　表2.2-2

道路名称	长度(km)	分流比例(%)	大型车分流量(pcu/d)	损失费用(万元/d)
G3	51.612	16.02	2539	23.26
G5011	54.026	26.68	3471	33.28
G40	89.351	10.68	853	13.52
汇总	—	—	6863	70.06

(2)单向封闭施工模式。

采用单向封闭施工模式后,施工路段全车型分流后计算得到通行费收入的损失金额见表2.2-3。

单向封闭施工模式通行费用收入损失　　　　表 2.2-3

道路名称	长度(km)	分流比例(%)	交通量(pcu/d)	损失费用(万元/d)
G3	51.612	100	57476	229.15
G5011	54.026	100	50045	208.86
G40	89.351	100	29820	157.87
汇总	—	—	137341	595.88

2.2.5 综合经济效益对比分析

将上述不同交通组织模式的减少事故效益、节约工期效益、降低工程造价效益、运营收费效益分析结果进行综合对比分析,结果见表 2.2-4。

高速公路改扩建工程不同交通组织模式综合经济效益对比分析　　　　表 2.2-4

类别	边通车边施工	单向封闭施工	效益对比
1. 减少事故效益(万元)	1146.71	—	减少1146.71
(1)通行延误经济损失(万元)	360.63	—	
(2)交通安全设施经济损失(万元)	713.50	—	
(3)清障服务费用损失(万元)	72.58	—	
2. 节约工期效益	—	4个月	15%
3. 降低工程造价(万元)	—	2648	降低2648.00
4. 运营收费效益(万元)	70.06	595.88	减少525.82
总计(万元)			减少3268.89

综合对比边通车边施工模式与单向封闭施工模式两种改扩建工程交通组织方案的经济效益,单向封闭施工模式具有显著经济效益,虽然在封闭交通后减少运营收费 500 多万元,但是能够有效减少事故损失费用 1146.71 万元,降低工程造价 2648.00 万元,节约工期 15% 左右,综合来看具有显著经济效益。在今后的高速公路改扩建工程建设中,尤其是在工期比较紧张的工程项目中,可考虑半幅全封闭的施工交通组织方式。

2.3 高速公路改扩建工程交通安全风险评估方法

近年来,交通运输行业已经在公路工程设计阶段、施工阶段分别开展了风险评估工作。其中,施工安全风险评估根据评估阶段划分为总体风险评估与专项风险评估,并陆续出台了相应的风险评估标准规范。这些标准规范主要针对新建工程,评估指标体系与评估方法主要侧重于施工作业的安全风险评估，但是由于高速公路改扩建工程"边通车、边施工"的特殊性，其交通安全风险评估主要关注施工作业对交通运营的安全影响，由于评估对象的差异性，上述施工安全风险评估方法并不适用于高速公路改扩建工程的交通安全风险评估。因此，本节充分考虑高速公路改扩建工程交通安全风险特点，率先提出了总体风险评估和专项风险评估方法，对提升高速公路改扩建工程施工安全管理水平具有显著的指导意义。

2.3.1 交通安全总体风险评估

高速公路改扩建工程交通安全总体风险评估时以改扩建工程项目总体为评估对象，根据工程特点、既有道路交通条件、施工交通组织、施工工艺、自然气候环境以及资料完整性等，评估全线施工时交通安全风险，确定风险等级并提出控制性措施建议，为实施性施工交通组织编制提供参考和依据。

2.3.1.1 一般要求

根据高速公路改扩建工程交通安全风险管控工作特点，结合《公路水路行业安全生产风险管理暂行办法》《公路水运工程平安工地建设管理办法》《交通运输部关于深化防范化解安全生产重大风险工作的意见》（交安监发〔2021〕2号）、《公路水运工程施工安全风险评估指南 第1部分：总体要求》（JT/T 1375.1—2022）、《高速公路改扩建施工安全作业规程》（DB34/T 3709—2020）等行业、地方文件要求，确定改扩建工程交通安全总体风险评估的评估对象、评估时机、评估依据以及评估方法选择等要求。

(1) 评估对象。

总体风险评估应以整个改扩建工程项目为评估对象。

(2) 评估时机。

《交通运输部关于印发〈公路水运工程平安工地建设管理办法〉的通知》（交安监发〔2018〕43号）将总体风险评估报告作为工程项目开工前安全生产条件核查的条件之一。因此，高速公路改扩建工程交通安全总体风险评估应在项目开工前完成。

(3) 评估依据。

交通安全总体风险评估所需资料，除了项目前期立项批复文件、地质勘察报告、水文气象资料、设计风险评估报告（如有）、初步设计文件、施工图设计文件、评估人员的现场调查资料之外，还应包括交通组织设计文件。

(4) 评估方法。

总体风险评估采用指标体系法对高速公路改扩建交通安全进行总体风险评估。

2.3.1.2 总体风险评估指标体系

在构建总体风险评估指标体系时,充分考虑安徽省及国内其他省(自治区、直辖市)高速公路改扩建工程近五年来交通安全事故发生规律及相关安全风险评估实践,并梳理了相关国家、行业以及地方文件中对公路工程施工安全风险的有关要求,包括保持《中华人民共和国安全生产法》《公路水运工程安全生产监督管理办法》(交通运输部令〔2017〕25号)《公路水路行业安全生产风险管理暂行办法》《交通运输部关于印发〈公路水运工程平安工地建设管理办法〉的通知》(交安监发〔2018〕43号)《交通运输部关于深化防范化解安全生产重大风险工作的意见》(交安监发〔2021〕2号)等。基于上述分析,将高速公路改扩建工程交通安全风险主要分为工程特点、交通条件、施工交通组织、施工技术、自然环境条件、资料完整性六个类别,并分析不同类别包括的交通安全影响因素,从而选取合适的改扩建交通安全状态评估指标,并提出具体的指标分级、评估分值等内容。

由此构建的交通安全总体风险评估指标体系见表2.3-1。

在高速公路改扩建工程总体风险评估指标体系中,通过权重系数对各评估指标重要性进行区分。权重系数可采取重要性排序法、层次分析法等方式确定,根据评估指标与风险事件发生可能性以及后果严重程度(优先考虑人员伤亡)的相关性进行综合评判后,将各评估指标按重要性从高到低依次进行排序,权重系数按以下公式计算:

$$\lambda = \frac{2n - 2m + 1}{n^2} \quad (2.3\text{-}1)$$

式中:λ——权重系数;

n——评估指标项数;

m——重要性排序号,$m \leqslant n$。

在采用重要性排序法确定权重系数时,评估小组应通过集体讨论等方式,结合工程实际情况,合理选取或补充评估指标,并对其重要性进行排序。

评估小组应集体讨论确定并标识出重要性指标,重要性指标应包括权重大、对施工安全风险影响不能忽略的指标,指标取值变化会对评估指标结果影响大的敏感指标,若干指标组合后对风险影响大的指标等。

2.3.1.3 总体风险评估模型

高速公路改扩建工程交通安全总体风险按以下公式计算:

$$F_r = \sum X_{ij} = \sum (R_{ij} \times \gamma_{ij}) \quad (2.3\text{-}2)$$

表 2.3-1

交通安全总体风险评估指标体系

类别	评估指标	分级	基本分值 分值范围	取值	权重系数	评估分值	说明
工程特点 X_1	路线长度 X_{11}	大于100km	75~100	R_{11}	γ_{11}	$X_{11} = R_{11} \times \gamma_{11}$	路线越长,交通安全风险越大。《高速公路改扩建交通组织设计规范》(JTG/T 3392—2022)规定:长度不大于15km的高速公路改扩建工程为交通组织方案较简单的改扩建工程
		50~100km	50~75				
		15~50km	25~50				
		小于15km	0~25				
	纵断面抬高路段比例 X_{12}	超过30%	75~100	R_{12}	γ_{12}	$X_{12} = R_{12} \times \gamma_{12}$	
		15%~30%	50~75				
		小于15%	0~50				
	桥梁拆除、新建比例 X_{13}	超过30%	75~100	R_{13}	γ_{13}	$X_{13} = R_{13} \times \gamma_{13}$	
		15%~30%	50~75				
		小于15%	0~50				
	隧道施工比例 X_{14}	超过30%	75~100	R_{14}	γ_{14}	$X_{14} = R_{14} \times \gamma_{14}$	
		15%~30%	50~75				
		小于15%	0~50				
	互通改造比例 X_{15}	超过30%	75~100	R_{15}	γ_{15}	$X_{15} = R_{15} \times \gamma_{15}$	
		15%~30%	50~75				
		小于15%	0~50				
交通条件 X_2	公路现状服务水平 X_{21}	四级及以上服务水平	75~100	R_{21}	γ_{21}	$X_{21} = R_{21} \times \gamma_{21}$	服务水平达到四级后,车辆运行明显受到交通流内其他车辆的相互影响,速度和驾驶的自由度受到明显限制。可根据《公路路线设计规范》(JTG D20—2017)进行相关计算
		三级服务水平	50~75				
		二级服务水平	25~50				
		一级服务水平	0~25				

续上表

类别	评估指标	分级	基本分值 分值范围	基本分值 取值	权重系数	评估分值	说明
交通条件 X_2	大型车辆比例 X_{22}	超过30%	75~100	R_{22}	γ_{22}	$X_{22} = R_{22} \times \gamma_{22}$	混合车流中的大中型车辆和特大型车辆由于速度较慢,它们在交通流中的比例越大,对小型车辆的运行速度的影响就相应增加。超过50%取100分
		20%~30%	50~75				
		10%~20%	25~50				
		小于10%	0~25				
	路网分流条件 X_{23}	路网分流条件较困难	75~100	R_{23}	γ_{23}	$X_{23} = R_{23} \times \gamma_{23}$	综合考虑可供路网分流的道路等级及其通行能力
		路网分流条件一般	50~75				
		路网分流条件较好	25~50				
		路网分流条件较困难	0~25				
施工交通组织 X_3	交通组织方案 X_{31}	边通车边施工,交通组织难度大	67~100	R_{31}	γ_{31}	$X_{31} = R_{31} \times \gamma_{31}$	
		边通车边施工,交通组织难度一般	33~67				
		封闭施工	0~33				
	临时交通安全设施 X_{32}	临时交通标志标线、临时护栏、车道渠化设施等设置不合理	50~100	R_{32}	γ_{32}	$X_{32} = R_{32} \times \gamma_{32}$	
		临时交通标志标线、临时护栏、车道渠化设施等设置合理,满足规范要求	0~50				
	交通组织应急 X_{33}	应急救援点设置合理,应急预案具有很强的针对性、可操作性	50~100	R_{33}	γ_{33}	$X_{33} = R_{33} \times \gamma_{33}$	
		应急救援点设置较为合理,应急预案的针对性、可操作性一般	0~50				

续上表

类别	评估指标	分级	基本分值		权重系数	评估分值	说明
			分值范围	取值			
施工技术 X_4	工艺成熟度 X_{41}	新结构、新技术、新工艺、新设备国内首次应用	75~100	R_{41}	γ_{41}	$X_{41} = R_{41} \times \gamma_{41}$	根据施工企业的工程经验取值;对安全有较大影响且无相关技术标准的应取分值范围高限
		新结构、新技术、新工艺、新设备省内首次应用	50~75				
		新结构、新技术、新工艺、新设备省内已有应用	25~50				
		新结构、新技术、新工艺、新设备成熟、省内普遍应用	0~25				
	施工工艺复杂程度 X_{42}	施工工艺中工序较多,且工序转换或交叉作业频繁	75~100	R_{42}	γ_{42}	$X_{42} = R_{42} \times \gamma_{42}$	根据工程地质勘察报告、初步设计文件、施工图设计文件等对施工工艺的要求取值
		施工工艺工序较多,但没有较多的工序转换或交叉作业不频繁	50~75				
		施工工艺较简单	0~50				
自然环境条件 X_5	极端气候条件 X_{51}	极端气候事件多发区域(强降雨、台风等)	75~100	R_{51}	γ_{51}	$X_{51} = R_{51} \times \gamma_{51}$	施工不在极端气候季节的可以降低一级取值
		气候环境条件一般,可能影响施工安全,但不显著	50~75				
		气候环境条件良好,基本不影响施工安全	0~50				
	风力条件 X_{52}	>100d	75~100	R_{52}	γ_{52}	$X_{52} = R_{52} \times \gamma_{52}$	根据五级以上大风的年平均日数取值
		70~100d	50~75				
		30~70d	25~50				
		<30d	0~25				

续上表

类别	评估指标	分级	基本分值 分值范围	基本分值 取值	权重系数	评估分值	说明
自然环境条件 X_5	雾日 X_{53}	>50d	75~100	R_{53}	γ_{53}	$X_{53} = R_{53} \times \gamma_{53}$	根据年平均能见度小于1000m雾日取值
		30~50d	50~75				
		15~30d	25~50				
		<15d	0~25				
	降雨量 X_{54}	>1600mm	75~100	R_{54}	γ_{54}	$X_{54} = R_{54} \times \gamma_{54}$	根据工程项目所在区域的年平均降雨量取值,年降雨量2000mm以上取100分
		1000~1600mm	50~75				
		500~1000mm	25~50				
		<500mm	0~25				
	地质条件 X_{55}	不良地质灾害多发区域(包括岩溶、滑坡、泥石流、采空区等)	75~100	R_{55}	γ_{55}	$X_{55} = R_{55} \times \gamma_{55}$	根据地勘资料和现场调查综合判断地下水的丰富程度
		存在不良地质(包括岩溶、滑坡、泥石流、采空区等),但不频发	50~75				
		地质条件较好,基本不影响施工安全	0~50				
资料完整性 X_6	地质水文气象资料 X_{61}	地质水文气象资料完整	75~100	R_{61}	γ_{61}	$X_{61} = R_{61} \times \gamma_{61}$	
		地质水文气象资料基本完整	50~75				
		地质水文气象资料不完整	0~50				
	施工交通组织文件 X_{62}	施工交通组织文件完整	75~100	R_{62}	γ_{62}	$X_{62} = R_{62} \times \gamma_{62}$	
		施工交通组织文件基本完整	50~75				
		施工交通组织文件完整	0~50				

式中：F_r——总体风险评估值；

X_{ij}——评估指标的分值；

R_{ij}——评估指标的基本分值；

γ_{ij}——评估指标的权重系数。

2.3.1.4 总体风险分级标准

计算得出 F_r 后，对照表2.3-2确定交通安全总体风险等级。

交通安全总体风险等级　　　　表2.3-2

风险等级	F_r
重大风险（Ⅳ）	$F_r \geq 60$
较大风险（Ⅲ）	$50 \leq F_r < 60$
一般风险（Ⅱ）	$40 \leq F_r < 50$
低风险（Ⅰ）	$F_r < 40$

注：若出现1个或多个重要性指标（评估小组集体讨论确定）最大值，应调高一个风险等级。

2.3.2 交通安全专项风险评估方法

高速公路改扩建工程交通安全专项风险评估是在总体风险评估的基础上，结合实施性施工交通组织方案，以改扩建工程局部路段、工点为评估对象，根据其安全风险特点，进行风险辨识与分析、风险估测，并划分风险等级、提出风险控制措施。专项风险评估可作为制定、完善专项施工方案的依据。

2.3.2.1 一般要求

（1）评估对象。

交通安全专项风险评估以一般路段和关键工点为评估对象。一般路段指路基路面改扩建施工等不需特殊安排交通组织方案的线性路段，关键工点指无法按照一般路段交通组织方案有序完成施工作业，需要对交通组织方案特殊安排的工点，具体见表2.3-3。

专项风险评估对象划分　　　　表2.3-3

评估对象	具体内容
一般路段	不需特殊安排交通组织方案的线性路段
关键工点	中央分隔带开口保通处
	高边坡开挖施工工点
	桥涵拼接施工工点
	桥梁拆除施工工点

续上表

评估对象	具体内容
关键工点	桥涵(重)新建施工工点
	隧道拆除施工工点
	隧道增建施工工点

(2)评估时机。

交通安全专项风险评估贯穿项目整个施工及交通组织过程,具体包括施工前专项风险评估、施工过程专项风险评估。

①施工前专项风险评估。

施工前,专项风险评估在实施性交通组织方案编制完成后、交通组织实施前应完成。施工前专项风险评估结论作为专项施工方案的专篇,在此基础上改进细化交通安全风险控制措施。

②施工过程专项风险评估。

施工过程专项风险评估主要在出现如下情况时开展:

a.重大作业活动存在遗漏;

b.经项目建设、施工、监理单位或评估单位提出并经论证出现了新的重大作业活动;

c.经项目建设、施工、监理单位或评估单位发现并提出原有的作业活动发生了重大变化,如发生对施工及交通安全风险产生较大影响的设计变更、发生重大险情或生产安全事故等情况;

d.有关法律、法规、标准提出了新的要求。

(3)评估步骤。

交通安全专项风险评估的基本程序包括风险辨识与分析、风险估测、风险控制。

2.3.2.2 风险辨识与分析

风险辨识是对高速公路改扩建工程各路段、工点施工自身特性以及交通运营的影响进行分析,识别出施工过程中交通安全风险事件的过程。风险辨识包括风险源与风险事件的识别,此处的风险源是指可能单独或共同引发风险的内在要素,可以是有形的,也可以是无形的;风险事件是指可能导致运营车辆闯入施工作业区,以及运营道路发生交通事故、交通拥堵等造成人员伤亡、直接经济损失、社会影响、环境影响或工期延误等不利后果的事件,可以包括没有发生的情形,有时也称为"事故"。风险分析是在风险辨识的基础上,采用系统安全工程的方法对风险源可能导致的风险事件进行分析,找出致险因素、事故原因,以及可能受伤害或影响的人和物等。在高速公路改扩建工程施工过程中,应从工程特点、交通条件、施工交通组织、工况条件、气候环境条件等方面对可能导致交通安全风险事件的致险因素进行分析,找出可能导致风险事件发生的物的不安全状态和人的不安全行为。通过对风险进行定性或定量的分析,为风险估测提供科学依据。

对于高速公路改扩建工程交通安全风险辨识与分析,可以从工程资料搜集、既有工程地质条件调查、人员队伍管理制度调查以及施工作业程序分解等方面开展,具体包括以下7个步骤:

①工程资料的收集整理;

②既有交通条件调查;

③施工现场地质水文条件和环境条件的调查;

④施工队伍素质和管理制度调查;

⑤交通组织队伍素质和管理制度调查;

⑥施工作业程序分解、交通组织阶段划分和风险事件辨识;

⑦致险因素及风险事件后果类型分析。

其中,施工现场地质水文条件和环境条件的调查与新建项目要求相同,其他几个方面重新考虑了高速公路改扩建工程的特殊性。

(1)工程资料的收集整理。

工程资料的收集整理在符合《公路水运工程施工安全风险评估指南 第1部分:总体要求》(JT/T 1375.1—2022)相关要求的基础上,还充分考虑改扩建工程项目的特殊性,增加了改扩建项目近5年的技术养护资料,以及路面平整度、排水、视距、线形等易导致交通事故的隐患因素。

(2)既有交通条件调查。

既有交通条件调查的内容包括交通组织设计文件、交通流调查报告,路网分流条件,近5年内节假日和恶劣天气路网交通流量、流向及交通组织资料,改扩建项目路段交通事故情况,原构筑物使用状态等。

(3)施工队伍素质和管理制度调查。

施工队伍素质和管理制度调查方面,除了既有标准规范的相关要求外,还针对改扩建工程项目特点补充增加了企业近5年承担的高速公路改扩建工程经验、交通组织协调部门设置情况、交通安全专职管理人员配备情况,以及交通安全应急救援队伍组建情况。

(4)交通组织队伍素质和管理制度调查。

交通组织队伍素质和管理制度调查内容包括近5年承担的高速公路改扩建工程交

通组织实施经验、交通组织协调部门设置情况,以及交通安全设施设置方案及合理性。

(5)施工作业程序分解、交通组织阶段划分和风险事件辨识。

施工作业程序分解、交通组织阶段划分和风险事件辨识需依据交通组织设计文件以及施工交通组织设计等,通过现场调查、评估小组讨论、专家咨询等方式,划为不同的作业活动,据此辨识各作业活动中不同阶段可能发生的典型交通风险事件类型。

2.3.2.3 风险估测

风险估测是指采用定性或定量的方法,对风险事件发生的可能性及严重程度进行估算,并根据风险分级标准和接受准则,确定高速公路改扩建工程交通安全风险等级的过程。根据风险的定义,风险估测需要采用定性或定量的方法估测风险事件发生的可能性及严重程度。常见的风险估测方法总体上可分为定性分析方法、半定量分析方法与定量分析方法。定性分析方法包括检查表法、专家调查法等;半定量分析方法包括LEC评价法、事故树法、事件树法、影响图法等;定量分析方法包括层次分析法、模糊数学综合评判法、蒙特卡罗模拟法、点估计法等。

根据对公路工程施工领域风险评估现状调研总结发现,目前公路工程风险评估方法以为指标体系为主(占比90%以上),以专家调查法为辅,故高速公路改扩建工程一般路段和关键工点的交通安全专项风险评估均采取《公路水运工程施工安全风险评估指南 第1部分:总体要求》(JT/T 1375.1—2022)推荐的指标体系法。

交通安全风险事件可能性大小计算按以下公式计算确定:

$$P = \lambda \times \sum X_{ij} = \lambda \times \sum (R_{ij} \times \gamma_{ij}) \tag{2.3-3}$$

式中:P——专项风险评估分值;

λ——调整系数,可参考《公路水运工程施工安全风险评估指南 第1部分:总体要求》(JT/T 1375.1—2022)确定。

计算得出P后,根据P值对标表2.3-4确定各关键工点交通安全风险事件的可能性等级。

交通安全专项风险评估风险事件可能性等级标准 表2.3-4

可能性等级描述	可能性等级	P
很可能	5	$P > 12$
可能	4	$9 < P \leq 12$
偶然	3	$6 < P \leq 9$
可能性很小	2	$3 < P \leq 6$
几乎不可能	1	$P \leq 3$

注:若出现1个或多个重要性指标(评估小组集体讨论确定)最大值,可调高一个可能性等级。

根据风险事件发生的可能性、严重程度等级,采用风险矩阵法确定交通安全风险等级,划分标准见表2.3-5。

交通安全专项风险等级标准　　表2.3-5

可能性等级		严重程度等级				
		小	一般	较大	重大	特大
		1	2	3	4	5
很可能	5	较大风险(Ⅲ)	较大风险(Ⅲ)	重大风险(Ⅳ)	重大风险(Ⅳ)	重大风险(Ⅳ)
可能	4	一般风险(Ⅱ)	较大风险(Ⅲ)	较大风险(Ⅲ)	重大风险(Ⅳ)	重大风险(Ⅳ)
偶然	3	一般风险(Ⅱ)	一般风险(Ⅱ)	较大风险(Ⅲ)	较大风险(Ⅲ)	重大风险(Ⅳ)
可能性很小	2	低风险(Ⅰ)	一般风险(Ⅱ)	一般风险(Ⅱ)	较大风险(Ⅲ)	较大风险(Ⅲ)
几乎不可能	1	低风险(Ⅰ)	低风险(Ⅰ)	一般风险(Ⅱ)	一般风险(Ⅱ)	较大风险(Ⅱ)

2.3.2.4 风险控制

根据总体风险接收准则和专项风险接收准则,提出相应的风险管控措施。总体风险接收准则和专项风险接收准则可参考《公路水运工程施工安全风险评估指南 第1部分:总体要求》(JT/T 1375.1—2022)确定。

在风险控制措施建议方面,总体风险评估可重点提出风险控制总体思路,以及安全管理力量投入、资源(财、物)配置、施工单位选择、实施性施工组织设计编制的建议。专项风险评估可针对交通组织提出系统全面、重点突出的风险控制措施建议,为现场安全管理、专项施工方案编制和完善、安全技术交底、应急处置提供依据。

专项风险评估中风险等级为Ⅲ级(较大风险)及以上时,应分析找出导致较大或重大风险的关键指标,提出有针对性的措施,降低风险。

施工前和施工期间采取的风险控制措施包括调整交通组织方案、加强安全措施、提高管理水平和人员的素质等。调整交通组织方案主要包括:

(1)合理调整交通组织实施顺序。对交通组织从时间顺序和空间次序上进行合理安排或调整,降低安全风险。

(2)改进交通组织方案设计。从施工作业控制区长度、临时交通安全设施、主动安全预警设施上改进,提高科技赋能安全管理水平,预防和减少施工事故发生。

2.4 本章小结

本章进行了芜合高速公路改扩建工程采取单向封闭施工情况经济效益分析,提出了高速公路改扩建工程交通安全风险辨识与分析的关键要素,建立了改扩建工程交通安全总体风险评估和专项风险评估指标体系,得到的主要结论如下:

(1)提出了基于施工道路通行效率和分流道路承载能力的区域路网层级分流模型,并以 G3、G5011、G40 项目为例,分析了不同分流方案下项目区域路网交通流量变化情况,提出了最优路网分流路径。

(2)构建了施工交通组织方案经济效益定量估算模型。经测算,芜合半幅封闭施工模式虽然在封闭交通后减少运营收费 500 多万元,但能够有效减少事故损失费用 1146.71 万元,降低工程造价 2648.00 万元,节约工期 15% 左右,取得的经济效益及社会效益显著。

(3)建立了高速公路改扩建工程交通安全总体风险评估和专项风险评估指标体系,并针对全线路基改桥梁路段、桥梁拼宽路段、近邻隧道施工等路段展开评估工作,确定风险等级并提出控制性措施建议,有效指导了芜合二期高速公路改扩建施工安全管理工作。

CHAPTER THREE

路基路面工程

芜合高速公路地处长三角沿江地带江淮丘陵山地湿润区，沿线软土分布广泛，其中芜湖至林头段单侧PHC管桩处理长度24km，占路线总长的58%，软土厚度最高为44m，全线软基工程量共计310万m，给工程进度及质量带来严峻挑战。本章从软基处置方式、拼宽结构选择、新老路基拼接做法和路基填筑施工技术等方面，系统总结了芜合高速公路改扩建项目路基路面工程的技术创新与典型经验。

3.1 软土地基预应力高强度混凝土管桩施工技术

3.1.1 工程概况

芜合二期高速公路改扩建工程WL-01标段位于芜湖市鸠江区沈巷镇，设计起点位于裕溪河特大桥北岸（K19+947.372），经雍镇收费站，终点止于淮南铁路线立交南侧（K30+238），线路总长10.29km。其中，K20+796.69～K30+238段位于河漫滩区，软土几乎覆盖路段全线，厚度较大，深度一般为0.5～44m，呈软塑～流塑状，含腐殖质、有臭味，软土的压缩系数大、透水性差、土质均匀性差、强度低，较易造成路面开裂、路基变形、路堤滑移，对桩基础基桩产生负摩阻力等危害。本标段大多以路基方式通过，少量以桥梁方式跨越，故需对标段全线软土地基进行处理。

3.1.2 技术方案

根据地质勘察资料，项目沿线局部漫滩地貌内发育深厚层软土，地基承载力较低、工程性质不稳定。为确保路基稳定、减小路基不均匀沉降，经技术经济综合论证，对填高较低的K19+947～K20+796路段采用水泥搅拌桩处理，其余路段均采用PHC管桩处理。PHC管桩主要应用于K20+796.69～K30+238等一般路基和涵洞、桥头路基部位。PHC管桩处理路段路基长度共17.280km，依据设计图纸，应用PHC管桩34893根、总长110万延米。

PHC管桩在平面上呈正方形布设，管桩直径400mm、壁厚60mm。管桩混凝土强度等级为C80，桩身竖向承载力为1234kN，管桩在平面上以正方形布置，管桩中心距$D=2.0～2.4$m，PHC管桩断面布置图如图3.1-1所示，平面布置图如图3.1-2所示。桩顶设置桩帽，桩帽尺寸为110cm×110cm×35cm。采用C30现浇钢筋混凝土板，桩帽与桩之间设置连接钢筋，其伸入桩内深度不小于150cm，管桩内设置3mm厚钢托板，连接钢筋应与钢托板双面焊接，焊接长度不小于15cm。

3.1.3 关键工艺

现有研究表明，在相同地质条件及设计参数情况下，静压法施工的管桩单桩承载力高于锤击法,且静压沉桩后管桩复合地基的承载力同样高于锤击成桩方式。结合施工路段软土地质条件和地质勘察资料,项目主要采用静压法进行PHC管桩沉桩施工,部分沉桩困难路段采用锤击法施工。静压法施工工艺流程如图3.1-3所示。根据项目地质条件及PHC管桩特点,系统总结了静压法沉桩施工的关键工艺,主要包括吊装定位、沉桩施工、送桩或截桩、终桩控制和成桩检测等方面。

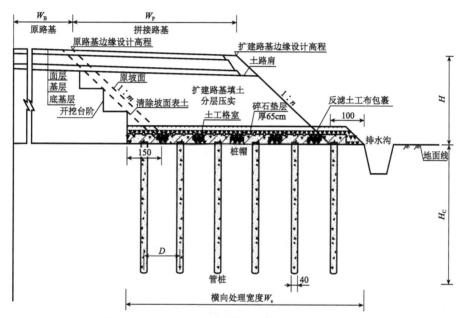

图3.1-1 PHC管桩断面布置图（尺寸单位：cm）

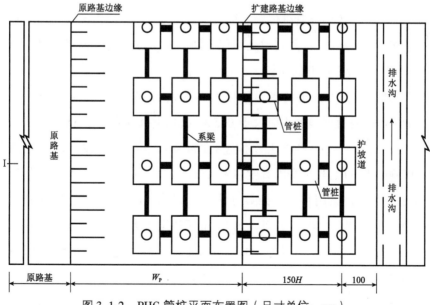

图3.1-2 PHC管桩平面布置图（尺寸单位：cm）

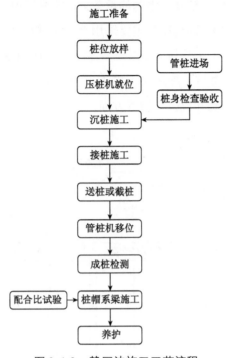

图 3.1-3　静压法施工工艺流程

3.1.3.1　沉桩控制

开始压桩之前，必须将起重卷扬机的起吊钢丝绳放松、将吊钩脱离，杜绝拉断钢丝绳和拉弯起重机吊臂等事件发生。桩尖到达地面高度后，开动纵横两向油缸移动压桩机，根据桩位上的标记精确调整管桩位置。桩尖没入土层中时(即入土 30~50cm)，根据已画好的石灰圈再次复核桩位，并利用全站仪从两个正交方向进行校正垂直度，垂直度控制在 0.5% 以内，调校好后开始压桩。

压桩采用抱压式，压桩机的最大压桩力不得大于 1000kN，其主要技术要点包括：①第一节桩下压时垂直度偏差不应大于 0.5%；②宜将每根桩一次性连续压到底，且后一节有效桩长不宜小于 5m；③抱压力不应大于桩身允许侧向压力的 1.1 倍；④压桩过程中应测量桩身的垂直度，当桩身垂直度偏差大于 1% 时，应找出原因并设法纠正；⑤当桩尖进入较硬土层后，严禁用移动机架等方法强行纠偏；⑥起始压桩速度控制在 1~2m/min 之间、静压力控制在 500kN 之间。入土 3m 后逐渐加大静压力至 650kN；⑦在整个压桩过程中，要使桩帽、桩身尽量保持在同一轴线上。必要时应将桩锤及桩架导杆方向按桩身方向调整。

桩的打设次序为横向以路基中心线向两侧的方向推进，纵向以结构物部位向路堤的方向推进;施工时为降低超静空隙水压力对管桩施工影响,采用"跳打"方式,在进入粉土土层时适当加快压桩速度,以保证桩尖有一定的穿透能力,到达持力层或油压突然加大时,应放缓压入速度,防止断桩。

3.1.3.2 送桩或截桩

管桩静压前,先用水准仪测量原地面高程,计算成桩顶面离地面高度,根据计算结果,将成桩后预定的地面位置标示在送桩器杆上,将送桩器套在桩帽上,利用线锤调整管桩的垂直度,再重合送桩器与管桩轴线并紧固,然后开始静压沉桩。送桩时选用的送桩器的外形尺寸要与所压桩的外形尺寸相匹配,并且要有足够的强度和刚度,一般为圆形钢柱体。送桩时,送桩器的轴线要与桩身相吻合。根据测定的局部地面高程,事先要在送桩器上标出送桩深度,通过水准仪跟踪观测,准确地将管桩送至设计高程。当管桩露出地面或未能送到设计桩顶高程时,需要截桩。截桩要求必须用专门的截桩器,严禁用大锤横向敲击、冲撞。

正常情况下,按设计压桩力 $1.3\sim1.5$ 倍送桩,达到设计高程后持荷(正常压力) $10\min$ 且沉降量不超过 $2mm/\min$ 后方可结束送桩。在同一地质类型地段,若出现静压力显著增加或送桩时静压力显著减小等异常情况时,需暂停施工并及时报告监理单位,必要时增加静力触探等施工勘察补钻资料,分析并找出原因后提出处理措施。当沉桩桩长虽未达到设计桩深,但压入很困难且压力增长明显加剧时,可按终压静压力不小于下表静压力值进行控制;当沉桩桩长已达到设计桩长,但终压静压力小于下表静压力值时,应选择不少于3根桩加接短桩进行继续试打,并根据试打情况合理调整桩长和配桩,直到满足表 3.1-1 的要求。

静压桩终压静压力要求　　　　表 3.1-1

设计填高(m)	不同间距下终压静压力要求(kN)			备注
	2.0m×2.0m	2.2m×2.2m	2.4m×2.4m	
≤3	500	500	500	
3.5	500	500	500	
4.0	500	500	580	
4.5	529	573	659	最大静压力不宜大于1000kN,本表格数据仅作参考,具体按照试验调整
5.0	576	679	719	
5.5	621	735	853	
6.0	717	791	918	
6.5	768	908	983	

3.1.3.3 成桩检测

成桩判定标准采用桩长及贯入度进行双控,根据现场试压桩的试验结果确定终压力标准。终压连续复压次数应根据桩长及地质条件等因素确定,对于入土深度大于或等于8m的桩,复压次数可为2~3次;对于入土深度小于8m的桩,复压次数可为3~5次。稳压压桩力不得小于终压力,稳定压桩的时间宜为5~10s。大面积施工前,应进行成桩施工工艺试验。利用工程桩位置试压桩,试压桩施工工艺与工程桩一致,试压后作工程桩使用,施工时通过试压获得合理的施工工艺参数,试桩数量不得少于3根。试压桩施工28d后,采用静荷载试验确定单桩竖向极限承载力标准值。

管桩桩长测量通常采用测绳法、磁测法等。然而,安徽省大部分地区使用的PHC管桩为不加桩尖的空心管桩,此类管桩在静压、锤击过程中桩体内会不同程度侵入土体,故采用吊绳量测法检测已完工PHC管桩长度无法实施。而磁测法在检测前需采用钻孔法在PHC管桩内埋入一根长于管桩长度3~5m的PVC检测管,在埋管过程中容易出现检测管堵塞、破损、上浮情况,致使检测效率降低。埋管价格为220元/m,单根管桩检测价格超过5000元,此检测方法价格过高,且检测准备工作要求高、时间长。

目前国内外普遍采用瞬态冲击方式,通过实测桩顶加速度或速度响应时域曲线,即采用一维波动理论分析来判定基桩的桩身完整性,这种方法称为反射波法。本项目采用冲击弹性波法进行桩长检测。冲击弹性波结合了PHC管桩的结构特点,降低管桩接头部位信号影响,实现对管桩桩身缺陷及底部反射信号的有效提取,突破低应变检测技术不适合检测空心薄壁结构的技术瓶颈,实现对预应力管桩桩身完整性、焊接质量及桩长的检测;且此检测方法价格合理,检测效率高,桩长检测误差仅为±5%左右。

3.1.4 管控要点

由于PHC管桩具有成桩效率高、桩长控制灵活、竖向承载力高、造价经济、应用范围广等诸多优点,其在公路水运工程中广泛应用。本书结合现有研究和PHC管桩在芜合高速公路改扩建工程中的实际工程经验,总结了预应力高强度混凝土管桩施工管控要点,见表3.1-2。

PHC 管桩施工管控要点 表 3.1-2

序号	管控项目	易产生的问题及主要原因	管控措施
1	桩顶位移	主要问题：桩顶位移。 主要原因：(1) 在施工现场由于桩数较多，土层饱和密实、桩间距较小，在压桩时土被挤到极限密实度而向上隆起，相邻的桩一起被涌起，特别是在软土地基施工时，由于压桩引起的空隙压力会把相邻的桩推向一侧或涌起。 (2) 当桩位放线不准、放线偏差过大、施工中桩位标志丢失或挤压偏离、施工人员随意定位、桩位标志混淆或搞错、桩位错位较大、选择的行车路线不合理等因素	(1) 在压桩期间不得同时开挖桩帽基坑，需待压桩完毕后相隔适当时间方可开挖，一般宜两周左右。 (2) 基坑边不得堆放土方；按设计图纸认真放好桩位，设置明显标志，并做好复查工作，选择合理压桩机行车路线
2	桩体垂直度	主要问题：桩身倾斜。 主要原因：(1) 当场地不平导致压桩机本身倾斜时，桩在沉入过程中会产生倾斜。 (2) 稳桩时桩不垂直，送桩器、桩不在同一条直线上	在压桩前要确保场地要平整，如场地不平，施工时应在压桩机行走路线加钢板，使压桩机底盘保持水平。将打桩范围内的地面下旧建筑物基础、块石等障碍物彻底清理干净
3	桩尖深度控制	主要问题：桩尖达不到设计深度。 主要原因：(1) 设计地质情况与实际不符，致使设计考虑持力层或选择桩尖高程有误。 (2) 桩尖碰到了局部的较厚夹层或其他硬层，中断压桩时间过长。 (3) 由于设备故障或其他特殊原因，致使压桩过程突然中断，若延续时间过长，压桩阻力增加，使桩无法沉到设计深度。 (4) 接桩时，桩尖停留在硬土层内，若时间拖长，很可能不能继续压桩	禁止盲目加大压桩力强行压桩。尤其是在碰到硬土层时，不能用力过猛，管桩抗弯能力不强，往往容易折断，抬架时轻抬轻放，否则易造成桩身开裂和桩架倾斜倒塌事故
4	基坑开挖	主要问题：基坑开挖不当引起大面积桩倾斜。 主要原因：挖土方法不当，将基坑挖得太深或将挖出的土堆放在基坑边坡附近，因而产生侧向压力，加上淤泥本身的流动性以及土体中未消散的超孔隙水压力乘机向开挖方向释放，加剧了淤泥向开挖方向流动，而管桩对水平力的抵抗能力小，于是随着土体的位移而向开挖方向倾斜，造成桩顶大量位移	(1) 进行调查分析，弄清哪些桩报废，哪些桩还可以用，哪些桩应折减其承载力，然后根据实际情况进行补桩。 (2) 严禁边压桩边开挖。 (3) 开挖宜在基桩全部完成并至少隔 15d 后进行，挖土宜逐层均匀进行，桩周土体高差不宜超过 1m。 (4) 注意保持基坑围护结构或边坡土体的稳定；基坑顶部周边不得堆土或堆放其他重物等

续上表

序号	管控项目	易产生的问题及主要原因	管控措施
5	桩身完整性	主要问题:桩身断裂。 主要问题:(1)由于桩身在施工中出现较大弯曲,在集中荷载作用下,桩身不能承受抗弯度。 (2)桩身在压应力大于混凝土抗压强度时,混凝土发生破碎。 (3)制作桩的水泥标号不符合要求,砂、石含泥量大,石子中有大量碎屑,使桩身局部强度不够,施工时在该处断裂。 (4)桩在堆放、起吊、运输过程中,也会产生裂纹或断裂	(1)在施工前应清除地下障碍物。 (2)在初压桩过程中,如发现桩不垂直应及时纠正。 (3)桩打入一定深度发生严重倾斜时,严禁采用移动机架等方法强行纠偏。 (4)接桩时,要保证上下两节桩在同一轴线上。 (5)桩在堆放、起吊、运输过程中,应严格按照有关规定或操作规程执行。 (6)当施工中出现断裂桩,应会同设计人员共同研究处理办法。根据工程地质条件、上部荷载及所处的结构部位,可以采取补桩的方法
6	焊缝质量	主要问题:焊缝不饱满。 主要原因:未按规定进行焊接作业,未分层焊接	(1)在接桩前,对连接部位上的杂质、油污、水分等必须清理干净,保证连接部件清洁。 (2)至接桩时,两节桩应在同一轴线上,焊接预埋件应平整,焊接层数不得少于2层,焊接时必须将内层焊渣清理干净后再焊外一层,坡口槽的电焊必须满焊,电焊厚度宜高出坡口1mm
7	桩身贯入度	主要问题:贯入度剧变。 主要原因:由于地质情况不明,地下存在有空洞、溶洞、夹层、古墓等,地下持力岩层起伏大以及桩身破碎断裂	(1)在施打过程中,出现贯入度突然变大的情况,应立即停止施工,可采取超前钻等方法,先探明桩位处的地质情况,将空洞、溶洞等先用中砂或黏土等填塞密实后再重新打桩,或改用其他形式的基础处理方法。 (2)在即将收锤时,遇到贯入度突然加大的情况,一般均因地下持力岩层起伏大导致桩身折断或桩身自身破碎造成的。这种情况下,采用从桩身内孔吊灯和吊重物检查桩身的完整看是由何种原因造成。 (3)因地质起伏大造成的,则需采用特殊桩尖,采用嵌岩力强的桩尖进行施工。 (4)如是桩身自身破碎造成的,则需对进场的管桩质量进行检查,采购质量合格的管桩;管桩桩身强度必须达到100%时方可使用。 (5)在施打过程中,要控制好总锤击数,PHC管桩总锤击数不宜超过2000,最后1m锤击数不宜超过250;PHC管桩总锤击数不宜超过2500,最后1m锤击数不宜超过300

续上表

序号	管控项目	易产生的问题及主要原因	管控措施
8	桩身上浮	主要问题:桩身上浮。 主要原因:(1)桩基础密集,土饱和密实,桩间距较小,在沉桩时土被挤到极限密实度而向上隆起,相邻的桩浮起。 (2)在软土地基施工较密集的群桩时,由于沉桩引起的孔隙水压力把相邻的桩推向一侧或浮起	(1)采用"植桩法"(先钻孔,钻透硬夹层,将桩插入孔内,打至设计要求)以减少土的挤密及孔隙水压力的上升。 (2)采用开口型桩尖,让部分土体进入桩空腔内,减少土体挤密。 (3)采用"跳打法"施工,控制每天打桩根数,同一区域内不宜超过12根桩。 (4)采用井点降水、砂井或盲沟等降水或排水措施。 (5)在沉桩期间不得同时开挖基坑,沉桩完毕后相隔适当时间方可开挖,相隔时间应视具体地质情况、基坑开挖深度、面积、桩的密集程度及孔隙水压力消散情况来确定,一般应在两周左右
9	桩顶混凝土质量	主要问题:桩顶掉角、碎裂。 主要原因:(1)由于预制的混凝土配比不良,施工控制不严,振捣不密实或养护时间短,养护措施不足。 (2)桩顶面不平,桩顶平面与桩轴线不垂直,桩顶保护层过厚。 (3)桩顶与桩帽的接触面不平,桩沉入时不垂直,使桩顶面倾斜,造成桩顶面局部受集中应力而掉角。 (4)沉桩时,桩顶衬垫已损坏,未及时更换。 (5)桩过大、跳动过高等因素,均可能导致桩顶掉角、碎裂	(1)振捣密实,桩顶的加密箍筋要保证位置准确,桩成型后要严格加强养护。 (2)沉桩前应对桩构件进行检查,检查桩顶有无凹凸现象,桩顶面是否垂直于轴线,桩尖有否偏斜,对不符合规范要求的桩不宜使用,或经过修补等处理后才能使用。 (3)检查桩帽与桩的接触面处是否平整,如不平整应进行加垫等处理才能施工。 (4)沉桩时稳桩要垂直,桩顶要有衬垫,如衬垫失效或不符合要求要更换。 (5)施工时应根据地质条件、桩断面尺寸及形状,合理选择桩锤。 (6)采用"重锤低击"的方法,严格控制桩的跳动高度,禁止高起低落
10	沉桩控制	主要问题:沉桩达不到要求。 主要原因:(1)勘探点不够或勘探资料粗,对工程地质情况不明,尤其是对持力层起伏高程不明,致使设计考虑持力层或选择桩长有误。	(1)详细探明工程地质情况,必要时应作补勘,正确选择持力层或高程。 (2)根据工程地质条件,合理地选择施工方法及压桩顺序。

续上表

序号	管控项目	易产生的问题及主要原因	管控措施
10	沉桩控制	(2) 勘探工作是以点带面,对局部硬夹层、软夹层不可能全部了解清楚,尤其在复杂的工程地质条件下,还有地下障碍物,如大块石头、混凝土块等,导致达不到设计要求的施工控制标准。 (3) 以新近代砂层为持力层时或穿越较厚的砂夹层,由于其结构的不稳定,同一层土的强度差异很大,桩沉入该层时,进入持力层较深才能达到贯入度或容易穿越砂夹层,但群桩施工时,砂层越挤越密,最后会有沉不下的现象	(1) 详细探明工程地质情况,必要时应作补勘,正确选择持力层或高程。 (2) 根据工程地质条件,合理地选择施工方法及压桩顺序
11	送桩施工	主要问题:送桩不到位。 主要原因:因地质情况不明确,导致送桩不到位,部分桩不可避免高出基坑底部	(1) 在开挖前,应标明高出的部分桩的位置,开挖时采取环向开挖的方法,以保持高出的部分桩四周的土体开挖基本上在同一个平面位置。 (2) 不得先在一侧开挖,使桩两侧的土体形成一个落差很大的土壁,这样容易使土的侧压力过大导致桩体倾斜,甚至断桩
12	桩身挤压	主要问题:桩身挤压。 主要原因:在基坑上口和基坑壁的桩,由于不可避免地形成两侧土体高差过大	(1) 采取保险系数较大的基坑支护方法,降低基坑壁的水平位移。 (2) 可在该部分管桩上口采用钢丝绳、钢筋等拉结,牵拉至后方不受基坑土方影响的位置上锚固,抵消部分土体侧压力

3.1.5 经验启示

本节根据芜合高速公路改扩建工程地质条件,建立了适应于高速公路改扩建工程施工特点的深水河漫滩区软土路基 PHC 管桩规模化应用与快速处置方法,提出了相应的沉桩控制技术指标和提前终桩控制标准,针对传统的测绳法、磁测法等成桩检测方法存在的问题,提出了冲击弹性波法进行桩长检测,结合 PHC 管桩的结构特点降低管桩接头部位信号影响,实现对管桩桩身缺陷及底部反射信号的有效提取,突破低应变检测技术不适合检测空心薄壁结构的技术瓶颈,实现对预应力管桩桩身完整性、焊接质量及桩长的检测。此检测方法价格合理,检测效率高,桩长检测误差仅为 ±5% 左右。目前,该方法已成功应用于芜合高速公路改扩建工程,应用路段总长达 17.28km,检测 PHC 管桩超过 34800 根、管桩总长度近 110 万延米。综合项目施工全过程经验,相关技术在后续应用过程中还需重点关注和把控好以下几个方面:

(1)管桩吊装:应对管桩的拖拉和起吊进行监测,注意管桩成品保护,避免在起吊过程中对管桩的破坏并注意施工安全,严禁使用有裂缝的管桩。

(2)沉桩施工。

①对照地质资料及按设计要求合理选择施工机具,锤击桩采用重锤低击的原则选用桩锤并控制打桩总锤击数,避免桩身混凝土产生疲劳破坏,桩身断裂;静压桩施工时压力不应超过桩身所能承受的强度。同一根桩的压桩过程应连续进行,压桩时操作员应时刻注意压力表上压力值,并在压桩前排出合理压桩顺序。

②按施工方案合理安排打桩路线,避免压桩或挤桩。

③打桩时要保证桩体的垂直度,避免桩身倾斜;保证桩锤、桩帽、桩身中心线重合,避免打桩因偏心受力导致桩顶破碎、桩身断裂。

④桩间距小于 3.5 倍桩径时,宜采用跳打,应控制每天打桩根数,同一区域内不宜超过 12 根桩,避免桩体上浮,桩身倾斜。

⑤打底桩时,应采用锤重或冷锤施工,将底桩徐徐打入,调直桩身垂直度,遇地下障碍物及时清理后再重新施工。

⑥在较厚的黏土、粉质黏土层中施打管桩,不宜采用大流水打桩施工法,应将每一根桩一次性连续打到底,尽量减少中间休歇时间。如实、及时、准确地做好管桩施工记录。

(3)送桩:根据管桩尺寸,按要求制作桩帽及送桩器,避免因桩帽和送桩器尺寸不合要求使桩顶破碎及桩身断裂。

(4)接桩:应尽量减少接桩,单桩接头不宜超过 4 个。管桩对接时,应采用钢端板焊接连接。注意焊好的桩接头应自然冷却方可施打。注意焊接处的强度不应低于出厂的强度。

(5)截桩:管桩一般不宜截桩,如遇特殊情况要截桩时,可采用混凝土切割器、液压紧箍式切断机等。

3.2 新型多跨连续桩板式道路结构快速建造技术

3.2.1 工程概况

芜合一期高速公路改扩建工程 01 标段沿线软土分布于河漫滩区,其中 K66+622~K67+557 段为两侧加宽路段,全长 845m。每侧加宽宽度为 8.75m,同时桥位处纵坡有抬升,故路基还需整体加高。标段沿线土地资源紧张、土地批复困难,沿线居民多,征地协调困难,且地质较差,有多处纵坡和整体抬升,设计拟采用桩板式道路结构替代传统土路基方式进行拼宽。

桩板式结构是一种新型桩板梁结构,是由工厂化预制的板梁、管桩等组成的框架结构体系,相比于传统的填土路基,具有刚度大、工后沉降小、施工周期短、集成化程度高等特点,有利于施工质量控制,可用于代替 3~8m 填土路基拼宽。在高速公路改扩建工程建设当中,采用桩板式结构具有以下技术优势:

(1)相对于传统路基,取消了放坡宽度,较大程度地节省了征地面积,有效节约了社会资源;

(2)避免了传统路基方案需大量取土、填土的缺点;

(3)预制板梁与管桩可在工厂完成、现场组装,施工速度较快,可有效节省工期;

(4)无土路基可取消涵洞等结构物接长,水沟等附属设施也可继续利用,在加快施工进度同时,充分利用既有结构,节约工程造价。

桩板式结构改变了公路路基路面的传统结构形式和传统建造方式,兼具显著的社会效益和经济效益,为解决当前阶段高速公路改扩建工程建设与土地保护之间的矛盾提供了有效方案,有助于进一步推动绿色公路工业化建造技术高质量发展。目前,桩板式结构已在安徽省的合肥绕城高速公路陇西至路口段、合宁高速公路、合安高速公路等多条高速公路改扩建和新建工程中得到应用,并在山东、湖北、广东、福建等全国多个省(自治区、直辖市)推广,逐步形成了普遍的技术的示范效应。

3.2.2 技术方案

3.2.2.1 结构整体设计理念

作为一种新型道路结构,桩板式道路结构既不属于传统意义的路基范畴,也不属于一般的桥梁结构。目前,虽然已在国内部分省(自治区、直辖市)的高速公路工程建设项目中得到应用,但实际建成数量相对较少,既没有现成的设计理论和设计方法,也没有成熟的施工工艺和控制措施,结构设计理论和试验研究仍在不断地完善过程当中。已建成的桩板的路基还有一些改进和优化的需求,主要包括:

(1)针对新建高速公路桩板结构或与老路结合较弱的拼宽桩板结构,若仍采用短联长设计,经济性差、伸缩缝较多,后期养护维修工作量大;

(2)桥面板纵向湿接缝普遍采用吊模施工,施工工期长,钢筋焊接工作量大;

(3)联端伸缩缝位置设在墩顶,导致连续墩与非连续墩桩板连接构造不一致,视觉效果不连续;

(4)桩板连接普遍采用半刚性连接,大量采用高分子聚合物材料,耐久性及长期性能不明确;

针对上述问题,项目以芜合一期高速公路改扩建工程01标段河漫滩区K66+622~K67+557软土路段拼宽施工为依托,对预制拼装式桩板结构路基进行升级改进,研发了融合桥梁与道路功能特征的多跨连续桩板式道路结构体系,提升了桩板路基结构性能。

本次优化创新以适应工业化建造和结构经济性为原则,开展多跨连续桩板式道路结构的原型设计,设计内容主要包括桥面板设计、管桩结构设计、接缝处细部构造设计及桩板连接构造设计4个方面。主要技术创新点如下:

(1)结构横纵桥向的布置方案优化。

结构横桥向布置采用横向双支点支撑的断面形式,内外侧均由D600管桩提供支承,间距6m,同时老路基采用泡沫轻质土换填加高处理,不对原地基新增荷载,减小侧向压力,利于内侧管桩的稳定,如图3.2-1所示。

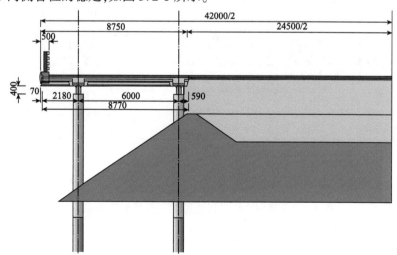

图3.2-1 桩板式道路结构横桥向布置方案(尺寸单位:mm)

结构纵桥向布置优化了伸缩缝设置方案,将伸缩缝设置于梁板支撑点以外,过渡墩、连续墩梁板支撑点可采用相同的构造,实现最大程度的桩、板连接标准化设计,如图3.2-2所示。

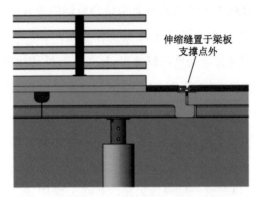

图3.2-2 桩板式道路结构纵桥向布置方案

(2)预制梁板节段组。

研发了一种更加适用于工业化建造的预制梁板节段组,包括标准中板、标准边板、伸缩中板与伸缩边板。所述标准中板、伸缩边板、伸缩中板、标准边板顺序连接组成标准连接段,标准连接段以重复组合的形式进行连接延长。预制梁板节段均采用模块化配筋,钢筋构造简洁,加工组装简化,能更好地适应工业化建造的要求,如图3.2-3所示。

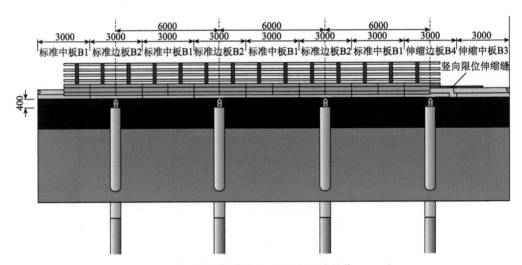

图3.2-3 预制梁板节段立面图(尺寸单位:mm)

(3)带底托环形钢筋的预制桥面板纵向接缝连接构造。

研发了适用于桩板式道路预制板连接的新型带底托环形钢筋连接方式。带底托预制板底部弧形外伸,预制板底托作为湿接缝的底模,无须吊模施工,减少了钢筋焊接作业量,极大地方便了施工。

(4)多重剪力键式桩板连接装置。

研发了多重剪力键式(即"带肋剪力筒与填芯钢筋联合套装式")桩板连接装置,如图3.2-4所示。装置采用固结体系,结构受力明确、安全可靠,梁板预制的工业化程度高,桩板连接构造的优化设计能适应快速施工建造要求,实现了模块制造与快速安装,同时也为后续结构养护提供了便利条件。

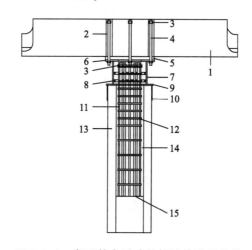

图 3.2-4　多重剪力键式桩板连接装置构造

1-预制梁板;2-预制梁板预留孔;3-钢筋锚固板;4-锚栓;5-楔形块;6-底座钢板;7-钢筒;8-钢筒内壁加强箍;9-环形钢板;10-钢套;11-纵向钢筋;12-环形钢筋;13-管形桩柱;14-填芯灌浆料;15-托盘钢板

3.2.2.2　预制桥面板标准化节段设计

桥面板是直接承受车辆轮压的承重结构,其受力性能的好坏影响结构整体的受力性能和使用寿命,在构造上通常与主梁的梁肋整体相连,既能将车辆荷载传给主梁,又构成主梁截面的组成部分,保证了主梁的整体作用。桩板式结构桥面板的典型特征是工业化制造,采用预制安装工艺。预制板由于具有现浇工程规模小、施工速度快、工程质量更易保证的优势而得以广泛应用,预制板常采用配筋现浇缝现场装配成整体。

本项目研发并应用了一种适用于工业化建造的预制梁板节段组,包括标准中板、标准边板、伸缩中板与伸缩边板。所述标准中板、伸缩边板、伸缩中板、标准边板顺序连接组成标准连接段,标准连接段以重复组合的形式进行连接延长,主要在各节段连接处和支撑处进行变化,其预制梁板节段组结构类型如图3.2-5所示。

如图3.2-5所示,在标准连接段下方设两条纵梁,纵梁沿标准连接段拼接延长的方向延伸，两条纵梁平行设置，均位于标准中板、标准边板、伸缩中板与伸缩边板的下方。伸缩边板、伸缩中板在纵梁处设置牛腿。由于预制梁板节段组接缝自带底托，无须吊模，极大地方便了施工，且受力性能削弱不多，因此极适宜工业化建造。

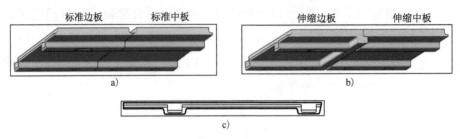

图 3.2-5　预制梁板节段组示意图

预制梁板节段组的具体构造如下：上部结构采用预制钢筋混凝土板，标准跨径设置为6m，采用15孔一联，标准联长90m，联端设60型牛腿伸缩缝，缝宽4cm。桥梁设计范围内既有路基宽度为24.5m，拼宽后路基总宽度为42m。根据位置不同，标准化梁板节段可分为A、B、C、D、E板，其中E板为0.3m宽带底托湿接缝，其余板为工厂预制板。A表示标准边板，B表示标准中板；C表示伸缩边板，D表示伸缩中板。A板、B板、C板、D板横向跨中板厚26cm，悬臂端厚26cm，加腋根部50cm厚，沿顺桥向等厚度布置；横桥向板宽均为8.77m。位于联端（伸缩缝端）的C板和D板设置了牛腿构造。预制梁板节段组接缝构造图如图3.2-6所示。

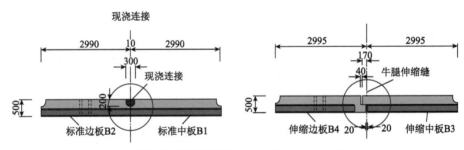

图 3.2-6　预制梁板节段组接缝构造图（尺寸单位：mm）

预制桥面板顶、底面均为水平预制（桥面无纵横坡度），管桩顶面也为水平结构（无纵、横坡），桥面横坡以预制桥面中线为基准线，旋转2%形成横坡，管桩顶面与预制板间的坡度依靠桩板连接构造调整形成。预制板所有节段均在工厂预制完成，运输到桥位附近进行吊装，湿接缝钢筋连接后，现浇湿接缝补偿收缩混凝土及桥面外侧钢护栏底座等附属设施后成桥。

预制梁板节段均采用模块化配筋，节段受力钢筋骨架、端部连接钢筋骨架各自独立，主要在中、边板纵向主钢筋直径上进行变化。钢筋构造简洁，加工组装简化，能更好地适应工业化建造的要求。预制梁板节段组模块化配筋图如图3.2-7所示。

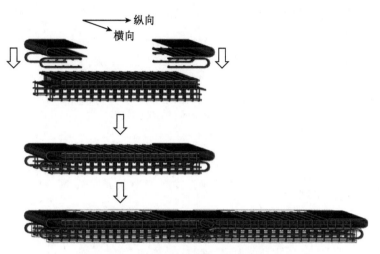

图 3.2-7　预制梁板节段组模块化配筋图

工业化升级改进后的预制梁板节段组以两种结构类型、四种节段形式构成预制梁板节段组结构体系。体系中,节段采用标准化设计、模块化配筋,外形尺寸统一,钢筋配置规则。预制梁板节段连接后,设置于下部支撑结构上,形成一种新型公路桩板式主体结构。

本项目最终采用的预制梁板节段组加工组装简化,能更好地适应绿色公路技术升级对工业化建造技术的相应要求。以此为主体构成的桩板结构,具有结构简洁、建造快、成本低、质量高和景观好等特点,有利于进一步推动绿色公路工业化建造技术发展。

3.2.2.3　一体化桩柱结构设计

管桩是结构受力的一个重要组成部分,其受力性能的好坏将影响结构整体的受力性能和使用寿命。在结构受力中,管桩主要承受结构自重及上部荷载产生的轴向力作用,以及桥面板车辆制动力和温度荷载产生的弯矩效应。不同类型的管桩均有自身优势和适用条件,一体化桩柱结构设计就是要根据管桩自身的受力状态以及管桩的具体形式确定合理的管桩布置和桩桩连接构造,优选管桩结构形式,既要满足结构受力性能的要求,又要满足结构方便构件预制和结构施工的要求。

1)管桩选型及布置

常见的预制管桩有高强预应力管桩(PHC 管桩)、混合配筋高强预应力管桩(PRC 桩)、预制高强钢管混凝土管桩(SC 桩)等。以上不同类型管桩的结构特征及性能优劣势见表3.2-1。

不同类型管桩主要结构特征及性能比对 表 3.2-1

管桩类型	主要结构特征	性能优势	主要问题
PHC 管桩	采用先张预应力离心成型工艺,经过蒸汽养护制成一种空心圆筒形混凝土预制构件,混凝土强度等级>C80	(1)单桩承载力高,对持力层起伏变化大的地质条件适应性强; (2)机械化施工程度高、施工速度快; (3)单位承载力造价较低	(1)抗剪能力较差,抗震能力相对差; (2)打压桩遇到孤石或不均匀时,基础开挖施工中挤土易发生断桩
PRC 桩	在 PHC 管桩基础上加入一定量的非预应力钢筋构成的混合配筋管桩	相比于 PHC 管桩: (1)抗弯强度和抗剪强度增强; (2)延性提高,管桩抗震性能提升	相比于 PHC 管桩成本略高,对加工工艺要求提高
SC 桩	C80 混凝土外包钢管离心成型	(1)桩身力学性能优,整体刚度大、延性好,具有良好的抗震性能; (2)桩身耐锤击好,穿透能力强,耐久性能强	(1)钢管需要进行防腐蚀处理; (2)造价较高,经济性差

经过上述分析比对,结合项目软土地质实际情况,桩板式结构在填土高度内充当墩柱作用的管桩选用延性较好的 PRC 管桩(PRC-I 600AB 型管桩),而在地面以下桩身弯矩较小部位采用 PHC 管桩(PHC600AB 型管桩),管桩长度根据桩顶反力与地层条件进行计算确定。

2)管桩配筋

管桩选型主要包括管桩几何尺寸和桩身配筋,应根据桩身计算内力选择《预应力混凝土管桩技术标准》(JGJ/T 406—2017)中满足计算要求的相应型号的定型管桩,不宜采用非标准设计。PRC-I 600AB 型管桩桩身的配筋(预应力钢筋及普通钢筋)、PHC600AB 型管桩桩身的配筋(预应力钢筋)需满足《预应力混凝土管桩技术标准》(JGJ/T 406—2017)中相应型号管桩配筋的要求。PRC 混合配筋管桩构造如图 3.2-8 所示。

3)接桩构造比选与优化

由于管桩单节桩长一般不超过 15m,故在实际工程中常存在管桩的接桩问题。对于管桩接头的设计要求主要包括两点:一是接头连接强度不应小于管桩桩身强度;二是接头位置应靠近桩身弯矩零点位。经验证的满足等强度要求的接桩构造最常用的是端板焊接连接和机械连接两种形式,因此,比选了 3 种不同类型的管桩接头形式,见表 3.2-2。

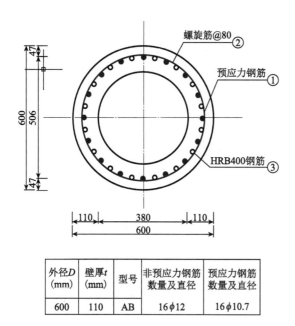
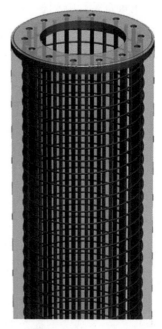

图 3.2-8 PRC 混合配筋管桩构造图（尺寸单位：mm）

不同类型管桩接头性能比对 表 3.2-2

接头类型	性能优势	主要缺点	工程造价
焊接连接	造价便宜，施工工艺要求较低	焊接工作量大，施工时间长	—
外抱箍式（机械连接）	连接速度快，造价适中	抱箍与管桩之间的连接强度不高，易影响管桩间稳定性	以焊接连接的管桩为基准价，采用外抱箍式机械连接的管桩造价增加 20~30 元/m
法兰式（机械连接）	连接速度快，受力计算图示明确	接头用钢量大，造价最贵	以焊接连接的管桩为基准价，采用法兰式机械连接的管桩造价增加 30~50 元/m

经综合比选，本项目以端板焊接连接接头为基础，在连接处用套箍进行加固，并在端板外露表面喷涂耐磨环氧(厚浆)漆进行防腐处理，总干膜厚度不小于 450μm。所选方案结构稳固，耐久性优于传统的焊接工艺及常规的机械接头连接，且造价便宜。

3.2.2.4 预制桥面板纵向接缝构造优化

预制板常采用配筋现浇缝现场装配成整体，相邻预制板的伸出钢筋在现浇缝处进行连接，其中接缝的设计准则及构造标准是预制板建造中的重要环节。

本项目上部预制板之间的接缝为传力接缝，主要特征为接缝与桥面板抗弯受力钢筋正交，需要传递弯矩和剪力。预制板接缝是有效连接两块板、确保结构整体性能的主要部位,其质量直接影响到板结构承载力。传力接缝最常见的构造是预留一定宽度的间隙,保证预制的两部分桥面板主要受力钢筋有足够的搭接长度,能够有效传递弯矩。为了进一步优化预制桥面板纵向接缝构造,综合调研比选了国内常见的预制板间钢筋连接构造,见表3.2-3。

国内常见的预制板间钢筋连接构造性能比对　　　表3.2-3

接缝钢筋连接方式	主要结构特征	技术优势	主要问题
钢筋绑扎连接	主要依靠钢筋与混凝土之间的黏结锚固作用传力	工艺简单、施工简便	(1)钢筋之间拼缝处混凝土受力不利,握裹力受到削弱,传力比锚固受力差; (2)搭接接头用钢量大,接头成本和工程造价提高; (3)搭接长度一般较大,导致湿接缝宽度过大,现场工作量会增加且现浇缝尺寸变大
钢筋焊接连接	受力钢筋之间通过熔融金属直接传力的一种连接,若焊接质量可靠,则不存在强度、刚度、恢复性能、破坏形态等方面的缺陷,是湿接缝常用的连接形式	(1)焊接接头价格较便宜,可在允许留接头的范围内任何位置施焊; (2)不削弱截面,节省材料; (3)连接的密闭性好,结构的刚度大	(1)闪光对焊允许施工误差小,且施焊困难; (2)电弧焊现场焊接工作量较大,下层钢筋焊接不便,施工质量不易保证; (3)由于施工误差,现场常需对钢筋位置进行临时调整,增加了施工难度和工作量
机械连接	机械连接的主要方式有径向和轴向挤压连接、锥螺纹连接、镦粗直螺纹连接和滚轧直螺纹连接等形式	接头强度大,连接质量稳定可靠,接头质量受人影响小,节省钢材	(1)对构件和钢筋的施工精度要求高,允许误差小,对操作要求较高,相应增加了施工难度和工期; (2)板厚度及钢筋间距一般较小,机械连接一般尺寸比较大,接头处的混凝土保护层厚度及钢筋间的净距变小,会影响构件的耐久性和受力性能
环形钢筋搭接	钢筋连接时上下层采用同一根钢筋,通过弯成180°的半圆弧,再与对应另一侧的半圆弧钢筋进行搭接,在重合环内设置横向钢筋,以此实现钢筋之间的可靠传力	(1)无须焊接施工方便; (2)重合长度短可减小接缝尺寸	尚无标准规范规定,结构设计形式多样

综上分析,在预制板中,钢筋焊接及环形钢筋搭接是较常见的连接形式。其中,环形钢筋搭接连接施工方便、构造要求低,施工质量易保证。相比焊接连接,环形钢筋搭接连接大幅减少了现场焊接工作量,便于施工,有利于加快施工进度,更适于在桥梁工业化中推广应用。因此,以钢筋环形连接为原型,进行进一步优化。选取平齐式、底部弧形外伸式、加厚式三种接缝形式,三种接缝构造均采用钢筋环形搭接,其性能对比见表3.2-4。

不同环形钢筋搭接方式性能比对　　　　表3.2-4

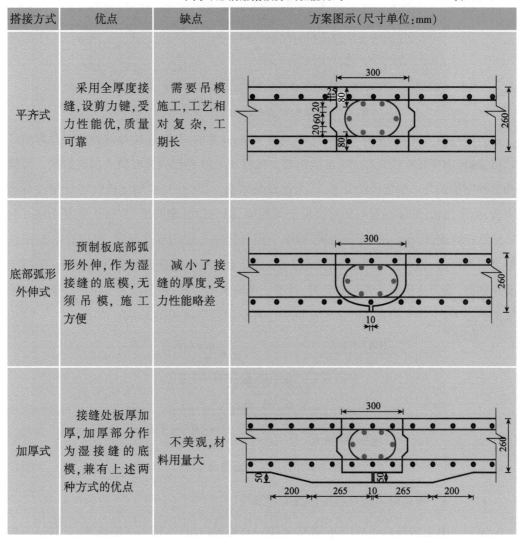

搭接方式	优点	缺点	方案图示(尺寸单位:mm)
平齐式	采用全厚度接缝,设剪力键,受力性能优,质量可靠	需要吊模施工,工艺相对复杂,工期长	
底部弧形外伸式	预制板底部弧形外伸,作为湿接缝的底模,无须吊模,施工方便	减小了接缝的厚度,受力性能略差	
加厚式	接缝处板厚加厚,加厚部分作为湿接缝的底模,兼有上述两种方式的优点	不美观,材料用量大	

底部弧形外伸式接缝构造自带底托、无须吊模,极大地方便了施工,且受力性能削弱不多,最适宜工业化建造。因此,本项目桥面板纵向接缝受力钢筋采用环状搭接连接,接缝自带底托,如图3.2-9所示。

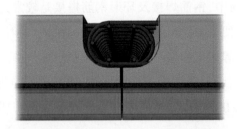

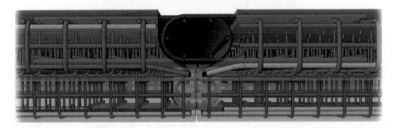

图 3.2-9　新型带底托环形钢筋连接结构

具体构造为:两块预制桥面板之间留有 300mm 宽的间隙,连接处的外伸钢筋弯成环状搭接,环中穿过 6 根直径 16mm 的钢筋。接缝用 C50 补偿收缩混凝土浇筑封闭。接缝两侧预制板的外伸钢筋错位 7.5cm,方便现场搭接。实施时,端部连接钢筋骨架在标准中板、标准边板、伸缩中板与伸缩边板上均相同,由一排标准间距 150mm、直径 20mm 的 U 形钢筋组成,标准中板、标准边板、伸缩中板与伸缩边板相互连接时,两排对向 U 形钢筋之间不焊接,为相互空间交叉,间距 7.5cm,交叉空间内设直径 6 根直径 20mm 的横向支垫钢筋,端部连接钢筋骨架安装时,可统一调整横向位置,在节段受力钢筋骨架位置不变的状态下,实现空间交叉的 7.5cm 间距。环形钢筋搭接如图 3.2-10 所示。

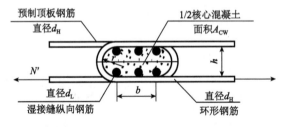

图 3.2-10　环形钢筋搭接示意

3.2.2.5　多重剪力键式桩板连接装置设计

预制混凝土构件之间的快速、高效连接一直是国内设计、施工中的难题,尤其是不同形状预制混凝土构件采用传统现浇连接方式,临时设施多、工作量过大;而预制混凝土构件的预制和安装偏差又常常使得连接件的对位十分困难,造成预制、施工难度大,工业化建造优势降低,连接效果也难以保证。此外,由于桩板式结构具有较长的里程,用支座来连接桥面板与管桩需要很高的成本,经济性较差,因此需要设计一种新型连接构造代替支座,既能很好地连接桥面板与管桩,又能具有良好的受力性能,同时兼具一定的经济性。根据结构运营需求和实际荷载情况,进行合理的结构约束体系的设计,保证结构使用性能,减小结构在荷载作用下受力的不利效应。

在实际工程中,桩板连接构造常采用半固结体系,主要目的是释放桩板连接处弯矩,并通过聚氨酯垫片微调板梁高程。桩板连接通过钢筋及高弹性聚氨酯垫片连接,以实现传递竖向荷载及水平荷载,实现适当的转动,但存在以下几方面问题:

(1)半刚性连接体系大量采用高分子聚合物材料,其连接构造较复杂,专用材料用量大,造价高,施工难度大;

(2)高分子聚合物材料的耐久性及长期疲劳性能不明确;

(3)半刚性连接的连接刚度受材料影响大,不明确,不方便设计单位应用;

(4)半刚性连接只适用于植入法管桩,对桩顶高程能准确控制的项目。

本项目对桩与板的连接构造进行优化,取消聚氨酯弹性垫片,采用受力更加明确的固结体系,以及能适应快速施工建造要求的更加定型化的桩板连接形式。固结体系受力明确,桩板连接可设计成专用构件并可调整高度,有利于实现构件标准化设计、装配化连接。在此基础上,项目研究比对了混凝土接头和钢接头等不同桩板接头方案的性能优劣,见表3.2-5。

不同桩板接头方案构造及性能比对　　　　　　表3.2-5

接头方案	方案构造	性能优势	主要缺陷
预制管桩插入梁板连接接头(混凝土接头),如图3.2-11所示	(1)预制管桩插入梁板快速连接构造,包括预制混凝土梁板与预制混凝土墩; (2)预制混凝土梁板的板底开设有嵌固槽,预制混凝土梁板的板顶开设有垂直的连通孔,连通孔与嵌固槽相通; (3)预制混凝土墩开设有墩顶空腔,在墩顶空腔内设置有垂直设置的锚固钢筋,在锚固钢筋周围设置锚固钢筋骨架; (4)预制混凝土墩在拼装时嵌入嵌固槽,锚固钢筋穿过墩顶空腔、嵌固槽、连通孔至预制混凝土梁板的上表面; (5)嵌固槽混凝土封堵后,由连通孔灌注混凝土,在墩顶空腔、嵌固槽、连通孔内填充有混凝土,形成预制墩、板快速连接结构	简化了预制混凝土构件之间的连接构造,减少了材料使用,大幅减少了现场工作量,实现了工厂预制混凝土构件的工地快速连接	由于本项目管桩采用打入法施工,桩顶高程控制较难,必然存在桩顶高程低于或高于设计高程的情况,很难保证桩顶按设计要求嵌入梁板内

续上表

接头方案	方案构造	性能优势	主要缺陷
外套钢管填芯式刚性连接（混凝土接头），如图 3.2-12 所示	（1）桩顶外套直径为 526mm 的圆形钢管，并搭在管桩临时抱箍上，以支撑圆形钢管； （2）将管壁与端板进行焊接，钢管上部采用橡胶条密封； （3）桩顶外套钢管作为现浇混凝土的外模板，同时放置填芯钢筋笼； （4）在板顶预留孔中灌注 C50 无收缩混凝土，形成整体连接接头	外套钢管可灵活调整接头高程差，并且灵活适应桥面板的纵横坡（钢管外径适当放大），构造简单，无须立模施工。桩顶高程施工误差可放宽到一倍桩径以内	桩板连接部位为钢筋混凝土构件，PRC 管桩桩头的力学性能不能得到充分利用，受力性能差于预制管桩插入梁板连接接头方案
预制墩、板钢筒形/十字剪力撑连接（钢接头），如图 3.2-13 所示	（1）预制混凝土梁板与预制混凝土墩之间通过筒形剪力撑（或十字剪力撑）与连接螺栓连接； （2）筒形剪力撑（或十字剪力撑）下端设置于墩顶空腔内； （3）筒形剪力撑（或十字剪力撑）由底托板、开孔筒（或开孔板）及法兰盘焊接组成，底托板与法兰盘平行设置，开孔筒（或开孔板）焊接在底托板与法兰盘之间； （4）法兰盘平行于预制混凝土梁板设置，连接螺栓贯穿螺栓孔，上端锚固于预制混凝土梁板顶部，下端锚固于法兰盘上，螺栓孔与筒形剪力撑（或十字剪力撑）周边封堵后灌注混凝土，实现预制墩、板快速连接	消除了传统现浇混凝土连接结构临时设施多、现场工作量大的弊端。钢构件安装、拆卸均较为方便，有利于日常使用养护与检测	材料用钢量大，接头造价高。小直径钢筒加工制造难度大，钢构件应力水平高，易疲劳

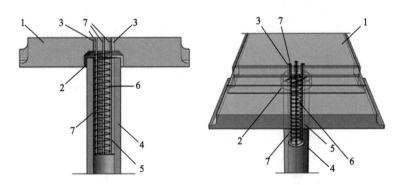

图 3.2-11　预制管桩插入梁板连接接头方案

1-预制混凝土梁板；2-嵌固槽；3-连通孔；4-预制混凝土墩；5-墩顶空腔；6-嵌固钢筋骨架；7-锚固钢筋

3 路基路面工程

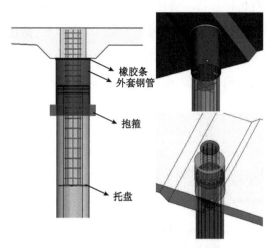

图 3.2-12 外套钢管填芯式刚性连接方案

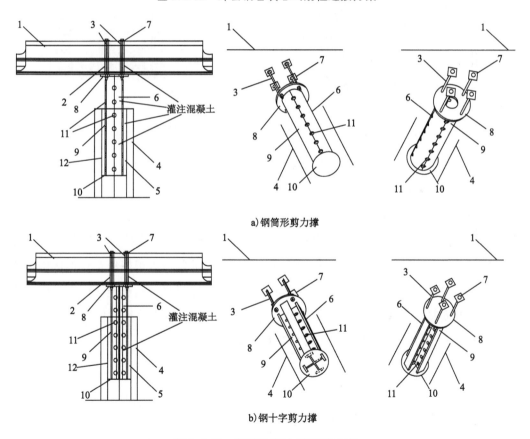

a) 钢筒形剪力撑

b) 钢十字剪力撑

图 3.2-13 钢接头剪力撑连接方案
1-预制混凝土梁板；2-螺栓孔；3-连接螺栓；4-预制混凝土墩；5-墩顶空腔；6-十字剪力撑；7-螺栓垫板；8-法兰盘；9-开孔板；10-底托板；11-圆开孔；12-凸凹内壁

根据上述比对研究，桩板连接不管使用混凝土接头方案还是钢接头方案都有各自的优缺点。混凝土接头方案的优点主要包括造价低、构造简单，钢接头方案主要优点在于钢构件安装、拆卸均较为方便，现场工作量小。项目经过方案比选论证，综合了常见的混凝土接头和钢接头优点，创造性地提出了一种"多重剪力键（带肋剪力筒与填芯钢筋联合套装式）桩板连接装置"，如图3.2-14所示。

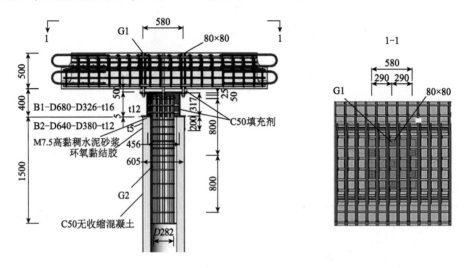

图3.2-14 多重剪力键柱板连接装置构造图（尺寸单位：mm）

该结构由剪力钢筋、带肋剪力筒、剪力螺栓组成，如图3.2-15所示。预制管桩、梁板就位后，剪力钢筋设置于桩顶，灌注混凝土锚固，上端套装于带肋剪力筒内。剪力螺栓设置于梁板预留孔内，上端定位，下端挂连于剪力筒顶法兰盘底面。装置定位并封堵后，由梁板预留孔向剪力筒内、法兰盘与梁板间灌注填充料，形成桩板连接。采用多重剪力键桩板连接装置，其用钢套筒、灌浆料、加筋环以及纵向钢筋等可以很好地实现连接构造的功能。桩板连接可设计成专用构件，梁板预制工业化程度提高，桩、板连接可实现模块化制造与快速安装。钢构件安装、拆卸均较为方便，为以后的结构养护与检测提供了便利条件。有限元计算和试验验证连接装置受力明确、安全可靠。

3.2.3 关键工艺

新型多跨连续桩板式道路结构的施工工艺流程包括施工准备→场地清理→施工平台设置→测量定位→预应力管桩沉桩施工→桥面板运输和吊装→桥面现浇→桥面铺装→附属结构施工等，其工艺流程如图3.2-16所示。

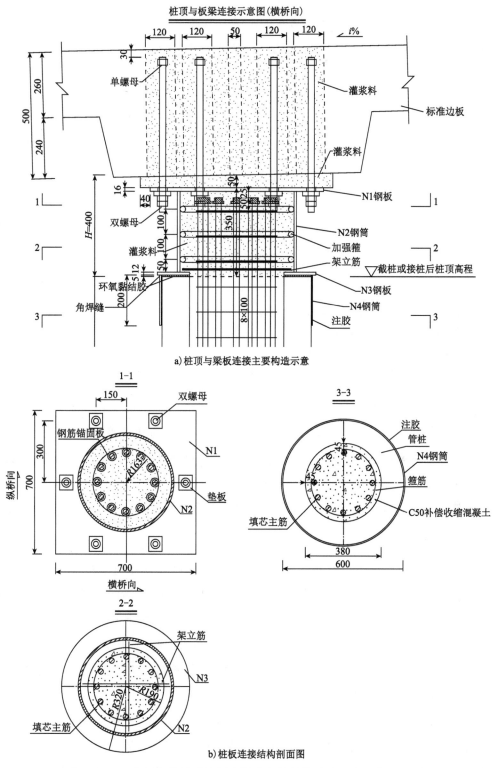

图 3.2-15 多重剪力键式桩板连接装置关键构造（尺寸单位：mm）

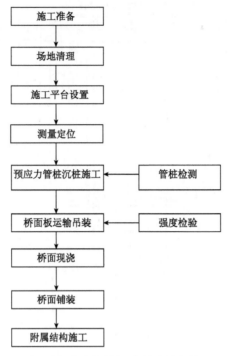

图 3.2-16 新型多跨连续桩板式道路结构施工工艺流程

3.2.3.1 管桩施工

项目采用锤击法进行沉桩施工,其主要工艺流程包括:桩机调整→吊装定位→垂直检查→打击贯入→焊接接桩→沉桩控制→测定记录→桩机移位。其中,沉桩控制是桩板式道路结构下部施工过程中的关键控制节点,为此,项目研发并应用了一体化桩墩沉桩施工方法,结合施工现场动态控制,进一步提升管桩施工质量。

1) 沉桩控制方法

工业化预制管桩如何高效并可靠地打入一直是国内设计和施工领域争论的焦点。现行打桩方式常存在打桩中各参数之间内在关系不明、锤击桩深和贯入度控制值的规定可执行性差、锤击难停的现象时常发生、成桩承载力往往难以确定等问题,这些问题严重制约了预制管桩在公路工业化建造中的应用。针对以上问题,基于动量定理和能量守恒定律,项目研发并应用了桩板式道路结构一体化桩墩沉桩施工方法,并提出了更为适用的锤击贯入度计算公式,能够实现管桩的准确定量打入。

根据能量守恒原理,桩锤所持的能量,在与桩碰撞的瞬间,一部分消耗于热与声上;一部分仍保留于锤中,以动能的形式随桩的沉入而运动;但绝大部分的能量传给桩体,使桩克服土壤的阻力而下沉。保留于锤中的能量,在桩锤不产生回跃的情况下,最后仍传给桩体。传给桩体的全部能量,主要消耗于两部分,一是克服桩底竖向阻力使桩下沉,二是克服桩周水平阻力产生挤土效应。根据以上原理,可推导出单次锤击贯入度控制值 Δh_k 的计算公式,见式(3.2-1)。

$$\Delta h_k = 4H\left(\frac{G}{W}\right) \bigg/ \left[\frac{R}{W} + m \cdot b\left(\frac{L_m}{L_z}\right) - 1\right] \qquad (3.2\text{-}1)$$

式中:R——管桩竖向设计极限承载力(kN);

m——不同桩位处地基持力层的水平抗力系数(kN/m⁴);

b——管桩的有效壁厚(m);

L_z——管桩总长(m);

L_m——管桩打入深度(m);

G——柴油锤重量(kN);

W——管桩总重(kN)。

一体化桩墩打入施工方法示意图,如图 3.2-17 所示。

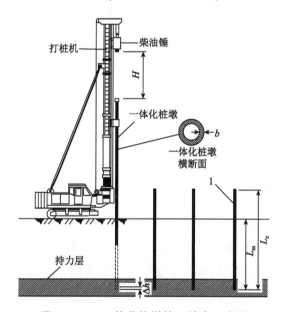

图 3.2-17 一体化桩墩施工技术示意图

一体化桩墩施工方法的主要步骤如下:

①选择已知的打入参数,包括管桩总重 G、锤重 W、锤击行程 H 等。

②确定不同墩位处管桩单次锤击贯入度控制值 Δh_k。

③连续进行管桩锤击,同步测量桩墩的锤击贯入度 Δh。

④一体化桩墩的单次锤击贯入度 $\Delta h \leqslant \Delta h_k$ 时,进行后续施工判断。

⑤当桩底高程未达到设计高程时,继续打入至设计规定的标准时,结束打入;当桩底高程已达到设计高程时,结束打入。

结合本项目提出的打桩单次锤击贯入度控制值计算公式,建立了打桩中各参数之间的内在关系,提高了对打桩过程和成桩承载力的控制水平。同时提出了打桩收尾阶段的作业规则,在保证成桩承载力的基础上,统一了结束打桩的标准。本项目提出的桩板式结构一体化桩墩准确定量打入方法,使施工前期作业标准乱、打桩效率低、成桩桩顶高程相差大、成桩承载力不确定的问题得到有效解决。

2)施工现场动态控制

在采用上述管桩打入方法的基础上,本项目 PHC 管桩沉桩施工过程中动态控制应以高程和贯入度双控进行,并以高程控制为主,最后 10 击贯入度不得大于 3cm。当桩尖已达设计高程,而贯入度仍较大时,应继续锤击,使贯入度接近控制贯入度。贯入度已达到控制贯入度,而桩端高程未达到设计高程时,应继续锤击 100mm(或锤击 30~50 击),如无异常变化时,即可停锤。若桩尖高程比设计高程高得多时,应与设计单位和监理研究决定。

打桩过程中,对工程桩总数 20% 的桩(先沉桩施工的 1/3 抽取 30%,中间沉桩施工的 1/3 抽取 20%,最后沉桩施工的 1/3 抽取 10%)进行单桩沉桩完成时的桩顶高程(单桩完桩时立即测量桩顶高程并记录)和全部工程桩完成后对先前测量过桩顶高程的桩进行桩顶高程复测记录,计算前后高程差。当发现桩顶上浮超过 10mm 时,对全部工程桩进行复打,并对总桩数的 20%(抽取方法同上)进行单桩复打和全部工程桩复打完成后的桩顶高程测量并记录,直至复打后桩顶上浮量小于 10mm。

3.2.3.2 桥面板施工

桥面板施工主要包括桥面板吊运、安装就位→桩板固结施工→湿接缝施工→现浇段施工→桥面铺装。在多跨连续桩板式道路结构桥面板施工中关键工艺主要包括桩板连接结构施工、桥面铺装层施工及桩板式道路结构病害处置施工。

1)桩板连接结构施工

根据项目研发的多重剪力键式桩板连接装置设计要求,当终桩后桩顶距板底的距离小于 35cm(包括桩顶高于板底的情况)或终桩后桩顶距板底的距离大于 80cm 时,统一采用截桩或接桩的方式将桩顶距板底的距离调整为 40cm。多重剪力键式桩板连接构造的施工工艺包括截桩与接桩→安装钢帽→施工填芯混凝土→安装钢座构件→吊装梁板→安装锚栓构件→灌浆,其工艺流程图如图 3.2-18 所示。

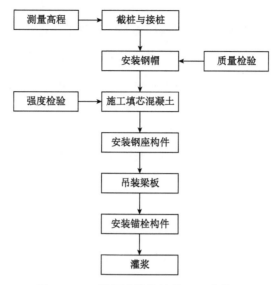

图 3.2-18 桩板连接构造施工工艺流程

(1)截桩与接桩。现场管桩施工完成后,进行高程测量计算。对于桩顶距板底的距离小于 35cm(包括桩顶高于板底的情况)或终桩后桩顶距板底的距离大于 80cm 时,采用截桩或接桩的方式将桩顶及板底的距离调整为 40cm,如图 3.2-19 所示。

a)截桩　　　　　　　　　　　　　b)接桩

图 3.2-19 截桩及接桩施工

截桩采用抱箍法进行施工,确保桩顶平整度和截桩后的质量,严禁采用大锤横向敲击截桩或强行扳拉截桩。接桩采用电弧焊进行焊接,焊条采用 E4303;为确保接桩及焊接质量,桩桩连接的端板缝分三次满焊,冷却后进行打磨余高,严格保证焊缝质量。

(2)安装钢帽构件。钢帽构件由钢板和钢帽在工厂焊接完成后整体运至施工现场进行安装。安装完成后,钢板与管桩顶部采用 5mm 厚的高强环氧黏结胶进行找平和黏结,钢筒与管桩外壁之间的空隙用注射或压力灌注用黏结胶进行填充。

(3)填芯混凝土施工。钢帽完成后,进行填芯构件安装。填芯钢筋构件由主筋、箍筋、架立筋、顶部的钢筋锚固板和底盘的托盘组成,在钢筋加工厂加工成整体后运至现场进行安装。安装完成后浇筑 C50 补偿收缩混凝土完成与管桩的连接,C50 补偿收缩混凝土浇筑至与管桩顶面齐平。

(4)安装钢座构件。钢座构件由钢板、钢筒、钢筒内部加强箍三部分组成,在工厂焊接完成后整体运至施工现场进行安装。钢座构件直接坐落在钢帽构件上,先不进行固定。

(5)吊装梁板。钢座构件安装完成后,进行梁板架设。采用汽车式起重机进行吊装,梁板吊装采用专用支架进行承托,不与钢帽构件接触,梁板底中心距钢座顶部距离 5cm,如图 3.2-20 所示。

图 3.2-20 桩板式路基梁板吊装施工

(6)安装锚栓构件。锚栓构件由锚栓、垫板、螺母三部分组成。安装过程中,锚栓必须保证铅锤。在埋设锚栓时,采用锚栓固定架,保证在灌浆前锚栓临时固定和位置的正确。锚栓安装完成后,将钢座采用 6 点点焊与钢帽进行固定,防止钢座在灌浆过程中位移。

(7)灌浆。锚栓定位安装完成后,安装浇筑板底楔形块的外模板,然后从顶板锚栓预留孔及灌浆孔中进行灌浆,灌浆应饱满密实,不得留有空洞。灌浆料达到设计强度后,采用专用扳手拧紧锚栓螺母。螺母拧紧后,应将锚栓垫板与底板相焊牢,焊脚尺寸不宜小于 10mm;锚栓应采用双螺母紧固,为防止螺母松动。螺母与锚栓垫板尚应进行点焊。桩板式结构桩与板连接部位施工现场图,如图 3.2-21 所示。

图 3.2-21 桩板式结构施工现场

2) 桩板式结构与既有路基连接

设计研发了一种道路改扩建工程中预制板与老路基之间的连接构造装置。该连接装置包含连接枕梁、弹性材料夹层和排水构造。该种连接方式在老路一侧将混凝土板通过枕梁搭接在老路上,枕梁下设透水混凝土和不透水素混凝土垫层,横向通过一段现浇段与老路相连,并于路基接触处设 1cm 伸缩缝,用高弹聚氨酯灌缝。连接装置结构整体性较好、装配化程度较高、施工简单便捷,能够有效解决新老路基不均匀沉降、结构排水等难题,其示意图如图 3.2-22 所示。

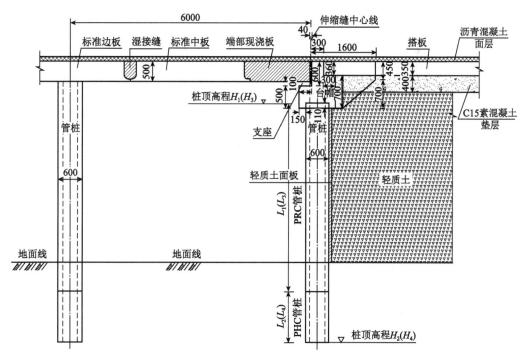

图 3.2-22 桩板式道路结构新老路基连接装置示意图

3）桩板式结构桥面铺装施工

桩板式道路结构桥面板湿接缝密集、不设置防渗调平层,对于铺装层黏结、防水、抗剪、防裂的要求高。为此,项目研发了一种基于耐久性提升技术的桩板式结构桥面铺装层及防水结构新体系——密实型沥青砂与沥青玛碲脂碎石混合料（Stone Mastic Asphalt，SMA）组合铺装结构,充分考虑结构的功能、受力需要以及施工便利性,提出一种密实防水、功能持久的复合结构。新型桩板式道路结构铺装层的主要用材及施工方法见表3.2-6。

桩板式道路铺装结构层用材及施工方法 表3.2-6

结构层名称	材料及施工方法
铺装表面层	50mm厚SMA13（SBS改性）
黏层	改性乳化沥青,用量300～500g/m²
铺装下面层	30mm厚沥青砂（高弹改性）
防水黏结层	喷洒橡胶改性沥青,用量2200～2500g/m²；喷洒橡胶沥青后,撒布9.5～13.2mm碎石,撒布量10～15kg/m²
水基渗透型无机防水剂	两遍喷涂,每次用量200～300g/m²
混凝土桥面板	桥面板进行精铣刨,铣刨深度5～10mm

3.2.4 管控要点

3.2.4.1 静力触探

采用静力触探方式实施桩板式结构工程勘察时,桩板式结构工程应进行静力触探和钻探对比试验,对比试验孔数量应与地质条件、工程特性等相适应。对于软土地基上的桩板式结构等工程,静力触探孔的布置尚应符合现行《公路工程地质勘察规范》（JTG C20）、《公路软土地基路堤设计与施工技术细则》（JTG/T D31-02）的有关规定。

（1）初步勘察阶段

静力触探孔的布置时,静力触探孔可与钻孔沿轴线或其两侧交替布置；勘探点间距宜为100～200m,地质条件简单时可取大值,地质条件较复杂或复杂时可取小值。

（2）详细勘察阶段

静力触探孔的布置时,宜与钻孔沿轴线或其两侧交替布置,勘探点间距宜为30～50m,当工程地质条件简单时可取大值,工程地质条件较复杂时可取小值,工程地质条件复杂时宜加密勘探点,间距宜取15～25m。

当采用打入法或静压法沉桩时,勘探点间距可取较小值,当采用植入法成桩时可取较大值。静力触探孔的数量宜为勘探点总数量的1/2～2/3。

3.2.4.2 管桩施工

新型多跨连续桩板式道路结构施工过程中质量检查和检验的主要内容包括桩的定位及打桩就位前的复测、沉桩过程桩顶高程监测和桩身垂直度等;施工结束后的质量检查和检验的要点包括桩顶高程、桩顶平面位置、桩身完整性、单桩承载力以及对桩身抗压强度出现争议时的全截面抗压能力检测等,见表3.2-7。

管桩施工质量控制要点 表3.2-7

施工阶段	管控要点	控制方法及检测要点
施工过程中	定位放线	控制方法:根据现场的测量控制网(基准点),用J2经纬仪及卷尺准确地投放桩位的位置,将其偏差控制在2cm之内,并画成测量成果图,交给监理单位进行桩位的复测检查,经检查合格后方可施压
	桩位确定	控制方法:插桩时,以定桩位的钢筋为中心点,通过两台交叉的经纬仪校正桩身垂直度在允许偏差之内,另外安排合理的打桩流程,防止打桩的过程中对已打完的桩挤偏
	桩身垂直度	控制方法:用两台经纬仪交叉成90°,架在能看清桩全长的地方。用经纬仪观测桩的垂直度,先看桩尖,再看桩顶,仪器里的十字丝与桩顶之间的偏差应小于1.5cm,以保证垂直度控制在5‰以内,并指挥桩机进行反复多次调整,尤其是第一节桩要严格保证其垂直度,确保其垂直导向作用,桩入土3m后严禁用桩机调整其垂直度。 检测要点:①首先应检查第一节桩定位时的垂直度,当垂直度偏差不大于0.5%时,方可开始打桩;②在打桩过程中,应随时注意保持送桩器和桩身的中心线在同一直线上;③测量桩身垂直度可用吊线锤法,需送桩的管桩桩身垂直度可利用送桩前桩头露出自然地面1.0~1.5m时测得的桩身垂直度作为该成桩的垂直度;④沉桩后最终桩身垂直度允许偏差不得大于$H/1000$(H为桩长),同时桩身中线平面位置与设计位置偏差不得超过15mm
	桩顶高程	控制方法:根据设计高程和±0.000,计算桩的入土深度,在送桩杆上用红油漆画上标线进行标识,当送桩接近设计高程时,通过水准仪的观测来控制桩顶的高程。 检测要点主要包括:①打桩过程中,对工程桩总数的20%(从先沉桩施工的三分之一中抽取30%,中间沉桩施工的三分之一中抽取20%,最后沉桩施工的三分之一中抽取10%)进行单桩沉桩。完成时的桩顶高程(单桩沉桩完成时立即测量桩顶高程并记录)和全部工程桩沉桩完成后对先前测量过桩顶高程的桩进行桩顶高程复测并记录,计算前后高程差;②当发现桩顶上浮超过10mm时,应对全部工程桩进行复打,并对总桩数的20%(抽取方法同上)进行单桩复打完成时和全部工程桩复打完成后的桩顶高程测量并记录,直至复打后桩顶上浮量小于10mm;③在深厚饱和软土中沉桩,当布桩密集又无经验时,尚宜在施工过程中监测桩顶的水平位移,监测数量不应少于6根

续上表

施工阶段	管控要点	控制方法及检测要点
施工过程中	沉桩控制	检测要点：在沉桩过程中，若出现以下几种情况应停止施工，待查明原因后才能继续施工，待桩的贯入度发生突变；桩头混凝土剥落、破碎；桩身突然倾斜、跑位；地面明显隆起、临桩上浮或桩位水平移动过大；贯入度或锤击数与试验成果明显不符；桩身回弹曲线不规则
施工结束后（施工结束后应对桩进行桩顶高程、桩顶平面位置、桩身的完整性和单桩承载力检验，对桩身抗压强度出现争议时还应进行全截面抗压能力检测）	桩顶高程	检测要点：沉桩后最终桩顶位置和高程要求准确控制，顶面必须保证平整。要求预留孔的水平位置偏差不大于15mm，桩顶高程精度与设计位置偏差不得超过5mm
	桩身完整性	检测要点：应对工程桩进行桩身完整性的验收检测。管桩的桩身完整性检测可采用低应变动测法，其检测数量桩基抽检数量为总桩数的100%。 检测方法：采用低应变法检测桩身完整性时，应符合以下规定：①出现裂缝和缺陷的永久结构的抗拔桩或以承受水平力为主的桩应判为Ⅲ类或Ⅳ类桩。②桩身的混凝土受损及桩身出现斜裂缝或垂直裂缝的受打桩应判为Ⅲ类或Ⅳ类桩。③桩身出现轻微缺陷的受打桩宜先判为Ⅲ类桩，最终判定桩的类别时，应挖开浅部的缺陷进行检查核对，结合低应变波形判别评价。挖开检查时，当裂缝长度小于桩截面周长的1/3且为水平裂缝时，可将相似波形的桩改判为Ⅱ类桩。挖开检查困难时，应结合桩顶偏位、桩身倾斜率、孔内目测、岩土工程条件及施工情况等综合判定，仍有疑问时，应判为Ⅲ类桩。④应查明缺陷位置与桩身接头位置关系，谨慎判定桩身接头附近的缺陷性质
		当采用低应变法检测其桩身完整性，对结果有疑问时，应采用孔内摄像法检测桩身完整性，具体方法按照《基桩孔内摄像检测技术规程》(CECS 253)相关规定执行
	缺陷处理	对低应变检测中存在缺陷的Ⅲ类、Ⅳ类桩均应进行处理，并应进行桩身倾斜度及桩位偏差的检测。考虑地质情况、沉桩施工情况、基坑开挖情况等进行综合分析，确定利用和处理方法。以桩身强度为设计控制指标或受力较大的Ⅲ类桩经处理后应进行单桩竖向抗压静载试验，以确认其单桩竖向抗压承载力能否满足设计要求。单位工程处理后的Ⅲ类桩数超过50根时，试验数量取处理桩数的1%且不少于3根，单位工程处理后的Ⅲ类桩数少于或等于50根时试验数量不应少于2根
	承载力检验	检测要点：工程桩完成后应进行承载力检验。采用静载荷试验检测单桩竖向承载力，在同一条件下检测桩数不得少于总桩数的2%。若试桩阶段进行了单桩承载力静载试验和高应变动测法对比试验并有详细的对比数据（对比试验数量不应少于3根），可采用高应变动测法进行单桩竖向承载力检测，在同一条件下检测桩数不应少于总桩数的10%。承包人在投标报价时，应考虑此部分费用。 在沉桩过程中出现较多爆桩，而管桩供应商和沉桩施工方因桩身抗压强度发生争议时，应由建设单位委托有检测能力的检测机构进行长径比为1:1的全截面桩身抗压强度检测，确认受检样品的抗压能力是否超过最大打桩力的1.1倍或达到设计桩身混凝土强度等级要求

3.2.4.3 桥面板施工

预制板工厂化施工质量控制均应按《公路桥涵施工技术规范》(JTG/T F50—2011)和《公路工程质量检验评定标准》(JTG F80/1—2017)及《混凝土结构工程施工质量验收规范》(GB 50204—2020)实施,在工厂定型制造,对各主要工艺制定详细的施工细则,并征得监理工程师和设计单位同意后再进行作业。本节针对桥面板成品检测及质量评定作出相关要求,涉及外观质量、尺寸允许偏差、板预制及安装的实测项目、施工质量检验评定标准等多个方面。

1)模具加工

根据桥面板结构特点,模具由拼装底模、侧模和液压顶升系统组成。底模考虑采用固定式与移动式相结合方式,移动式底模设置液压工作系统,通过液压千斤顶进行模板尺寸精度的微调和模板的拆除。面板为整块钢板折压、切割制造,不允许任何形式的搭接。模具板面粗糙度、尺寸应符合表3.2-8的要求。

模具技术检验表 表3.2-8

编号	项目	允许偏差	检验方法
1	模具内腔边长	±3mm	用卷尺测量四角和中部尺寸
2	板面平整度	平面度2mm/m 全长尺寸平面度≤5mm	水平仪(经纬仪)测量
3	板面粗糙度	12.5～25μm	使用粗糙度样块比较
4	模边密封槽	直线度1mm/m	水平仪(经纬仪)测量
5	底模	长、宽=2mm 直线度0.5mm/m 全长尺寸平面度≤3mm	水平仪(经纬仪)测量
6	孔位偏差/孔径	±1.5mm 0～0.5mm	卷尺、卡尺
7	板材、型材边缝	干净、光滑	目测、手触
8	焊缝	焊缝长度不小于30mm 间隔不大于300mm	正面喷水或涂油检查背部渗漏状况
9	模具扭曲	5mm	用卷尺测量四角对角尺寸比较差值
10	拼缝宽度	≤0.5mm	塞尺
11	模具垂直度	≤0.5°	将90°角尺的一边与板侧边贴紧,检查另一边与板端的缝隙
12	表面涂漆	表面光滑平整,涂刷均匀; 内部板面不得有涂料污染	目测、手触
13	模具表面外观	洁净、无斑点、杂质	目测、手触

2) 钢筋加工

钢筋骨架应使用专用骨架胎模进行组装,保证钢筋位置、间距、整体尺寸符合设计要求。钢筋骨架宜采用自动焊接或人工焊接成型。钢筋的连接处理必须符合《钢筋焊接及验收规程》(JGJ 18—2022)的有关规定。钢筋骨架应有足够刚度,接点牢固,不松散、不倾斜、不发生扭曲变形。钢筋组装允许偏差应符合表3.2-9的规定。钢筋在钢筋绑扎胎架上绑扎成型,采用专用多点吊具整体吊装入模。合理设置钢筋保护层垫块满足钢筋保护层厚度要求。

钢筋组装允许偏差　　　　　　　　　　表3.2-9

项目		允许偏差(mm)
绑扎钢筋网	长、宽	10
	网眼尺寸	20
绑扎钢筋骨架	长	10
绑扎钢筋骨架	宽、高	+5
受力钢筋	间距	10
	排距	5
	保护层厚度	3
绑扎箍筋、横向钢筋间距		20
钢筋弯起点位置		20
预埋件	中心线位置	5
	水平高差	+3,0

预埋件应按照图纸要求定位、固定牢固。连接件、预埋件、预留孔洞的允许偏差(mm)应符合表3.2-10的规定。

连接件、预埋件的允许偏差　　　　　　　　　表3.2-10

项目		允许偏差(mm)	检验方法
连接件	中心线位置	+3	钢尺检查
	安装垂直度	1/40	拉水平线、竖直线测量两端差值
预埋件(插筋、螺栓、吊具等)	中心线位置	5	钢尺检查
	外露长度	+5~0	钢尺检查
预留孔洞	中心线位置	5	钢尺检查
	尺寸	+8.0	钢尺检查
其他需要先安装的部件	安装状况:种类、数量、位置、固定状况		与构件制作图对照及目视

3) 构件检验

构件应按设计要求及现行国家标准《混凝土结构工程施工质量验收规范》(GB 50204)的有关规定进行结构性能检验。构件中钢筋、预埋件等的规格、数量应符合设计和施工规范的要求。预制构件尺寸的偏差及检验方法,当设计无具体要求时,应符合表3.2-11及《装配式混凝土结构技术规程》(JGJ 1—2014)的相关规定。

构件尺寸允许偏差及检测方法 表3.2-11

项目			允许偏差(mm)	检查方法
截面尺寸	长度	板	±5	钢尺检查
	宽度及高度	板	±5	钢尺量一端及中间,取较大值
	肋宽、厚度		+4,-2	钢尺检查
侧向弯曲		板	$L/750$ 且 ≤ 20 (L 为构件长度)	拉线,钢尺量最大侧向弯曲处
预埋件	中心线位置		5	钢尺检查
	螺栓位置		5	
	螺栓外露长度		+10,-5	
预留孔	中心线位置		5	钢尺检查
预留洞	中心线位置		10	钢尺检查
主筋保护层厚度		板	+5,-3	钢尺或保护层厚度测定仪测量
对角线差		板	10	钢尺量两个对角线
表面平整度		板	5	
键槽	长度		+5,-10	钢尺检查
	宽度		±5	
	壁厚		±5	

注:检查数量同一生产线或同一工作班生产的同类型构件,抽查5%且不应少于3件。

4) 桥面板安装

桥面板安装实测项目见表3.2-12。

板安装质量检测项目 表3.2-12

项次	检查项目	规定值或允许偏差	检查方法和频率
1	支承中心偏位	10mm	逐跨检查
2	倾斜度	1.2%	吊垂线:逐跨抽查
3	板顶面纵面高程	+8mm,-5mm	水准仪:每片3点
4	相邻板顶面高差	8mm	尺量:每相邻板

3.2.5 经验启示

多跨连续桩板式道路结构改变了公路路基路面的传统结构形式和传统建造方式,为解决当前阶段高速公路改扩建工程建设与土地保护之间的矛盾提供了有效方案,较大节省了征地面积、缓解了取土困难的问题。通过本项目研究,研发了带底托环形钢筋的预制桥面板纵向接缝连接构造、新型竖向限位伸缩装置、多重剪力键式桩板连接装置等桩板式结构关键连接构造,形成了适合于工业化建造的快速连接技术及相应的施工工艺方法,提高了关键结构和构造施工速度与质量,有效节约了施工工期和工程造价,有助于进一步推动绿色公路工业化建造技术高质量发展,取得的主要效益如下:

(1)首创了高速公路改扩建道路结构化快速拼宽模式。无须取土征地,节约用地60亩/km❶;建设费用<2000元/m^2,与填土路基相比造价相当,且节约用地约60亩/km;与中小跨径桥梁结构相比,造价节省约30%,具有显著的经济优势。

(2)研发了多种适合于工业化快速建造的板桩式道路关键连接构造。带底托O型连接,工效提高50%以上;与填土路基相比,节约工期10d/km;实现了多跨超结构在大跨径、可移静定体系连续长度突破100m,梁板含筋量降低约10%,预制桥面板厚<0.3m/m^2。

3.3 新老路基拼接施工典型做法

3.3.1 工程概况

芜合二期高速公路改扩建工程WL-03标段(K45+000~K62+060)全长17.06km,拟扩建为双向八车道高速公路,设计速度120km/h。项目拟对原有旧路进行拼宽改造,路基填方总工程量约为150万m^3。其中,K45+000~YK49+861.548(ZK49+814.661)及YK52+820.879(ZK52+920.550)~K61+578.894段为两侧拼宽整体式路基,断面几何尺寸布置为单向行车道4×3.75m(四车道),3m中央分隔带、0.75m内侧路缘带,外侧硬路肩宽3.0m(包括0.5m外侧路缘带),土路肩各宽0.75m。行车道、路缘带及硬路肩采用2%,土路肩采用4%。整体式路基标准断面如图3.3-1所示。

---

❶ 1亩≈666.67m^2。

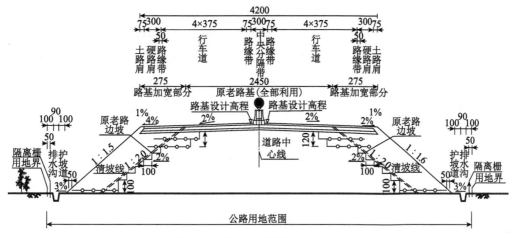

图 3.3-1 整体式路基标准断面图（尺寸单位：mm）

既有路基经多年营运,沉降已基本完成,在其边坡上进行填筑施工,新填土方和后续营运过程中的汽车荷载必然会引起既有路基的附加沉降,并在新老路基之间产生相对较大的差异沉降,引起既有路基变形,甚至路基拉裂、下沉过速等严重病害,对后期高速公路正常营运带来严重后果。同时,WL-03 标段沿线地表水体发育,水网密布,均为发育较小的溪流,沿线路软土路基总长约为超过 1.9km,新老路基差异沉降现象更为明显,因此,控制和延缓新老路基结合部位开裂是保证芜合高速公路拓宽改造施工质量的关键控制要点之一。

为进一步控制路基沉降、提升整体稳定性,使得新老路基之间形成紧密衔接的整体,项目在系统总结了安徽省及其他省(自治区、直辖市)新老路基拼宽施工技术经验,结合芜合高速公路改扩建项目实践经验,根据项目不同路段情况,提出了不同的路基拼接施工方案,系统总结了新老路基拼宽施工的关键工艺及质量管控要点,旨在为省内外同类工程项目提供经验借鉴。

3.3.2 技术方案

减小新老路基的差异沉降、保证新老路基的拼接质量、防止新老路基发生纵向开裂的主要途径有两条:一是减小新老地基差异沉降,可以通过地基处理或采用轻质路堤的手段来实现;二是加强新老路基结合部的拼接质量,提高新老路基的结合强度和整体稳定性,减轻地基不均匀沉降以及新老路基因填料、施工质量及路面结构层的差异等所引起的病害。在工程实践中,由于缺乏对新老路基拼接机理的研究,又没有相关的标准规范可循,因而在高速公路扩建工程路基拼接的设计施工多以经验为主,存在一定的随意性和盲目性。为此,项目以加强新老路基结合部的拼接质量为主线,分析在软土地基不均匀沉降条件下新老路基拼接处治措施。

当前,高速公路工程项目常采用削坡和挖台阶相结合的方式进行拼接施工。既有路堤边坡削坡和台阶开挖的作用主要体现在:一是清除老路边坡一定深度内的表层植被土和压实度不足的填土;二是增加新老路结合部接触面积,增强结合部抗剪能力;三是横向台阶面为土工格室或土工格栅的使用提供一个锚固长度。自下而上挖台阶能有效保证台阶处的压实度和新建路基压实度的统一,可充分利用原有路堤,土方工程量小。根据项目不同路段情况,选取相应的路基拼接施工方案。

1)低填路段

低填路段适用于填方高度不大于1.2m的路段。原老路基边坡清坡50cm,沿土路肩外边缘向路中线180cm处开挖一级台阶。为减小新老路基不均匀沉降及提高新老路基衔接性,清表后若未达到路床底高程则继续挖至路床底,上路床30cm回填8%石灰土,下路床90cm回填6%石灰土,并在路床顶面以下60cm及120cm处各铺设一层钢塑格栅。

2)一般边坡路段

一般边坡路段为边坡高度大于1.2m、小于8m的一般路段。原老路基边坡清坡50cm,自下而上第一级台阶采用宽150cm、高100cm,第二级台阶及第二级台阶以上采用宽100cm、高66.7cm,开挖一级填筑一级,填筑路基时在最下一级台阶铺设一层高强土工格室,路床顶面以下60cm及120cm处各铺设一层钢塑格栅。

3)高边坡路段

高边坡路段适用于边坡高度大于8m的一般路段。原老路基边坡清坡50cm,自下而上第一级台阶采用150cm宽、高100cm,第二级台阶及第二级台阶以上采用100cm×66.7cm,开挖一级填筑一级,填筑路基时在最下一级台阶铺设一层高强土工格室,路床顶面以下60cm、120cm处及路堤中部铺设一层钢塑格栅。

4)设置挡土墙路段

(1)路肩挡墙路段。拆除路床范围内挡墙,保留下部挡墙,拆除前应填筑第一阶段填土至路床底面,填筑路基时在拼宽一侧基底铺设一层高强土工格室,路床顶面以下60cm、120cm处铺设一层钢塑格栅。

(2)路堤墙路段。原老路基边坡清坡50cm后按1∶1削坡后拆除上部挡墙,拆除前应填筑第一阶段填土至挡墙拆除顶面高程,然后开挖台阶,自下而上第一级台阶采用宽150cm、高100cm,第二级台阶及第二级台阶以上采用宽100cm、高66.7cm,开挖一级填筑一级,填筑路基时在最下一级台阶铺设一层高强土工格室,路床顶面以下60cm、120cm处各铺设一层钢塑格栅。

5)挖方路段

沿土路肩外边缘向路中线180cm处开挖一级台阶,土质挖方段开挖至路床底面,并视路床底部土基加州承载比(California Bearing Ratio,CBR)值及压实度情况对路床底超挖25cm换填2~4cm碎石,在路床顶面以下60cm及120cm处各铺设一层钢塑格栅;岩质挖方路段超挖至路床顶面以下40cm处,填筑40cm厚未筛分碎石至路床顶面。

3.3.3 关键工艺

新老路基拼接施工工艺主要包括清除老路边坡、填前压实、测量放样、台阶开挖、土工格室安装、路基填筑压实、钢塑格栅安装、路基填筑压实等内容,如图3.3-2所示。

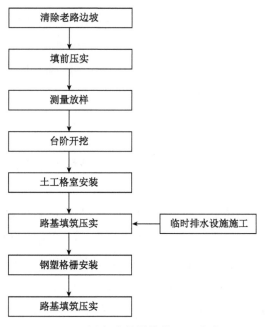

图3.3-2 新老路基拼接施工工艺流程

根据改扩建施工路段保通期间减少对原路基扰动的要求,项目采用自下而上挖台阶的方式,其主要技术要点如下:

(1)为增加新旧路基的整体协调性,避免或减少横向错台和纵向裂缝的发生,在加宽填筑路基前,先对老路基边坡进行50cm(垂直于坡面方向)的清坡处理。

(2)为了减少路基填土的自身压缩变形,控制新老路基之间的差异变形,拼接路基按现有《路基设计规范》(JTG D30—2015)中的填土压实度要求提高1个百分点执行。

(3)除坡脚处第一级台阶按宽150cm、高100cm开挖外,上部台阶高度调整宽为100cm、高为66.7cm,开挖后及时进行拼接填筑,自下而上开挖一阶及时填筑一阶,台阶底面向路中心内倾2%,分层夯实,每层严格控制厚度、压实度、拱度和平整度,并进行检测。

(4)开挖拼接至路床底面的台阶时根据路基填高确定其台阶高度和宽度。台阶面距离路床底面小于70cm时,应将其作为一个台阶开挖回填;距离路床底面大于70cm时,应分成40cm和≥30cm两个台阶高度开挖回填。路床部位按两台阶单独开挖处理,其开挖位置为距离原路基土路肩外边缘向路中线180cm处,台阶高度为60cm。

(5)新旧路基衔接时由开挖路床内侧向外铺设土工格栅,土工格栅采用双向塑料土工格栅,格栅搭接宽度不小于20cm。

(6)在台阶高度范围内进行分层填筑,顶层与台阶平齐,每填筑一层后均应进行现场验收。不同填料应水平分段填筑。同一层路基全宽范围内应采用同一种填料,不得混合填筑。

(7)采用推土机进行粗平、平地机进行精平的机械组合,压路机进行碾压,按照分层厚度进行填筑路基。静压后振压,记录碾压遍数和碾压速度,然后检查路基压实度,新老路基拼接处加大压实度检测频率,压实顺序由一侧向另一侧,由外侧向内侧进行碾压,台阶内侧压路机碾压不到的接缝部分采用小型振动夯机夯压密实。

3.3.4 管控要点

(1)台阶开挖:在老路的桥头锥坡防护拆除、锥坡填土开挖后,采用喷射砂浆等临时防护措施以保证路基稳定。

(2)路基填筑压实:碾压结束记录试验检测数据,压路机的最大碾压速度不宜超过4km/h,各区段及新老路基交接处,应互相重叠压实,纵向搭接长度不应小于2m,沿线路纵向行与行之间压实重叠不小于40cm,上下两层填筑接头处应错开3m。每层都必须碾压至边缘,逐层收坡,后填段填筑时应把交界面挖成2m宽的台阶,分层填筑碾压;当两段同时施工时,应交替搭接,搭接长度不小于5m。同时必须加强搭接线两侧各20m范围内的压实控制,应比同层位规定压实度值提高1%。

(3)高填方路段:高填方路段因施工期时间较长,为防止雨水由拼接面下渗,应严格做好排水措施。同时应该做好泄水沟和拦水埂,防止雨水冲刷路基边坡。在开挖高填方路段边坡台阶之前,应对路基稳定性进行验算。一次性开挖尺寸不宜过大、过高。

3.3.5 经验启示

本节系统归纳总结了芜合高速公路改扩建工程新老路基结合部位拼接施工典型经

验做法,以加强新老路基结合部的拼接质量为主线,分析了不同类型路段条件下软土地基不均匀沉降部位新老路基拼接处治措施,结合项目工程实践经验,提出了台阶开挖和路基填筑压实等的关键技术要点。

3.4 泡沫混凝土路基填筑施工技术

3.4.1 工程概况

芜合二期高速公路芜湖至林头段改扩建工程 WL-03 标段(K45+000~K62+060)全长 17.06km,根据现行规范需提升既有道路通行标准,对于原有高速公路路基纵坡抬升大于 2m 处均需进行回填,标段内纵坡抬升段填筑长度超过 3.7km,路基填筑段填筑总量高达 200771.4m^3,且路基填筑施工工期较为紧张。此外,标段内沿线地表水体发育、水网密布,局部漫滩地貌内发育深厚层软土,地基承载力较低、工程性质不稳定,浸水路段路基拼宽施工对工后沉降要求高。传统的路基土石方填筑征地困难且填方量大,桩板挡墙适用范围小、造价较高、施工技术要求高,亟须对现有技术进行升级。

轻质泡沫混凝土是将发泡剂用机械方式充分发泡,并与水泥浆、外加剂、填充剂均匀混合,然后经过物理化学作用、自然养护形成的一种含有大量封闭气孔的新型材料,具有轻质性、密度和强度可调性、高流动性、直立性及施工便捷等特性,可有效减轻荷重或土压、缓解土地资源压力、显著加快施工进程,目前已广泛应用于软基桥台台背填筑、道路扩建等领域。轻质泡沫混凝土应用于高速公路改扩建工程路基填筑施工主要技术优势包括:

(1)轻质高强,内部均匀分布大量独立封闭式凝胶泡沫,降低了质量体积比。在实际工程中可根据实际要求改变泡沫、固化剂和土壤混合比调整其重度,以达到材料的最佳使用效果,与土石等常规回填材料相比质量更轻。

(2)自立性强,具有普通混凝土的初凝固化特征。在达到初凝节点后便可形成固结状态,固结后对侧面结构物无侧压力,可大面积、大体积地垂直浇筑减少占地,有效缓解改扩建工程土地资源紧张、批复困难等问题。

(3)稳定性好,用于浸水路段路基施工受水环境影响小。路堤边坡稳定、成型效果好、工后沉降量小,施工受天气等因素影响小,可以有效解决改扩建路基施工中,新旧路基搭接后差异变形问题。

(4)施工便捷,有效减少浇筑时振捣以及碾压等烦琐操作。轻质泡沫混凝土组分中无粗集料,气泡量较大、流动性较强,可采用泵送的方式进行远距离运输,泵送高度可达30m,传送距离可达500m。

综合上述分析,芜合二期高速公路改扩建项目采用泡沫混凝土进行路基纵坡抬升路段及路基加宽段填筑。

3.4.2 技术方案

3.4.2.1 路基抬升段填筑施工

(1)根据原有路基地质情况,在既有路面顶填筑30cm级配碎石隔离层,铺设防渗土工布。

(2)在路基两侧安装轻质泡沫混凝土挡板,用角钢立柱支撑,$\phi 6mm$ 钢筋对拉。

(3)每隔10~15m设置一道变形缝,变形缝材料采用20~30m厚聚苯乙烯板或10~20m厚木板。

(4)根据机电、交通安全路面排水横穿管等相关图纸,做好预埋件施工,然后浇筑第一层泡沫混凝土。

(5)在泡沫混凝土浇筑体内距顶面和底面0.5m分别设置一道钢丝网,钢丝网规格为 $\phi 3.2mm@5cm \times 5cm$。不同网片之间采用镀锌铁丝绑扎连接,纵向搭接长度不小于20cm,横向搭接长度不小于30cm。

(6)泡沫混凝土施工完成后在顶层铺设防渗土工布,然后浇筑一层20cm厚C15混凝土调平层,最后进行路面施工。路基抬升段泡沫混凝土填筑设计如图3.4-1所示,路基换填段纵断面示意如图3.4-2所示。

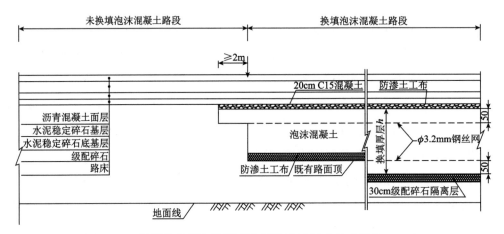

图3.4-1 路基抬升段泡沫混凝土填筑设计图(尺寸单位:cm)

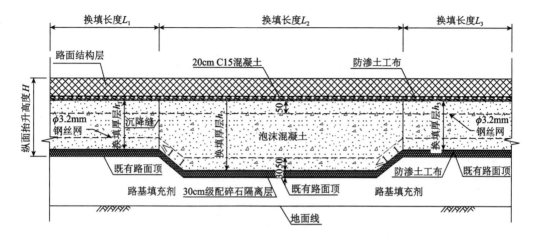

图 3.4-2 路基换填段纵断面示意图（尺寸单位：cm）

3.4.2.2 浸水路基换填施工

（1）当换填厚度＜1.5m 时，需在泡沫混凝土浇筑体内距顶面 0.5m 设置一道钢丝网；当换填厚度＞1.5m 时，在泡沫混凝土浇筑体内距顶面和底面 0.5m 分别设置一道钢丝网，钢丝网规格为 $\phi 3.2mm@5cm\times 5cm$。不同网片之间采用镀锌铁丝绑扎连接，纵向搭接长度不小于 20cm，横向搭接长度不小于 30cm。

（2）当路基填高较高时，挡板将立于旧路路堤边坡上，调整基础埋深使得上部挡板块数为整数，同时基础外边缘襟边距离不小于 1.0m，外侧采用现浇 C15 混凝土封闭，挡板下部边坡的防护及排水设施将保留不用拆除。当路堤填高较低时，轻质土基础位于地表，外侧设置排水沟。

（3）为增加泡沫混凝土稳定性，拼宽路基填高大于 2m 时，需设置抗滑键。抗滑键采用尺寸为 $50mm\times 37mm\times 4.5mm$ 的 5 号槽钢，单根长 3m，埋入段长不小于 1m，布设于第一级台阶和第二级台阶之间且与挡板基础距离不小于 2m，按纵向间距 2m 布设。

项目路基拼宽段泡沫混凝土填筑设计如图 3.4-3 所示。

3.4.3 关键工艺

泡沫混凝土路基填筑施工工艺主要是通过优化施工方案提高路基拼宽段浸水路堤填筑进度、质量和经济效益，采用 C25 现浇混凝土做保护壁基础，并预埋挂壁支柱，下一步安装保护壁，用拉杆与支柱连接，浇筑轻质泡沫混凝土。成型后浇筑混凝土调平层。泡沫混凝土拼宽路基施工流程如图 3.4-4 所示。

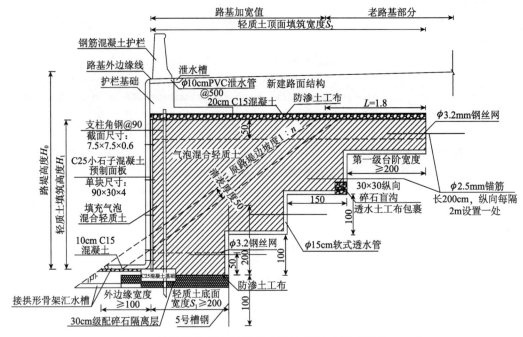

图 3.4-3 路基拼宽段泡沫混凝土填筑设计（尺寸单位：cm）

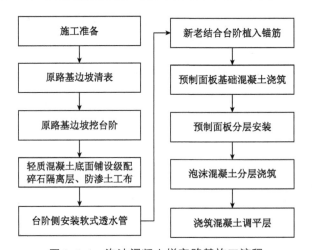

图 3.4-4 泡沫混凝土拼宽路基施工流程

1) 挡土板安装

首先将预埋槽内残渣、石屑清理干净，用水从上至下冲洗润湿，用木方沿预埋槽刮出多余水分，将预先搅拌的砂浆填筑在预埋槽内，填筑高度为3cm。将预制好的挡土板水平依次安装在预埋槽内，挡土板间用金属杆连接，金属杆与定位角钢用ϕ6mm拉杆连接（金属连接器安装示意如图3.4-5所示），根据拉杆长度，确定挡土板的垂直度；按此顺序依次安装两侧挡土板，挡土板安装完成，经监理工程师检查断面尺寸及垂直度后进行后续施工。

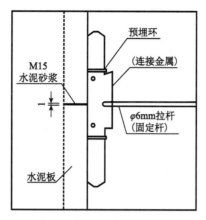

图 3.4-5　金属连接器安装示意图

随后,在施工现场用全球定位系统(Global Positioning System,GPS)每隔 10m 放出挡土板位置,用钢钉配合小彩旗定位。同时做好复测工作,在以后的施工中应经常检查挡土板位置,确保挡土板位置的准确性。测量场地高程,以便确定浇筑高度。挡土板安装情况如图 3.4-6 所示。

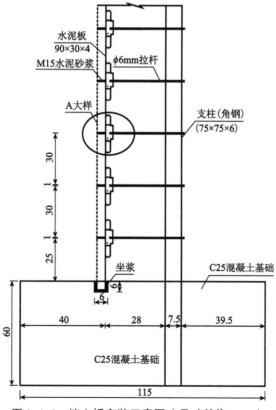

图 3.4-6　挡土板安装示意图(尺寸单位:cm)

2）浇筑成型

（1）首先，30cm级配碎石隔离层验收合格，并布设防渗土工布。防渗土工布铺设前，应清除下承层的尖锐物，避免刺破，必要时，应先铺设一层无纺针刺土工布作为垫护。相邻幅的土工膜，重叠宽度不宜小于10cm，且应采用胶粘的方式进行搭接。

（2）在泡沫混凝土浇筑体内距顶面和底面0.5m分别设置一道钢丝网，金属网铺设前，应检查其外观，不应采用有明显锈迹的金属网；相邻幅的金属网应重叠铺设5～10cm，重叠部位宜用铁丝绑扎，相邻绑扎点间距不应超过10倍网眼边长。在变形缝位置，金属网应断开铺设。

（3）泡沫混凝土浇筑施工宜采用直接泵送或配管泵送方式；当浇筑方量较小时也可采用车辆运送或其他工具运输的方式进行施工。

（4）泡沫混凝土按水平分层浇筑施工，每层厚度小于1m，底部浇筑宽度不小于2m。每隔10～15m沿泡沫混凝土面板及其基础横断面设置变形缝，在断面突变处设变形缝。浇筑时，软管的前端直接浇筑，出料口埋入混凝土中，当无法满足要求时，出料口离浇筑点的高差宜控制在1m以内。

3.4.4　管控要点

1）施工准备

（1）泡沫混凝土施工前须保证基坑平整无积水，填筑前应进行碾压，保证基底地基承载力不小于100kPa，仅当路基顶部泡沫混凝土强度不小于0.5MPa时，方可进行后续施工。

（2）泡沫混凝土发泡剂应满足如下要求：湿重度宜控制在5～8kN/m^{3}之间，流值宜为170～190mm。稀释倍率≥60，发泡倍率≥20，产生的气泡应均匀、细微，产生的气泡泌水率低、稳定性好且互不连通。

2）填筑施工

（1）当填筑体长度（包括横向浇筑宽度、纵向浇筑长度）超过15m时，应按10～15m间距设置变形缝，在断面突变处应加设变形缝，变形缝材料可采用20～30mm厚聚苯乙烯板或10～20mm厚木板。

（2）轻质土路基按水平分层浇筑施工，每层厚度应小于1m。浇筑时，须从软管的前端直接浇筑，且出料口要埋入轻质土中。

（3）泡沫混凝土为黏稠的流体，其中含有大量的空气和吸附水。出料管不得在泡沫混凝土中来来往往,以免破坏气泡,泡沫混凝土浇筑面平整,大面积浇筑时采用全面分层、分段分层浇筑,浇筑达到标定高程后用尺杆刮平。

(4)单个浇筑区内浇筑层的施工时间宜控制在水泥(砂)浆初凝时间内;当浇筑层终凝后方能进行上层的浇筑施工。

3)新老路基衔接处置

(1)换填泡沫混凝土路段与一般填土路段之间采用台阶式过渡,并在其顶部设置镀锌铁丝网和土工膜,并应延伸至一般路堤侧不小于2.0m。

(2)一般填方路基反开挖台阶与泡沫混凝土路基横向衔接;路基最低处和顶部横向开挖台阶宽度不小于2m,其余台阶宽度不小于1.5m,高度不小于1m。

(3)为满足路床项纵横向坡度设置要求、提高泡沫混凝土防裂功能,在泡沫混凝土顶部设置20cm厚C15混凝土调平层,在C15混凝土顶部和泡沫混凝土底部分别设置一层防渗土工布。

3.4.5 经验启示

泡沫混凝土具有良好的施工便捷性,流动性强、固化速度快,强度可根据现场实际需要进行适当调整,且固化之后具有很好的自立性。泡沫混凝土既能减轻放坡带来的土地资源紧张和占地困难问题,又能利用自重较轻的特点降低填土荷载及对软弱地基产生的附加应力,避免新老路基之间的不均匀沉降,在芜合高速公路改扩建项目路基填筑工程中发挥了良好的经济社会效益,具有一定的社会推广价值。相关技术在后续应用过程中可进一步考虑如下几个方面:

(1)在高速公路改扩建工程桥梁拼宽施工中,由于拼宽位置台背施工空间狭小、落差大、大型设备无法作业、小型设备无法保证台背回填质量等问题,采用轻质泡沫混凝土施工,将原桥梁台背填土挖开成小台阶状并分层浇筑,可在保证高速通行的情况下快速完成施工、降低车辆安全通行的风险,同时又能避免狭小空间施工、台背回填质量差、后期出现桥台跳车等问题。项目后期沉降观测和现场实测结果表明,轻质泡沫混凝土能有效解决新老路基沉降不均和桥台跳车的质量通病问题。由于本书篇幅及全书结构布局等因素,在此不做详述,但泡沫混凝土在改扩建台背回填中的应用技术可进一步在安徽省及全国相似省(自治区、直辖市)进行推广应用。

(2)在今后研究及工程实践过程中,可通过数值模拟、理论计算、现场检测等方法进一步探究轻质泡沫混凝土路基的位移变形、结构受力特征,揭示轻质泡沫混凝土在路基中应用的变形及沉降规律,优化泡沫混凝土路基填筑结构设计方案及施工各项参数,从理论和实践相结合的角度进一步拓宽泡沫混凝土在高速公路改扩建工程应用范围。

3.5　本章小结

本章围绕芜合高速公路改扩建工程中遇到的突出问题,总结了芜合高速公路改扩建项目及安徽省内同类项目的典型经验,得到的主要结论如下:

(1)提出了软土地基 PHC 管桩施工技术,分析了 PHC 管桩施工的关键工艺及典型经验,提出了沉桩、接桩等关键工序的质量控制要点,总结了 PHC 管桩技术在改扩建工程中应用的注意事项。

(2)总结了传统桩板式道路结构在实际工程中存在的主要问题,并针对性地设计研发了新型多跨连续桩板式道路结构体系及关键连接构造,提出了该结构的关键工艺及质量管控要点,验证了新型结构体系及相关施工工艺应用于高速公路改扩建工程中的适用性,为其在安徽省及全国同类高速公路改扩建工程中的推广应用提供基础支撑。

(3)提出了减小新老地基差异沉降、加强新老路基结合部拼接质量的两种主要途径。针对低填路段、一般边坡路段、高边坡路段、设置挡土墙路段和挖方路段,分别提出了相应的路基拼接施工方案,总结了高速公路改扩建工程新老路基拼接施工的主要技术要点及质量控制要点。

(4)分析了泡沫混凝土的技术特点及其在高速公路改扩建工程路基填筑施工中的技术优势,提出了其应用于改扩建路基抬升段及浸水路基换填段的应用技术方案,总结了挡土板安装、泡沫混凝土浇筑施工关键工艺,分别提出了施工准备、填筑施工和新老路基衔接处置等各阶段质量管控要点,为相关技术在安徽省内及全国同类项目中的推广应用奠定基础。

CHAPTER FOUR   4

桥涵工程

芜合二期高速公路改扩建工程涉及改扩建特大桥2343m/2座、大桥187m/1座、中小桥417m/10座，改扩建涵洞250座、通道117座，拆除重建分离式立交桥29座。其中，控制性工程牛屯河大桥采用旧桥拆除重建、右侧分离增建的改扩建方案，支线上跨桥上部预制小箱梁主要采用免涂装高性能LP耐候钢板组合梁，涵洞采用预制装配式通道。本章主要介绍了芜合二期高速公路改扩建工程桥梁桩基施工技术、主体结构拆除及重建施工技术以及新型材料的研究与应用等内容。

4.1 牛屯河大桥施工关键技术

4.1.1 工程概况

牛屯河大桥左岸位于马鞍山市含山县铜闸镇，右岸位于芜湖市鸠江区。改扩建方案为旧桥拆除重建、右侧分离增建，左、右幅桥跨布置为：3.5m（桥台）+（10×30）m（钢板组合连续梁）+（70+3×125+70）m（变截面钢箱组合连续梁）+（14×30）m（钢板组合连续梁）+3.5m（桥台），桥梁全长1242m。分离式断面，单幅桥面全宽20.75m。主桥共有桩基24根，均按照摩擦桩设计，其中11～14号墩为主墩，共有桩基16根，采用直径3.8m的大直径C30水下混凝土钻孔灌注桩，桩长为80m，单桩钢筋笼重量为78.61t，单桩永久钢护筒重量为89.46t，单桩混凝土灌注方量为907.3m^3。

牛屯河大桥施工总体上具有以下特点和难点：

（1）本项目下部结构施工中，钻孔灌注桩施工完全依托栈桥和施工平台，起重设备吨位大，对平台的稳定性和承载力要求高，且桥梁位于深水河漫滩区，地质条件复杂，淤泥层或淤泥质黏土层厚度较大，对泥浆指标要求高，排渣量大，泥浆需求量大，循环系统复杂。桩基最大直径达3.8m，桩长达80m。钻进过程除穿越复杂的覆盖层外，桩尖穿砾砂岩进入中风化岩层，且砂岩层岩质软硬不均，对钻机系统性能要求极高，成孔控制难度大。通常，在钻孔施工过程中，护筒内的钻进阶段、护筒交界区的钻进阶段一般使用刮刀钻头，而护筒外风化岩层钻进成孔阶段则需更换为滚刀钻头，导致钻进效率较低、钻孔质量难以得到保证。而采用筒式截齿钻头施工则在钻孔的过程中容易产生钻头糊钻现象，导致钻头出渣少、钻进不理想，从而影响工期，增加施工成本。

（2）本项目上部结构施工中，钢箱组合梁采用变高截面，结构复杂，立面带纵坡及预拱度，钢梁的线型难以控制；钢箱组合梁采用变高截面，运输受限，部分钢梁不具备一次成型条件，且钢箱组合梁中的工型纵梁贯穿所有横梁，工型纵梁与横梁的难以顺利连接。

钢梁为变高度U形断面,采用双箱单室,单个钢箱宽度4.25m,箱间间距7.25m,单个箱室中间设置有高1000mm的工字形纵梁,箱室与工字形小纵梁间距为3.625m,在箱室道内进行搭设支架,竖、横、纵三个方向的空间都受到限制,导致很多材料(如模板、支架及方木等)都需要人工搬运,且钢箱梁无外悬臂,现浇桥面板施工时,需在桥下搭设防护棚及支架,水上支架搭设安全风险非常高,管理难度极大,工期较长,施工组织难。

4.1.2 跨越深水河漫滩区桥梁超长大直径桩基施工技术

4.1.2.1 技术方案

综合考虑桩基础所处的水文、地质情况及施工环境因素,结合已搭建的施工栈桥,牛屯河大桥主桥大直径桩基础采用栈桥+施工平台的施工方案。主桥为超大直径水下钻孔灌注桩,单桩独柱墩结构,质量要求高、施工难度大、安全风险大,同时钢筋笼加工对场地要求高,运输对施工环境、吊装设备等要求较高,增加了项目组织和管理的难度。工程施工总体具有以下技术难点:

(1)钻孔灌注桩施工完全依托栈桥和施工平台,起重设备吨位大,对平台的稳定性和承载力要求高。

(2)钢护筒上部15m采用Q235C钢材,壁厚27mm;下部15m采用Q345C钢材,壁厚32mm;钢板强度及厚度对卷板设备要求高。

(3)钢护筒直径4.1m,自重89.46t,分两节制作,分节长度达15m,对运输车辆及运输线路要求高。

(4)主桥为单桩独柱结构形式,且钢护筒采用分节施沉,对钢护筒平面位置及垂直度要求高,同时钢护筒兼做墩身施工的围水设施,精度要求高,需要精心组织、精细施工、严密监控。

(5)单桩混凝土方量达907.3m^3,需要科学组织、合理匹配混凝土拌制、运输、泵送及填充等系统。

(6)桥梁位于深水河漫滩区,地质条件复杂,淤泥层或淤泥质黏土层厚度较大,对泥浆指标要求高,排渣量大,泥浆需求量大,循环系统复杂。桩基最大直径达3.8m,桩长达80m。

(7)钻进过程除穿越复杂的覆盖层外,桩尖穿过砾砂岩进入中风化岩层,且砂岩层岩质软硬不均,对钻机系统性能要求极高,成孔控制难度大。通常,在钻孔施工过程中,护筒内的钻进阶段、护筒交界区的钻进阶段一般使用刮刀钻头,而护筒外风化岩层钻进成孔阶段则需更换为滚刀钻头,导致钻进效率较低、钻孔质量难以得到保证。而采用筒式截齿钻头施工则在钻孔的过程中容易产生钻头糊钻现象,导致钻头出渣少、钻进不理想,从而影响工期,增加施工成本。

针对上述技术难点,牛屯河大桥主桥大直径桩基础采用栈桥+施工平台的施工方案,施工平面布置图如图4.1-1所示。主桥共有桩基24根,均按照摩擦桩设计,其中11~14号墩为主墩,共有桩基16根,采用直径3.8m的大直径C30水下混凝土钻孔灌注桩,桩长为80m,单桩钢筋笼重量为78.61t,单桩永久钢护筒重量为89.46t,单桩混凝土灌注方量为907.3m³;10号墩和15号墩为过渡墩,共有桩基8根,采用直径3m的大直径C30水下混凝土钻孔灌注桩,桩长为42m,单桩钢筋笼重量为28.15t,单桩永久钢护筒重量为72.02t,单桩混凝土灌注方量为296.88m³。

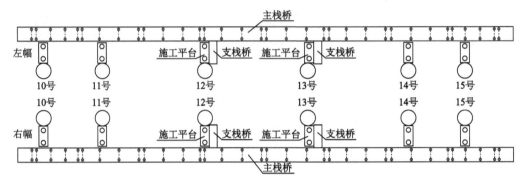

图4.1-1　牛屯河大桥主桥桩基施工平面布置图

主桥桩基桩径为3.0m、3.8m,最大钻孔深度80m,分析国内多种型号钻机的性能结合本项目桩基工程的特性,项目选用ZJD4000/350C型全液压气举反循环钻机用于主桥主墩及过渡墩钻孔施工。主桥水中12、13号墩桩基需搭设水上施工平台,施工平台上部结构从上到下依次是12mm花纹钢板、I25横向分配梁(间距100cm)、321型贝雷主梁、2HN600×200桩顶横梁、φ800mm×8mm钢管桩。桩基采用C30水下混凝土,坍落度控制在180~220mm之间,首批混凝土浇筑采用拔球法施工。同时,采用超声波无损检测法检测混凝土桩基的桩身完整性,并判定桩身缺陷的程度及位置。

4.1.2.2　关键工艺

综合项目特点及关键技术重难点,牛屯河大桥超长大直径桩基施工拟采用图4.1-2所示技术方案,以确保桩基础施工各项工序顺利进行。其中,钢护筒施工、钻孔施工、钢筋笼施工等是保证施工质量和安全的关键环节。

1)钢护筒施工

针对钢护筒外形尺寸较大、超长超重、运输不便的施工难题,钢护筒采用现场加工成型,沉放采用分节沉放、现场接长的工艺,操作快捷、方便有效。同时,钢护筒沉放采用自制的移动式定位导向架定位打设钢护筒,能够确保钢护筒的垂直度及精度。钢护筒施工工艺流程,如图4.1-3所示。

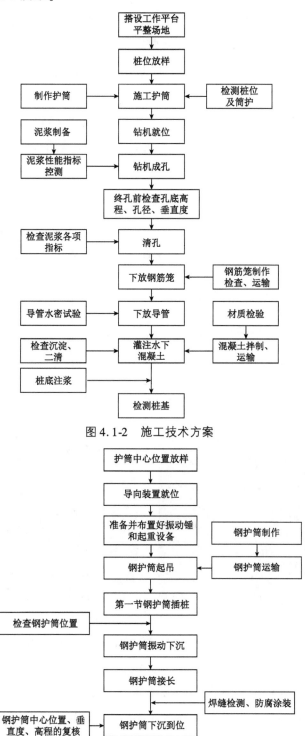

图 4.1-2　施工技术方案

图 4.1-3　钢护筒施工工艺流程

（1）钢护筒加工。

钢护筒加工采用高精度三辊自动卷板机和高效率的辅助焊接设备，以确保钢护筒的结构尺寸和焊缝质量满足设计要求和相关规范的规定，为桩基成孔质量奠定坚实基础。钢护筒由短节拼焊成吊装节，钢护筒小节段制作采用直缝法，节段之间采用环焊缝，如图4.1-4所示。各短节钢护筒的纵向焊缝错开布设，间距不小于周长的1/8。钢护筒接长焊缝形式采用单边V形坡口，上节的坡口角度采用45°～55°，下节不开坡口，在内壁设有内衬套或内衬环，保证钢护筒接长处内外壁对齐。短节拼焊接及吊装节焊接如图4.1-5所示。

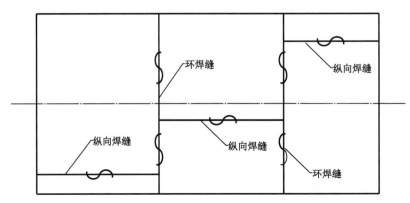

图4.1-4　纵向焊缝、环向焊缝示意

图4.1-5　短节拼焊接及吊装节焊接

为了增大护筒底、顶口的刚度，保证钢护筒在插打时不变形及卷边，在护筒底部和顶部外周各焊设1道δ20mm厚、50cm宽的加劲箍，如图4.1-6所示。为防止钢护筒在运输过程出现变形，分别在钢护筒的上、下口及中间位置采用四根I20槽钢焊接成"米"字形支撑，以增强钢护筒抵抗变形的能力，如图4.1-7所示。钢护筒的上、下口"米"字形支撑设置在吊点处。

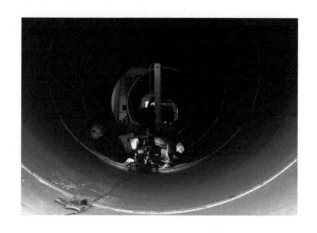

图 4.1-6 加劲箍焊接

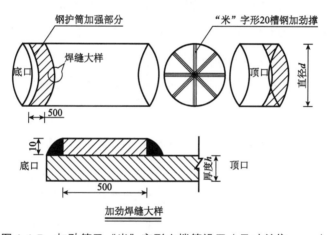

图 4.1-7 加劲箍及"米"字形支撑箍设置（尺寸单位：mm）

为确保钢护筒与混凝土之间的协作受力，在钢护筒内壁焊接凸起的剪力环，剪力环采用 50mm×25mm 的扁钢，与护筒采用双面贴角焊。钢护筒制作验收通过后，为了便于钢护筒插打时测量观察其下沉情况，在钢护筒上标注刻度标线。刻度标线对称布置在护筒的两侧，与吊耳垂直，标线刻度颜色需与护筒的外表面颜色对比鲜明，便于观测读数。

（2）钢护筒沉放。

钢护筒沉放采用移动式定位导向架进行定位，导向架采用履带式起重机吊装移位，并固定在已完成的钻孔平台的钢护筒设计顶口位置。导向架的"井"字形型钢固定在作业平台面板上，并将导向架下口和钢护筒周围的钢护筒进行焊接形成整体，提高导向架稳定性，如图 4.1-8 所示。

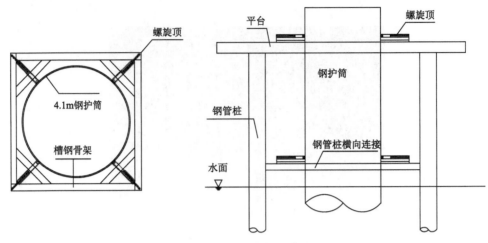

图 4.1-8　导向架示意图

通过测量观测并调节导向架来控制钢护筒的平面位置和垂直度,满足规范要求后,采用 DZJ-400 联动振动锤进行沉放。沉放时以 10s 为一振动间隔,每振打 10s,停下来测量护筒的偏位,并通过履带式起重机大钩移动来微调,同时观察贯入度。第一节钢护筒打设完毕后,将护筒固定在导向架上,将第二节护筒吊起现场焊接,直至打到设计高程为止。

2) 钻孔施工

针对牛屯河大桥的复杂地质条件,项目对四翼刮刀和筒式截齿钻头进行微改造,设计研发了一种超长超大直径桩基分体筒式四翼截齿钻头(图 4.1-9),该钻头可避免常规钻孔过程中,护筒内的钻进阶段、护筒交界区的钻进阶段、护筒外风化岩层钻进成孔阶段中刮刀钻头与滚刀钻头进行更换的弊端;通过钻头结构创新设计可有效防止钻头糊钻,从而有效提高钻进效率、保证钻孔质量。

图 4.1-9　分体筒式四翼截齿钻头

目前,超长大直径桩基施工成套技术设备已在芜合高速公路芜湖至林头段改扩建项目牛屯河特大桥、下坝河大桥和安徽省涡阳县义门涡河大桥新建工程(S250 颜张路涡阳段)涡河大桥桩基施工等项目中得到广泛应用,同时计划推广至江苏、山东、浙江等省(自治区、直辖市)新建工程及改扩建工程项目。实践表明,研制的分体筒式四翼截齿钻头,有效解决了传统钻头糊钻、钻进速度慢等问题,保障了超长超大直径桩基施工质量,工期节省约20%,应用于牛屯河特大桥桩基施工中综合成本节省约14.4万元,具有较好的经济效益。

3) 钢筋笼施工

(1) 钢筋笼加工制作。

牛屯河大桥主桥桩基共24根,主筋均为φ32mm钢筋,采用直螺纹套筒连接,桩周内侧均匀对称布置4根φ60mm×3.5mm声测管。单根钢筋笼最大重量为78.61t,采取在后场分节短线法加工制作,考虑现有吊装机械能力和高度要求,钢筋采用定尺12m长,考虑接头断面均错开1.3m,最长分为7节,钢筋笼最重达到12t,通过平板车运至施工现场,在钻孔完成验收合格后,用履带式起重机分节吊入桩孔进行接长和下放。

(2) 加强圈制作。

加强圈是保证钢筋的间距控制依据,大直径超长桩设置钢筋笼加强圈一般为槽钢制作形式,用于护筒外的下部桩基。加强圈是控制大直径超长变截面桩钢筋笼施工质量的关键构件,需要具有足够的刚度、强度和稳定性,由于钢筋笼重量和结构过大,一旦刚度和强度偏小,就会导致双层钢筋笼严重变形,影响钢筋笼成品质量,甚至导致双层钢筋笼施工失败,但是钢筋笼安装好,桩基灌注完成后,加强圈不参与结构受力。制作过程主要要求如下:

①加强圈制作宜采用工厂化定制生产,使用机械定型卷制工艺,加工制作尺寸作精确,结构尺寸统一,能保证强度和刚度,防止笼体整体变形;

②加强圈机械定型卷制成型后,接头和加劲板需要进行焊接结构连接,焊接质量应按照钢结构施工相关规定及标准执行;

③加强圈宜减少焊缝的数量和尺寸,焊缝的布置宜对称于构件截面的中性轴,焊缝的位置应避开高应力区;

④根据运输条件、安装能力、焊接可操作性和设计允许范围确定构件分段位置和拼接点,按照设计规范有关规定进行焊缝设计,并提交原设计单位进行结构安全审核;

⑤加强圈运至钢筋加工场,需对其质量和结构尺寸进行验收,结构尺寸偏差不宜超过±5mm。

(3)钢筋笼拆分与运输。

钢筋笼加工制作好之后,进行各节钢筋笼之间连接接头的拆开,按照现场沉放的先后进行顺序进行反向方向拆分,拆分后的钢筋笼在运输之前用塑料套筒将剥肋直螺纹位置套上,防止在运送过程中破坏丝牙。起吊装车可不另外设置吊耳,采用四点吊装,慢慢旋转扒杆将钢筋笼安放在运输车辆或运输船上至指定位置。

钢筋笼运输时,按照拆分的顺序进行。钢筋笼在钢筋加工场,用门式起重机吊装至运输货车或运输船上,四周塞木垫稳固,两侧用1t以上的葫芦锁死,运至施工平台。为了防止钢筋笼变形和滚动,堆放时不超过两层,并保证每根钢筋笼之间保持一定的距离,在钢筋笼下面进行支垫。装好钢筋笼的驳船至施工现场,等待沉放。钢筋笼运输过程中,货车和运输船要平稳行驶,为了防止运输过程中出现意外,派专人跟踪运输。

(4)钢筋笼安装。

钢筋笼吊装采用150t履带式起重机辅以汽车式起重机,按编号顺序分节吊装入孔,并用连接器连接接长。桩基成孔后第一次清孔达到标准,核测无误后开始钢筋笼安装。由于双层钢筋笼吨位重、体积大,钢筋笼入孔,由履带式起重机或其他大型机械起吊设备采用固定吊具进行吊装。整节钢筋笼同时起吊,在空中竖起调整。适当增加吊点处加强圈,控制焊接质量,以保证钢筋笼在起吊时不致变形或脱落。吊放钢筋笼入孔时要对准孔径,保持垂直、轻放、慢放入孔,入孔后要徐徐下放,不宜左右旋转,严禁摆动碰撞孔壁。若遇阻碍要停止下放,查明原因进行处理。严禁高提猛落和强制下放。起吊过程中,为确保钢筋笼保护层厚度准确,应检查钢筋笼环向设置的混凝土预制保护层是否完好,同时按照设计图纸要求安装桩基检测声测管;经检孔器检孔验收合格,即可将钢筋笼现场安放入孔,钢筋笼下放时速度放慢防止碰撞孔壁。

图4.1-10所示为特制钢筋笼吊具。

图4.1-10 特制钢筋笼吊具

4)水下混凝土灌注

混凝土灌注首封灌注现场,首灌取消常规超长大直径桩,首封灌注采用"超大超高大料斗+地泵"的方式,首次采用"罐车+小料斗"直灌方式灌注,有效节约成本。同时,混凝土灌注采用动态监测水下灌注桩桩顶高程的装置设备,控制超灌,防止少灌;当灌注混凝土达到设计高程时,设备立即报警提醒作业人员停止灌注,误差可控制在3.0%左右。

首批混凝土的数量应能满足导管初次埋置深度大于或等于1.0m和导管底部间隙的需要,首批混凝土的数量为27m³。首封灌注现场首灌用"2辆16m³混凝土搅拌运输车+大料斗(10m³)"直灌方式灌注,封孔采用提板砍球法。

图4.1-11所示为桩基首批混凝土灌注。

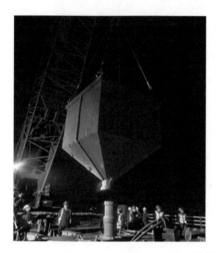

图4.1-11 桩基首批混凝土灌注

灌注过程中经常用测绳探测孔内混凝土面高程,严格控制混凝土质量,随时检测混凝土坍落度,并根据规范要求抽样制作混凝土试件,以检验桩基混凝土质量。当混凝土浇灌至钢筋笼底部的时候,要适当放慢浇筑速度,确保钢筋笼不上浮。特别注意导管拆除时的栓接牢固,确保不出现掉管事件。为确保成桩质量,桩顶加灌0.5m高度。灌注过程中,指定专人负责填写水下混凝土灌注记录。

5)桩底注浆

钻孔灌注桩完成后采用桩底后压浆法改善地层受力性能,提高基桩承载能力和基础的整体刚度。配备2套SINNVS 3E注浆自动控制系统,每套系统配PH2×5型全液压注浆泵2台(其中1台备用)。在桩底后压浆工艺中拟采用由水泥、减水剂及水组成的稳定浆液,成桩后不少于15d且土层扰动基本休止、桩基检测完成后,进行桩底注浆。注浆工艺将直接采用声测管作为压浆管对桩底进行压浆,即采用直管压浆工艺,一次压完全部设计水泥量。牛屯河特大桥右幅水中墩下部结构施工现场情况如图 4.1-12 所示。

图 4.1-12　牛屯河特大桥右幅水中墩下部结构施工

4.1.2.3　管控要点

1) 钢护筒施工

(1) 在钢护筒的制造过程中,在保证焊接质量的前提下,尽量采用焊接变形小、焊缝收缩小的工艺(如分段退焊法、跳焊法)。焊接前彻底清除待焊区域的铁锈、氧化铁皮、油污、水分等有害物,使表面显露出金属光泽。

(2) 焊接时,环境湿度应小于 80%,环境温度不低于 5°,钢护筒在组装后 24h 内焊接。

(3) 横向环焊缝焊接施工时,留有允许的焊缝间隙可在一定范围内调整,以帮助消化部分制造、安装的误差。

2) 钻孔施工

(1) 钻孔时减压钻进,钻压不得超过钻具重力之和(扣除浮力)的 80%,并保持重锤导向作用,保证成孔垂直度和孔形。

(2) 钻机在各地层中的钻孔指标:对于淤泥质土层和亚黏土层,采用中速、优质泥浆、大泵量钻进的方法钻进;对于黏土层,采用中等钻速大泵量、稀泥浆钻进;对于砂层,采用轻压、低挡慢速、大泵量、稠泥浆钻进,以免孔壁不稳定,发生局部扩孔或局部坍孔,并充分浮渣、排渣,以防埋钻现象;对砂砾层,采用低挡慢速、优质浓泥浆钻进,确保护壁厚度以及充分浮渣。

4.1.2.4 经验启示

牛屯河特大桥地处深水河漫滩区,在大直径桩基成孔的过程中,淤泥质沙黏土、粉砂土等覆盖层处易产生孔壁滑坍现象,造成桩基成孔困难。本节综合考虑桩基础所处的水文、地质情况及施工环境因素,针对复杂地质岩层桩基钻孔施工速度慢等问题,开展了深水河漫滩区穿越复杂地质岩层快速成孔技术研究,设计研发了一种超长超大直径桩基分体筒式四翼截齿钻头,该钻头可避免常规钻孔过程中、护筒内的钻进阶段、护筒交界区的钻进阶段、护筒外风化岩层钻进成孔阶段中刮刀钻头与滚刀钻头进行更换的弊端。通过钻头结构创新设计可有效防止钻头糊钻,从而有效提高钻进效率、保证钻孔质量。形成的分体筒式四翼截齿钻头及快速成孔施工技术,应用于芜合项目,有效解决复杂地质条件下易糊钻、速度慢、质量难保证等技术难题,节约工期20%以上。

4.1.3 变截面钢箱组合连续梁拼装及施工控制技术

4.1.3.1 技术方案

变截面钢箱组合连续梁拼装及施工控制具体来看具有以下特点和难点:

(1)钢箱组合梁采用变高截面,结构复杂,立面带纵坡及预拱度,因此钢梁的线形控制是本桥难点之一。

(2)钢箱组合梁采用变高截面,运输受限,部分钢梁不具备一次成型条件。

(3)钢箱组合梁中的工形纵梁贯穿所有横梁,工型纵梁与横梁的顺利连接是控制难点。

(4)钢箱组合梁变高截面高度超高且为底部变高截面,保证现场安装精度是一大难点。

现状桥梁桥面全宽24.5m,分幅设置,单幅桥面宽11.75m。跨径布置为$[2\times(4\times25)+3\times40+2\times40+3\times40+2\times(4\times25)]$m,全长731.96m,主桥采用40m装配式预应力混凝土T梁,引桥采用25m装配式预应力混凝土T梁。总体安装方案如下:

(1)先安装右幅钢梁,铺装桥面板,通车后拆除老桥,再安装左幅桥梁。

(2)引桥和主桥同步进行安装。

(3)引桥采用小节段工厂制造(单个节段15m左右),并发运至现场临时拼装存梁场进行总拼(拼装成26~34m节段),通过平板车运输至安装位置,然后用300t汽车式起重机进行安装。总拼装场设在10~11号墩之间主桥下方。

(4)主桥采用小节段工厂制造并发运至现场。现场在钢梁分段位置正下方搭设临时支架,原位安装。11~15号墩之间钢梁搭设门式起重机轨道支架,采用80t门式起重机安装,10~11号墩之间钢梁采用450t汽车式起重机安装。

4.1.3.2 关键工艺

1)钢管桩施工

在钢管桩预压试验时,通过在单桩桩顶逐级施加竖向压力,观察桩顶部随时间产生的沉降,以确定采用单桩抗压静载试压验证钢管支架抗压承载力是否满足设计要求。具体试验方法为采用分级加载、慢速维持荷载法。施加荷载采用锚桩反力系统法,如图4.1-13所示。

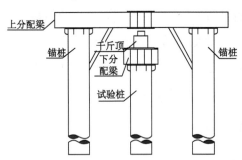

图4.1-13 钢管桩预压试验

采用辅助桩及液压千斤顶进行反压,对于单根钢管桩分别按$0.5N_支$、$N_支$、$1.2N_支$加载。在钢管桩顶部设置观测点,采用吊线锤、全站仪进行观测,当观测值稳定($<1mm/d$)后方可进行下一级预压,当加载至$N_支$观测值稳定后方可卸载。

2)主桥槽型钢梁制造与安装

(1)分段:钢梁顺桥向分段按照设计及制造要求进行分段,纵向总计分为41段,纵向节段最长约15m,为满足运输要求,对于超高节段处,上下分为2层,如图4.1-14所示。

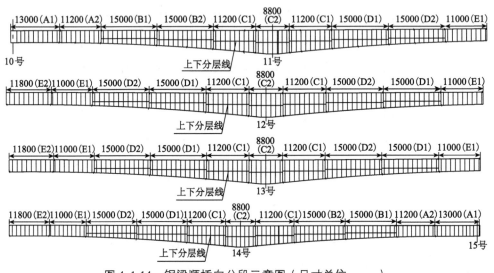

图4.1-14 钢梁顺桥向分段示意图(尺寸单位:mm)

(2)拼装:钢梁横桥向安装顺序均为先安装两边钢梁再安装中间连接横梁。

①顺桥向安装顺序为先从12号、13号墩顶各自对称向跨中及两侧安装钢梁至12~13号墩间钢梁合龙;②大里程侧14号墩顶出发向两侧安装,小里程侧从10号向12号墩安装;③最后安装11号、12号以及13号、14号墩之间合龙段。安装顺序如图4.1-15所示。

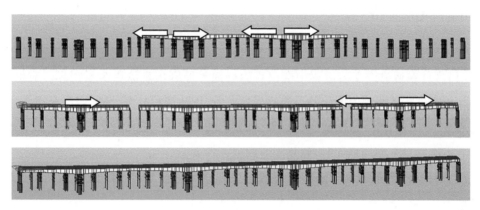

图4.1-15 钢梁横桥向安装顺序

(3)线形监控。

根据设计人员给定的坐标点和高程控点、钢梁分段尺寸,对支撑体系定位、高程,及每一分段梁段定位轴线及高程,对钢梁进行测量定位。

3)临时支架拆除施工

钢梁安装完成后先拆除单排支架,桥面板施工完成后拆除全部支架。支架整体拆除顺序是从中间向两侧进行拆除。支架拆除采用火焰切割,施工时不得伤害钢梁油漆。拆除过程中用导链葫芦作为安全措施防止立柱倾倒,造成安全隐患,同时杆件拆除时不得碰撞钢梁。预埋进土层下钢管采用打桩设备进行拆除。

4.1.3.3 管控要点

1)现场焊接

(1)钢梁安装焊接前应将本桥"焊接作业设计"及"焊接工艺卡"下发到焊接班组,并严格执行。如果焊接材料、焊接方法、坡口形式、焊接位置等要素变更时,则按《铁路钢桥制造规范》(Q/CR 9211—2015)重新进行评定,并对焊接作业设计进行修订。

(2)安装现场必须有专职的焊接技术管理人员负责现场焊接的管理工作。从事本工程钢梁焊接的焊工除持有ZC焊工合格证书或压力容器焊工合格证书外,还必须取得钢构公司焊接培训中心发的上岗证书(即两证),在上岗作业以前,焊接工艺人员对焊工进行焊接技术交底。

(3)应对焊接设备进行定期检查,抽验焊接时的实际电流、电压与设备上的电流表、电压表指示是否一致,以保证焊接设备处于完好状态,对达不到焊接要求的设备及时进行检修、更换。焊接设备放置在通风、避雨的场所,使用电源网络电压的波动范围小于7%。焊接导线的截面长度保证供电回路动力线压降小于额定电压的5%,焊接回路电压降小于工作电压的10%。

2)防腐涂装

(1)杆件在运输或安装过程中会出现因碰撞等原因出现涂层少量损坏。应根据涂层损坏情况进行不同程度的修补。当涂层露底时,用角磨机打磨处理,露出金属本色后,进行底漆、中间漆、第一道面漆进行修复,修复后的涂层应达到规定的厚度,表面平整,无流挂。当涂层只有面漆损坏时,修复面漆即可。

(2)对焊缝、边角等不易涂装部位或难以保证厚度的部位,采用刷涂进行预涂漆。涂覆应均匀,不得漏涂。

(3)喷涂施工时应均匀涂覆,行枪速度要均匀,喷枪与工作面距离要适当,压盖1/3~1/2,压盖要均匀,先难后易,分片涂装。涂装完毕后应及时检查涂膜质量,涂膜要求平整光滑,颜色均匀,不得有漏涂、裂纹、气泡及流挂等影响防护质量和外观的缺陷,厚度满足要求。

3)栓接

(1)用扭矩法施拧高强度螺栓时,初拧、终拧应在同一工作日内完成。初拧扭矩应由试验确定,一般为终拧扭矩的50%。

(2)初拧完毕的高强度螺栓检查合格后用白色油漆在螺栓、螺母、垫圈及构件上作画线标记,以便于终拧后检查有无漏拧以及垫圈或螺栓是否随螺母转动。

(3)初拧和终拧一般使用电动扳手,终拧完毕后用红色油漆在螺母上作出标记。

(4)施拧高强度螺栓应按一定顺序,从板束刚度大、缝隙大之处开始,对大面积节点板应由中央向外进行施拧。应从节点刚度大的部位向不受约束的边缘方向施拧。其余均应以从螺栓群中间向四周辐射拧紧的顺序进行。施拧时,无论使用何种扳手施拧,不得采用冲击拧紧和间断拧紧。

(5)穿放螺栓前,需将栓孔的尘土、浮锈清除干净,严禁强行穿入螺栓。对于螺栓不能自由穿入的栓孔应使用与栓孔直径相同的绞刀或钻头进行修整或扩孔,严禁气割扩孔。为防止钢屑落入板层缝中绞孔或扩钻前,应将该孔四周的螺栓全部拧紧。对于经绞孔或扩钻的构件及孔眼位置,应有施工记录备案。

(6)组装时,螺栓头一侧及螺母一侧应各置一个垫圈,垫圈有内倒角的一面应分别朝向螺栓头和螺母支承面。

(7)不得使用生锈、螺纹损坏、表面潮湿、有灰尘或砂土、表面状况发生变化的高强度螺栓,凡表面状况发生变化的高强度螺栓,应返回原生产厂家重新进行表面处理。重新处理后,按原供货要求进行复验,合格后方可使用。

(8)为防止螺栓在施拧时出现卡游现象(拧紧螺母时,螺栓跟着转动),施拧时必须用套筒扳手卡住螺栓头。

(9)温度与湿度对扭矩系数影响很大,当温度与湿度变化较大时,可根据利用当天上桥高强度螺栓在扭轴仪上标定电动扳手时所得的扭矩系数,调整终拧扭矩,保证结构安全。

4)钢梁合龙

根据本桥钢梁的整体施工方案,主桥共计三处合龙口。由于钢梁受日照、温差的影响,里程方向伸缩变化较大,因此在合龙前需要对合龙口的开口长度,两侧梁端里程轴线高程进行测量,测量间隔每1h进行一次,持续24h,并记录测量时的温度、湿度、时间,了解钢梁受温度影响的变形规律,确定合龙口的精确长度及最佳合龙时间。由于合龙节段时嵌入式安装,为确保合龙段顺利插入,合龙时,合龙口长度应比合龙段长度长5～10mm。牛屯河大桥左幅合龙施工现场情况,如图4.1-16所示。

图4.1-16 牛屯河大桥左幅合龙施工现场

4.1.3.4 经验启示

本节解决了由于钢箱组合梁采用变高截面、结构复杂、立面带纵坡及预拱度等导致的线型控制难问题,提出相应的安装方案,针对钢箱组合梁采用变高截面、运输受限、钢梁不具备一次成型条件等问题,分别提出了水运装载、陆运装载及加固方案;针对钢箱组合梁中的工字形纵梁贯穿所有横梁,工字形纵梁与横梁难以顺利连接等问题,提出了钢梁横桥向安装工艺;针对钢箱组合梁变高截面高度超高且为底部变高截面、现场安装精度控制难等问题,提出了钢梁顺桥向和横桥向分段方案及线型监控方案。

4.1.4　现浇桥面板施工关键技术

4.1.4.1　技术方案

牛屯河大桥钢箱梁间、箱室采用满堂支架施工,钢箱梁间支架底座工字钢直接放置于钢箱梁内侧悬挑底板(60cm)上方,钢箱梁室内支架底座直接放置于钢箱梁室内底板工字钢(60cm)上方。钢箱梁翼缘板桥面板施工支架搭设采用三角形工字钢桁架,纵向每1.5m需设置16mm钢板加劲板,加劲板需要在钢梁加工时提前在钢箱梁外侧进行焊接,并对加劲板进行开孔。考虑后期切割加劲板及再次涂装钢箱梁的经济成本建议加劲板设计为永久性加劲板,无须二次进行切割及钢箱梁涂装。现浇桥面板施工总体上具有以下特点和难点:

(1)施工空间受限。

钢梁为变高度U形断面,采用双箱单室,单个钢箱宽度4.25m,箱间间距7.25m,单个箱室中间设置有高1000mm的工字形纵梁,箱室与工字形小纵梁间距为3.625m,在箱室道内进行搭设支架,竖、横、纵三个方向的空间都受到限制,导致很多材料(如模板、支架及方木等)都需要人工搬运。

(2)施工安全风险高。

钢箱梁无外悬臂,现浇桥面板施工时,需在桥下搭设防护棚及支架,水上支架搭设安全风险非常高,管理难度极大,工期较长。

(3)施工组织难。

现浇桥面板6个浇筑段顺序为:现浇段1→现浇段2、3→现浇段4、5→现浇段6,需要分4次浇筑张拉完成。

4.1.4.2　关键工艺

1)预应力管道安装

现浇桥面板采用塑料波纹管,波纹管进场时,应按照规范要求进行验收,在使用前要逐根检查,不得使用有锈包裹及沾有油污、泥土或有撞击、压痕、裂口的波纹管。波纹管在安放时,根据管道坐标值,按设计图纸要求设置φ10mm井形定位钢筋,定位架间距在直线段为1.0m,曲线上为0.5m,定位架应在与纵横向钢筋电焊连接,并保证焊接牢固。为保证塑料波纹管的空间线型,当两波纹管连接接长时,采用大一号的同型波纹管做接头管,接头管长200mm,两端用胶布带封裹,保证其密封,不漏浆。波纹管安装成型后严禁脚踏、撞击、电焊、氧割等损伤。浇筑混凝土后应及时通孔清孔,发现阻塞及时清理。锚垫板安装时,应使张拉力的作用线与孔道中心线一致。

2) 预应力张拉

预应力钢束分4批张拉,第一次张拉 $Ta1 \sim Ta3$,第二次张拉 $Tb1 \sim Tb3$,第三次张拉 $Tb4 \sim Tb6$,第四次张拉 $Tc1$、$Tc2$。

混凝土强度达到设计强度的100%且混凝土养生时间不少于10d,方可进行该梁段预应力钢束张拉。预应力钢束张拉应严格按设计顺序、张拉控制应力及工艺进行。预应力张拉、千斤顶与油泵压力表应按有关规定配套及定期标定,张拉人员应持证上岗,监理人员应现场旁站,并认真做好张拉记录。纵向预应力钢束在箱梁横断面应保持对称张拉,纵向钢束张拉时两端应保持同步。

3) 压浆

(1) 孔道压浆前,应完成压浆浆液试验室试配及生产配合比验证,经试配的浆液其各项性能指标均能满足规范要求并将试验成果报送试验监理工程师及总监理工程师获得批准后方能使用。

(2) 浆液压入梁体孔道之前,应首先开启压浆泵,使浆液从压浆嘴排出少许,以排除压浆管路中的空气、水和稀浆。当排出的浆液流动度和搅拌罐中的流动度一致时,方可开始压入梁体孔道。

(3) 压浆时,应从最低点的压浆孔进入,按先下层后上层的顺序进行压浆。同一孔道的压浆应连续进行,一次完成。压浆应缓慢、均匀地进行,不得中断,并应将所有最高点的排气孔依次一一打开和关闭,使孔道内排气通畅。

(4) 浆液自拌制至压入孔道的延续时间不应超过40min。浆液在使用前和在压注过程中应连续搅拌,对因延迟使用所致流动度降低的水泥浆,不得通过额外加水增加其流动度,必须废弃。

(5) 对水平或曲线孔道,压浆的压力宜为 $0.5 \sim 0.7$MPa;对超长孔道,最大压力不应超过1.0MPa。压浆的充盈度应达到孔道另一端饱满且排气孔排出与规定流动度相同的水泥浆为止,关闭出浆口后,应保持一个不小于0.5MPa的稳压期,该稳压期的保持时间宜为 $3 \sim 5$min。

(6)压浆后应通过检查孔检查压浆的密实情况,如有不实,应及时进行补压浆处理。压浆过程中,每一工作班组应制作留取不少于3组尺寸为(40mm×40mm×160mm)的试件,标准养护28d,进行抗压强度和抗折强度试验,作为评定水泥浆质量的依据。

4) 架体拆除

(1)模板拆除时,卸落支架应按拟订的卸落程序进行,分几个循环卸完,卸落量开始宜小,以后逐渐增大。在纵向应对称均衡卸落,在横向应同时一起卸落。

模板拆除应按设计的顺序进行,遵循先支后拆、后支先拆的顺序,拆除时严禁抛扔。

侧模拆除在混凝土强度能保证其表面及棱角不因拆除模板而受损后,方可拆除。一般应在混凝土抗压强度达到2.5MPa时方可拆除。先拆不承重的模板,后拆承重部分的模板,自上而下;底模拆除时,支架顶托和纵横方木拆除后,用钢钎轻轻撬动模板,或用木槌轻击,拆下第一块,然后逐块逐段拆除。严禁使拆下的模板自由坠落于地面。

(2)钢管支架拆除前,清除支架上的材料、工具和杂物;拆除支架时,设置警戒区和警戒标志,并由专职人员负责警戒;支架的拆除在统一指挥下,按后装先拆、先装后拆的顺序及下列安全作业的要求进行;支架的拆除应对称、自上而下逐层地进行;同一层的构配件和加固件遵循先上后下、先外后里的顺序。

工人必须站在临时设置的脚手板上进行拆卸作业,并按规定使用安全防护用品。拆除工作中,严禁使用榔头等硬物击打、撬挖,拆下的连接棒应放入袋内,锁臂应先传递至地面并放室内堆存;拆卸连接部件时,应先将锁座上的锁板与卡钩上的锁片旋转至开启位置,然后开始拆除,不得硬拉,严禁敲击。

(3)工字钢桁架拆除时,待桁架上方及兜底方木、模板、工字钢等拆除完成后,进行I14工字钢桁架拆除。

I14工字钢桁架逐一从中间向两端拆除,首先拆除两个桁架间纵向连接的I14工字钢,接着松开$\phi 27$mm的10.9级高强螺栓,采用汽车式起重机将I14工字钢桁架缓慢抽出;重复上述步骤,完成桁架拆除。

4.1.4.3 管控要点

1) 钢筋绑扎

(1)钢筋表面应清洁、平顺,无局部弯折。钢筋加工配料时,要准确计算钢筋长度,减少断头废料和焊接量。钢筋的弯制和末端弯钩应符合设计要求;设计无规定时,按规范办理。

(2)为保证钢筋保护层的厚度,在钢筋与模板间设置与桥面板等强混凝土垫块,垫块用扎丝与钢筋扎牢,并互相错开布置。垫块布置呈梅花状,按每4个/m²的要求进行控制。特别注意底板处保护层垫块的放置。

(3)钢筋现场绑扎时,有大量的预埋预应力管道,为了不使预应力波纹管损坏,一切焊接在波纹管埋置前进行,管道安装后尽量不焊接。当普通钢筋与波纹管位置发生矛盾时,适当移动钢筋位置,确保预应力筋管道位置准确。若无法避开需要切断钢筋,应当再次连接。连接时必须符合焊接接头的相关规定。

2)预应力张拉

(1)钢束张拉时,应尽量避免滑丝、断丝现象。当出现滑丝、断丝时,其滑丝、断丝总数量不得大于该断面总数的1%,每一钢束的滑丝、断丝数量不得多于一根,否则应换束重新张拉。

(2)锚具垫板必须与钢束轴线垂直,垫板孔中心与管道孔中心必须一致,安装千斤顶必须保证锚圈孔与垫板孔中心严格对中。

(3)钢束张拉完毕,严禁碰撞锚具和钢绞线,钢绞线剩余长度采用切割机切断并采用环氧树脂水泥浆尽快封锚。

4.1.4.4 经验启示

本节采用钢箱梁间、箱室采用满堂支架施工方法,提出了钢箱梁翼缘板桥面板施工支架搭设及拆除等各项关键工艺及控制要点,解决了现浇桥面板施工存在的施工空间受限、施工安全风险高、施工组织难等问题。通过本项目研究,提出了钢筋加工及安装方法、预应力管道安装方法、混凝土浇筑施工工艺、混凝土养护工艺、预应力张拉工艺、压浆工艺、架体拆除工艺等成套技术,有效节约了工期和造价,提高了工程建设的标准化进程。

4.2 装配式通道技术创新

4.2.1 工程概况

项目的起点位于芜湖市鸠江区裕溪河特大桥北,起点桩号K19+947.372,向北经芜湖市鸠江区雍镇、沈巷、马鞍山市含山县铜闸、关镇、林头,终点位于马鞍山西枢纽北顺接林头至陇西段改扩建起点,终点桩号K61+520.812,全长41.573km。

预制标段内装配箱涵主要为4m×2.7m、6.0m×3.5m、4.5m×3.5m、2.5m×2.5m四种类型,分2.5m标准节段及1m标准节段,共计8种结构形式,共计697个节段,总长1746m。

装配式通道优化设计特点主要包括：

（1）对于构件预制施工技术，箱涵顶板横向钢筋分为上下两层，跨度大，绑扎时钢筋不易固定，且影响后续箍筋绑扎。混凝土外观质量较难控制、色泽较差，出现较多蜂窝麻面。钢筋保护层厚度控制难度较大，保护层厚度合格率要求＞90%。一般模板内混凝土需要养生4~5d方能达到吊装条件，模板周转效率较低。涵长、涵洞交角、路况等因素使得节段布置不可能全部使用标准节。

（2）对于构件安装施工技术，装配式通道基础高程控制严格，平整度要求高、不易控制、安装后易造成接缝过大。构件拼装就位难度较大、混凝土拼装误差较大。构件安装后在构件连接处存在一定缝隙。

4.2.2 技术方案

1）装配式通道优化设计方案

芜合二期高速公路改扩建箱形通道采用最大装配化方案，其中2.5m×2.5m通道标准节段采用整体预制，4m×2.7m、4.5m×3.5m、6m×3.5m通道标准节段采用分块预制。分块预制的标准节段在横截面上分为A、B两个预制模块，预制模板A包括顶板和左、右侧墙上部，预制模块B包括底板和左、右侧墙下部，如图4.2-1和图4.2-2所示。A、B预制模块接缝设置在侧墙上部，接缝采用榫接头+弯螺栓的连接形式。通道的顶板、侧墙和底板均采用矩形实心截面。

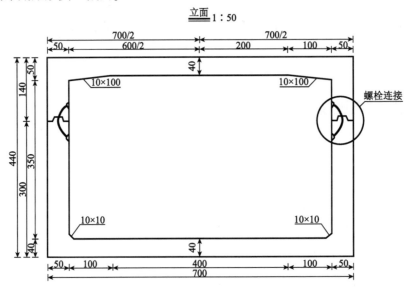

图4.2-1 箱形通道横截面布置（6m×3.5m通道）（尺寸单位：cm）

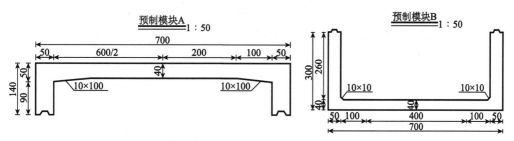

图 4.2-2　箱形通道预制模块 A、B（6m×3.5m 通道）（尺寸单位：cm）

芜合一期高速公路改扩建箱形通道采用集中预制与现场现浇的组合方式,装配式通道顶板及左、右侧墙上部、侧墙及侧墙撑脚采用集中预制,底板为现场现浇,如图 4.2-3 所示。

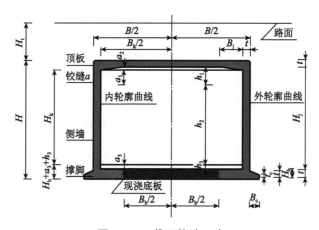

图 4.2-3　截面构造示意

比较芜合一期、二期高速公路预制箱形通道设计方案,二期设计方案一次性拼装完成,拼装效率更快,取消了现场现浇环节,施工速率更高。构件预制模板为钢模板或不锈钢模板,本项目为复合钢模板,模板应具有足够的精度、刚度、平整度和光洁度,并应配置振动设备和隔振设备。构件预制时,应按设计要求系统、规范地标识其型号。预制构件应保证架立钢筋的钩接作用及其分布钢筋、主筋的连接,以形成稳定的钢筋骨架。构件吊点设计为吊环形式,吊装采用其他吊点形式时应得到设计认可。预制构件混凝土强度达到设计强度的 90% 时方可进行吊运。运输过程中应采取必要的固定、缓冲措施,防止损伤构件。

2）大角度斜交装配式通道拼宽设计优化及施工方法

高速公路改扩建工程斜交箱涵拼宽施工中,集中预制的箱涵拼接接长或者拆除重建施工均需对既有箱涵端口位置进行切割,确保端口面与箱涵走向垂直。但是由于斜交箱涵与高速公路的位置关系,无论如何切割,其切点将不可避免地落在既有高速公路行车道上,对既有高速公路行车造成干扰,安全隐患较大,施工完成后对既有高速公路的恢复难度较大。若采用箱涵采用现浇,或拼接部位采用现浇可减少端口位置切割范围,采用钢筋斜布方式将端口部位现浇成梯形涵。但钢筋斜布造成涵洞一边钢筋密集、一边钢筋稀疏,不利于结构受力,密集边也不利于施工,同时现浇箱涵工期长,与改扩建工程快速成型理念背驰。因此,建议在施工图阶段根据周边地形将斜交涵洞优化调整为正交。

在对旧涵洞加长处理时,首先应将原路段两侧的土路肩挖掉,并对接长侧坡防护处理,将30cm表层土清除后,应在原有旧路路边设置土台阶;其次,将八字墙拆除并及时进行支护,以防止上面的砂土溃散,造成路基的坍塌。路基开始挖之前应进行旧路加固,可利用钢板桩进行旧路加固,从而降低对原有公路结构影响。软土路段施工时应使用复合地基,保证新老路基的沉降水平一致避免完工后在水平线出现差异。涵洞接长处理之前,需要在新旧涵洞之间设置一条变形缝。沉降缝的设置可通过斜交正做的方法达到要求。

4.2.3 关键工艺

综合项目特点及关键技术重难点,装配式通道优化设计拟采用如下技术方案,确保装配式通道施工各项工序顺利进行(图4.2-4)。

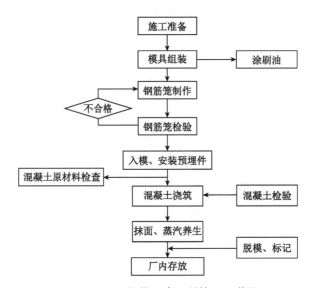

图4.2-4 预制装配式通道施工工艺图

1)模板工程

(1)模板的加工与制作。装配式通道模板由专门的钢结构加工厂加工,加工工艺要求为精加工。

(2)钢模板的试拼装与第一次打磨。模板进场后,应立即组织人员在厂家的指导下对钢模板进行试拼装工作,与设计图纸比对,检查尺寸、支撑、预留孔槽、卸落装置等有无出入;检查模板接缝是否符合规范要求;模板试拼装检查符合要求后,组织人员对钢模板进行打磨,直至表面精光,无任何麻点和锈斑等,然后拼装模板,对接缝和拼缝处采用原子灰填隙,再进行二次打磨,直至填隙平整;打磨后扫除表面浮灰,保持洁净干燥,均匀涂刷清漆0.3~0.5mm,覆盖等待使用,涂刷清漆后的模板不宜受到暴晒,而造成表面龟裂变形。

(3)钢模板的使用。使用前打开模板侧板,在转角接缝处张贴双面胶带,确保拼缝严密;钢筋骨架入模后检查钢筋安装质量,确认合格后,方可支立侧模。侧模支立时,应保持匀速缓慢,特别是达到指定位置进行加固时,应检查有无障碍,确保清漆面不受损坏;模板加固后,混凝土浇筑前,应对模板整体加固情况予以检查,有无遗漏。第一次使用模板时,应在厂家指导下进行,以便及时总结不足;混凝土达到2.5MPa时方可进行拆模,拆模时特别要注意不得生拉硬拽,应首先松除紧固螺栓,再匀速缓慢地拆除侧模。

2)钢筋工程

(1)钢筋胎模。采用10cm槽钢作为胎模骨架,立柱按照顶部变截面间距适当布置,加设顶部横杆,间距为50cm。顶部安设L7.5角钢,角钢顶部按照10~20cm间距布设槽口。钢筋骨架制作时按照先里后外的原则进行焊接绑扎,如图4.2-5所示。

图4.2-5 钢筋胎模骨架

(2)钢筋笼吊装。预制构件钢筋笼吊装时常采用立式吊装,即装配式通道顶面或底面与地面保持平行。然而在吊装过程中,由于钢筋笼过重、吊点位置安排不合理等因素,经常出现钢筋变形、钢筋笼弯曲等现象,从而影响预制构件整体质量。

高速公路改扩建工程所使用的涵洞的尺寸大小和结构形式相较于新建工程而言更

加复杂多样。也可能存在异形构件,在同一标段施工当中可能需要多种尺寸的预制构件,相应地,钢筋笼的尺寸大小和形式也需要随之变化。然而,当前常见的预制构件钢筋笼吊装装置的尺寸往往不可调节,在施工当中,常需要随着工程进行更换多套不同尺寸和类型的钢筋笼吊装装置,对施工组织要求较高。此外,依据改扩建工程既有涵洞的尺寸定制符合尺寸要求吊装装置,可能提高制造成本,延长制造周期,影响工程进度。

因此,提出了一种新型吊装装置,该装置包括主吊梁以及设置在所述主吊梁两端的副吊梁,分别为第一副吊梁和第二副吊梁,所述主吊梁的上端设有主吊耳;第一副吊梁的两端底部设有两个第一副吊耳,第二副吊梁的两端底部设有两个第二副吊耳;所述第一副吊梁的两端、第二副吊梁的两端均设有斜拉固定筋与主吊梁连接。该装置结构简单、原材料易得、加工便捷、成本较低、尺寸可调,同时解决了立式吊装过程中钢筋笼由于自重而弯曲变形的问题。

吊装机械通过主吊耳起吊整个吊装装置,并将其吊装至待起吊的钢筋笼上方;根据钢筋笼的尺寸大小和结构形式选择吊点,并相应调节第一副吊梁、第二副吊梁在主吊梁上的水平位置及夹角;将本吊装装置就位,并将短钢筋销穿过副吊耳和钢筋笼顶部钢筋的下方(即副吊耳通过短钢筋销吊起钢筋笼)。这一过程中需要人工调节短钢筋销、副吊耳与钢筋笼的相对位置,从而粗略保证钢筋笼起吊时的平衡。起重机械施加一定的力起吊钢筋笼,但不完全吊起,使得钢筋笼处于被吊起临界。此时,吊装装置已经通过副吊耳和短钢筋销对钢筋笼对称施加了一定的力,从而使整个系统处于紧绷的状态,但又未完全离开地面。此时,通过焊接四条斜拉固定筋将两个副吊梁与主吊梁焊接,起到固定和限位的作用,从而保证吊装过程中整个系统的相对稳定,保证吊装安全。当需要更换起吊钢筋笼尺寸时,只需要从两端切割掉四根斜拉固定筋,即可重新调节两个副吊梁在主吊梁上的位置与夹角,操作较为快捷方便,如图4.2-6所示。

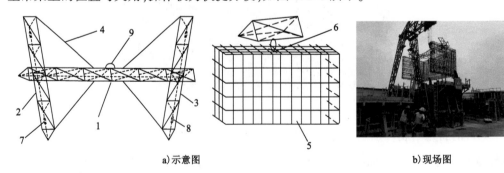

a)示意图 b)现场图

图4.2-6 钢筋笼吊装装置和吊装示意及现场图

1-主吊梁;2-第一副吊梁;3-第二副吊梁;4-斜拉固定筋;5-钢筋笼;6-短钢筋销;7-第一副吊耳;8-第二副吊耳;9-主吊耳

3) 构件的移存

构件采用专用吊具,通过50t门式起重机吊转。实际施工过程存在两种情况:一是能够利用门式起重机直接起吊;二是需要二次倒运,在模板内通过预留吊环将构件从模板内移出,然后在翻身池内将构件翻身,最后利用门式起重机进行起吊,便于移运安装,如图4.2-7所示。

图4.2-7 预制装配式通道吊装

4.2.4 管控要点

1) 钢筋绑扎

(1) 绑扎接头末端距钢筋弯折处的距离,不应小于钢筋直径的10倍,接头不宜位于构件的最大弯矩处。

(2) 受拉钢筋绑扎接头的搭接长度应符合规范规定,钢筋的级别、直径、根数、间距应符合设计和规范要求。

(3) 对多层多排钢筋,根据安装需要在其间隔处设定了一定数量的架立钢筋和短钢筋,其端头不得伸入混凝土保护层内。

(4) 混凝土垫块必须购置专用垫块,需有足够的强度和密实性,应满足混凝土强度的要求,垫块不得出现负误差,正误差不得大于1mm,垫块为圆形混凝土垫块,箱涵保护层为3.5cm。

(5) 垫块应相互错开、分散布置在钢筋和模板之间,但不能贯穿保护层的全部截面进行设置。垫块在构件的底部和侧面所布置的数量不少于4个/m²,重要部位适当加密,并用扎丝绑扎牢固,扎丝丝头不能深入保护层内。

(6)混凝土浇筑前,应对垫块的位置、数量和紧固程度进行检查,不符合要求时应及时处理,确保保护层厚度符合设计要求。

(7)钢筋骨架在运输过程中应有防变形措施,必须采用专门的运输工具和吊具进行吊运,在骨架顶部应按照设计图纸设置吊环。

2)钢筋焊接

(1)当环境温度低于-20℃时,不宜进行各种焊接。

(2)雨天、雪天不宜在现场进行施焊;必须施焊时,应采取防护措施。焊后未冷却接头不得碰到冰雪。

(3)在现场进行闪光对焊或电弧焊,当风力超过四级时,应采取挡风措施,进行气压焊,当风力超过三级时,应采取挡风措施。

(4)侧模拆除过程中,发现停滞现象应适当采用小锤予以轻轻地多次敲击,禁止大锤夯击,造成模板变形和混凝土剥落、缺边掉角。侧模拆除过程中禁止采用撬棍从边角撬起模板。

(5)所有钢筋预留孔和预留钢筋位置应采用专门的圆形橡胶封堵垫块垫设,严禁使用泡沫剂、面部条等。

3)混凝土质量

(1)根据设计图纸复核钢筋数量、长度,复核时应考虑钢筋搭接长度,在控制好保护层的情况下,现场加工、制作时可适当调整主筋长度。

(2)钢筋骨架外形尺寸不准,绑扎时宜将多根钢筋端部对齐,防止绑扎时,钢筋偏离规定位置及骨架扭曲变形,且注意钢筋间距。

(3)钢筋骨架在运输安装时,应缓慢移动,防止钢筋骨架变形,当钢筋骨架放置进模板时,应根据保护层调整骨架位置。

(4)螺栓孔与钢筋位置有冲突时,适当挪动钢筋位置,但不宜挪动过大。

(5)模板拼装时,先拼侧模,后拼端模,拼两边模时先用对拉螺杆将模板基本固定好,再拼端模,拼完后对模板的水平、接缝做进一步调整,位置准确后固定对拉螺杆。

(6)拼完模板后检查模板的垂直度,模板接缝平顺、严密、无错台,确保模板接缝不漏浆。

(7)根据拆模后的成品外观情况,找出接缝不严密、不平顺、漏浆的位置,或模板有锈迹处,要重点处理。

(8)每次拆模后,将对拉螺杆及模板顶边清理干净,避免对拉螺杆及模板顶上的水泥浆及垃圾落入已涂抹脱模剂的模板内。

（9）混凝土浇筑时根据天气温度,控制坍落度及外加剂参量。夏天时,可调高坍落度,同时,浇筑之前在模板外侧浇水降温,避免在浇筑过程中部分水泥浆迸溅依附在模板上结成块,导致浇筑成型的构件出现色差。冬天时,可调低坍落度,加快混凝土成型时间,便于及早脱模。

（10）控制混凝土坍落度控制在适宜范围,提高混凝土拌合物匀质性,避免混凝土色差、气泡上浮等问题。

4.2.5 经验启示

本节针对高速公路改扩建工程涵洞设计与预制施工中对构件预制施工占据了较多时间,模板周转效率较低,涵长、涵洞交角、路况等因素使得节段布置不可能全部使用标准节,装配式通道基础高程不易控制,安装后易造成接缝过大,构件拼装就位难度较大,混凝土拼装误差较大,构件安装后在构件连接处存在一定缝隙等问题,综合比较了芜合一期、二期高速公路改扩建工程预制箱形通道设计方案,提出了装配式通道优化设计方案,实现了涵洞一次性拼装完成,拼装效率更快,取消现场现浇环节,施工速度更高,更加适应高速公路改扩建项目施工特点;针对在吊装过程中,由于钢筋笼过重、吊点位置安排不合理等因素,经常出现钢筋变形、钢筋笼弯曲等现象,从而影响预制构件整体质量等问题,提出了一种新型吊装装置,解决了立式吊装过程中钢筋笼由于自重而弯曲变形的问题。

4.3 支线上跨桥拆除与重建施工技术

4.3.1 工程概况

G5011 芜合高速公路芜湖至林头段改扩建工程 WL-03 标段,起讫桩号为 K45+000~K62+060,线路全长 17.06km,起点桩号 K45+000,向北经芜湖市含山县陶厂镇、林头镇,终点止于马鞍山西枢纽北顺接林头至陇西段改扩建起点,终点桩号 K62+060,线路全长17.06km。本标段共需要拆除 11 座桥梁,跨线桥需要在整体交通调流计划前完成拆除,计划小梁桥完成拆除。支线上跨桥的拆除具有以下技术重难点：

（1）由于桥梁拆除工程属于危险性较大工程,施工过程中会造成交通中断、道路封闭等问题,拆除施工前,需提前完成交通疏导工作。

(2)桥梁拆除施工作业邻近运营高速公路,需做好防护,沿中央分隔带设置封闭式施工围挡,防止拆除过程中飞溅混凝土块伤到施工区域外行驶的车辆。

4.3.2 技术方案

桥梁拆除施工作业采取半幅封闭施工。为了减少对交通的影响,提出以下桥梁拆除的施工交通组织方案、拆除作业时半幅封闭交通,先拆除半幅梁板及桥台,立柱位置待通行后拆除;封闭施工区域,拆除过程中加大人员、设备投入,在确保安全的前提下迅速完成拆除施工,尽可能减小对过往车辆的影响。上跨桥拆除现场防护示意图如图4.3-1所示。

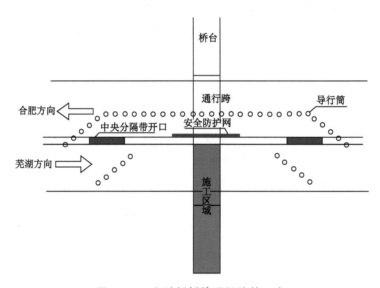

图 4.3-1 上跨桥拆除现场防护示意

根据 K59+766.203 马鞍山西枢纽主线桥以及 K59+970.552 沿江高速公路分离立交桥的现场实际情况,由于下部道路需要保持通行,周边地理环境较为复杂,无法有效地给起重机提供理想的位置,因此综合考虑,待拼宽段桥梁铺设完成,做好铺装层后,起重机可以坐落于拼宽和桥梁上面对老桥进行拆除。根据桥梁结构构造以及桥梁所处的环境,同时为了确保桥梁整体结构稳定和施工期间车辆通行安全,综合考虑技术可行性、结构安全性、施工风险性、施工便利度和合理工期,兼顾拆除的环保性和经济性,拆除施工方案拟采用机械破碎和人工结合的工艺。为保证拆除工艺转换较快及安全,优先考虑采用机械破碎施工。

4.3.3 关键工艺

4.3.3.1 桥梁破碎拆除

桥梁破碎拆除顺序如下：对于先拆除部分，按照交通疏导→安全屏障搭设→拆除侧路面缓冲垫层铺设→桥上桥下路灯、摄像头、广告牌、交通指示牌、管线等设施拆除→预制桥梁拆除顺序控制；对于后拆除部分，按照交通疏导→安全屏障搭设→拆除侧缓冲垫层铺设→预制桥梁拆除→桥墩拆除顺序控制。防护屏障搭设及缓冲垫层铺设示意图如图4.3-2所示。

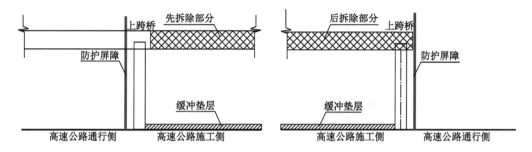

图 4.3-2　防护屏障搭设及缓冲垫层铺设示意图

1）施工准备

(1) 拆除前做好防护垫层铺设。

防护垫层采用在高速路面上满铺20cm沙土，顶部设置钢板，主要有两个作用：首先，起到下落块体下落时避免破坏路面的作用，再者，就是保护封闭路面避免被破碎机履带破坏。

(2) 防护屏障搭设。

施工前在桥梁下方施工部分与通行部分之间搭设防护屏障，防止混凝土飞溅，以保证通行车辆和行人不受影响。防护屏障搭设高度超老桥1m高，长度超过施工垫层范围外5m，且每边总长超过施工范围15m。

2）桥面附属拆除

拆除施工前，做好一切施工前准备，桥面的护栏、防撞墙和广告牌等附属结构物由人工配合机械拆除。

3）桥面铺装拆除

桥面铺装层与梁板之间有一层钢筋网片黏结，拆除时用破碎锤配合挖掘机施工，如钢筋网与梁板有连接的用气割割开,混凝土块并装车运走。

4) 梁板梁拆除

机械破除。先拆除护栏、桥面铺装层、伸缩缝等解除桥面系,按照拆除一道缝、破除一跨的流水作业的拆除方法,以保证施工作业的安全性。由于老桥板梁废弃,不考虑梁板的完整性。

5) 墩(盖梁)拆除

桥墩(薄壁墩)体积大、质量重,高度约为5m,在桥墩底部采用破碎将桥墩四周钢筋保护层混凝土破除并深入钢筋内侧2cm,在破除过程采用挖掘机将桥墩上部拉向封闭区域,然后采用气割将钢筋割断,使上部桥墩倾倒至封闭区域,用破碎锤分别捣碎并运离现场到指定场地,最后采用风镐破除基础混凝土。

6) 台帽及附属结构

采用破碎锤破碎配合挖掘机拆除,由于台帽距离现有芜合高速公路路面较近,在拆除过程中,为防止破除混凝土碎块飞溅影响车辆通行安全,外侧搭设硬防护高度与桥墩同高,宽度为桥台宽度每侧加5m,直至台帽拆除结束。

4.3.3.2 桥梁绳锯切割拆除

桥梁绳锯切割拆除顺序为:交通疏导→安全屏障搭设→桥上桥下路灯、摄像头、广告牌、交通指示牌、管线等设施拆除→桥面铺装层铣刨→切割孔及吊装孔定位及钻取→预制桥梁连接缝切割→预制桥梁纵向伸缩缝切割→起重机就位→梁板起吊→梁板外运及破碎处理→下部道路泥浆水冲洗→工完场清。

1) 施工准备

(1) 沥青铣刨。

由于本次拆除跨路部分使用切割吊装拆除,为减轻起吊时的重量,跨路的两跨原有路面的沥青先进行铣刨。

(2) 孔位定位钻取。

路面铣刨完成后,根据桥体结构,按照桥体纵向湿接缝的位置定位切割孔以及后续吊装孔,吊装孔采用取芯钻机在顶板的既定位置(1~6号在两侧1/4梁长处,7号、8号在两侧梁端1m处)进行冲孔,吊装孔的直径为100mm。

(3) 伸缩缝拆除。

主桥的伸缩缝为型钢缝,设计到切割的有各三道,型钢缝与梁体一起直接用绳锯切割拆除或者直接用小型挖机直接破碎取出。

2）切割拆除

K59+970.552沿江高速分离立交全桥为5跨，每跨为8跨简支T梁拼装组成，每跨跨度为20.5m，由于缺乏老桥图纸，根据预估，每单片梁重在30~40t之间，其中跨路部分为第三、四跨，拟采用切割吊装。

K59+766.203马鞍山西枢纽主线桥全桥为4跨，每跨为4片预制箱梁拼装组成，每跨跨度为25m，由于缺乏老桥图纸，根据预估，单片梁重在70~80t之间，其中跨路部分为第二、三跨，拟采用切割吊装。

3）破碎拆除

切割吊装完成后，对切割吊装下来的梁体进行破碎拆除，拆除前注意对现场的隔离防护，应搭设隔离网，拆除方式与破碎拆除方式一致。同时，及时清理下部道路上因切割遗留的泥浆水以及吊装时可能会有部分的碎渣。

4.3.4 管控要点

1）桥梁破碎拆除

（1）施工准备：防护屏障采用碗扣式钢管脚手架搭设，且外面布设两层密布网，垫层采用路面上满铺20cm沙土，顶部设置1cm厚钢板横桥向宽度布满跨径，沿桥梁方向作业半径内满铺，保证机械不能损伤路面。

（2）桥面附属拆除：为避免先行拆除铰缝可能导致边板和护栏侧翻坠落，在进行铰缝拆除前先用破碎锤等工具将护栏向桥面内侧凿除，割断护栏预埋在梁板内钢筋。

为保证芜合、沪武高速公路通行安全，半幅封闭路面上护栏拆除采用单跨逐段拆除。每侧护栏拆除由两端向中间进行，逐孔拆除。

拆除时，先用倒链将护栏拉在内侧路面上，防止护栏坠落桥下，然后用风镐破除护栏根部内外侧护栏钢筋保护层，用气割割开两侧护栏底部的连接钢筋或钢板，收紧倒链，将护栏拉倒在内侧路面上。然后依次将所有护栏拆除，用风镐拆除、破碎，并装车运走。拆除过程中，设专人监护桥下来往车辆，并避免凿出的混凝土残渣掉落桥下影响车辆通行安全。

（3）梁板梁拆除。为加快施工进度，跨公路桥梁拆除采取机械坐于封闭一侧高速路面上，普通桥梁采取机械坐于桥下，采用履带式液压锤由中到边进行混凝土破碎和钢筋切割,以此类推,逐一破除。

2)桥梁绳锯切割拆除

(1)防撞护栏需提前拆除并清运出场,防止对最外片切割时因为受力不均、重心不稳导致侧翻。

(2)梁板拆除顺序为由中央分隔带向外逐片拆除吊移装车,在桥面上打穿绳孔、吊装孔,对梁板进行逐片切割,切割位置在梁板铰缝处,但每条铰缝不完全切割断(防止铰缝完全切开后梁板发生倾覆情况,预留两处0.5m铰缝不切断),对每跨两端头进行切割断开(两端头切割两道缝,用电镐将切缝内的混凝土等清理干净以方便吊梁),将要拆梁板穿好钢丝绳,待吊车对梁板进行预吊后切断预留的铰缝。将梁板吊至运输车上,运输至指定地点破碎。

(3)对K59+970.552沿江高速公路分离立交桥进行吊装拆除时,考虑单片梁重在30~40t之间,因此选用150t的起重机配合吊装拆除。起重机位宽8.5m,拼宽段桥梁宽度在9m左右,但考虑到起重机起吊远处的桥梁对单桥受重的影响,故老桥切割时,预留1/3的部位(即总共8片,预留3片)暂不切割,待内侧桥梁起吊完成后,再行切割,以此减轻对单桥受重的影响。

(4)对K59+766.203马鞍山西枢纽主线桥进行吊装拆除时,考虑单片梁重在70~80t之间,因此选用300t的起重机配合吊装拆除,300t的起重机位宽9.5m,拼宽段桥梁宽度9m左右,无法满足,故老桥切割时,预留2片梁暂不切割,待内侧桥梁切割起吊完成后,再行切割,而后由于距离起重机位距离减少,此时根据150t起重机受力情况,可以对剩余2片梁体进行起吊,以此完成全部的桥梁切割拆除。

4.3.5 经验启示

(1)桥梁拆除工程属于危险性较大工程,针对施工过程中会造成交通中断、道路封闭等问题,提出了成套桥梁拆除的施工交通组织方案,确保了拆除安全施工,减小了对过往车辆的影响。综合考虑技术可行性、结构安全性、施工风险性、施工便利度和合理工期,兼顾拆除的环保性和经济性,提出了一套全面的拆除施工工艺。

(2)对于软基等复杂地质路段,老桥原位重建时,应充分考虑老桥桩基础上浮对新建上部结构的影响。

4.4 免涂装高性能耐候钢钢板组合梁

4.4.1 工程概况

在芜合高速公路改扩建一期工程中,项目由于改扩建施工,原有分离式立交桥均不满足要求,需全部拆除重建。全线分离式立交桥共 29 座,原设计采用装配式混凝土小箱梁,由于小箱梁重量大,吊装难度大,吊装时间长,对现有高速公路通行影响大,经变更优化,将原支线上跨桥上部预制小箱梁优化为免涂装高性能 LP 耐候钢板组合梁。

钢材在使用过程中普遍面临严重的腐蚀问题,其中由大气腐蚀造成的钢材损失占全部腐蚀损失的一半。桥梁作为一种开放式的结构,存在更严重的腐蚀问题,结构的安全性因此受到影响。为避免腐蚀,钢桥在使用过程中通常需要在表面喷涂防腐涂料,这种涂层在运营期间极易破损,需要进行频繁的维护和补涂,养护费用耗费巨大,同时对环境和交通运营造成不利的影响,如图 4.4-1 所示。

a)传统钢桥腐蚀问题严重　　b)养护过程需反复补涂防腐涂装　　c)免涂装耐候钢桥梁

图 4.4-1　传统钢桥与耐候钢桥

4.4.2 技术方案

针对上述问题,钢主梁采用纵向变厚度免涂装高性能耐候钢工字形直腹板钢梁,以减少钢材消耗和焊缝数量,提高结构抗震性能,混凝土桥面板和钢主梁通过剪力钉连接。在桥梁一般构件、螺栓连接部位、梁端部、负弯矩区等关键部位的耐候钢专项设计方案,避免了氯离子、积水、积尘等因素对形成稳定锈层的影响;对耐候钢桥配套的附属结构,采用新型材料,既避免了与钢梁锈层发生电偶反应,又保证了配套结构的经济性和耐久性,可与耐候钢桥的长寿命保持协调一致。

耐候钢在大气腐蚀条件下,其腐蚀产物和基体之间能够形成一层致密、连续、合金元素 Cu、Cr、P 等富集的内锈层。凭借该层锈的保护,该耐候钢显示出良好的耐大气腐蚀性能。高性能耐候钢 LP 板的变厚率可达到 6mm/m,具有单侧、双侧多种变厚方式,其中最大纵向厚度差为24mm。耐候钢板厚度≤50mm时,屈服强度R_{eL}≥345MPa,50mm<厚度≤100mm时,R_{eL}≥335MPa;抗拉强度R_m≥490MPa;延伸率A≥20%;-20℃冲击功KV_2≥120J。耐候钢除具有良好的耐候性、加工性、焊接性,钢材的强度、焊接性能、低温韧性、抗脆断性能、疲劳性能以及持久强度等方面都较普通钢材有较大改善。考虑到桥梁100年的设计使用寿命,无涂装体系的耐候钢桥梁造价比普通钢桥节省约17.4%。

4.4.3 设计及试验

4.4.3.1 免涂装高性能LP耐候钢板组合梁桥原型设计

1)横断面设计

主梁根据桥面宽度的不同,横向截面就采用不同的免涂装高性能耐候钢的主梁根数。当桥梁宽度为8.5m时,应采用双主梁钢板组合梁;当桥梁宽度为12m时,应采用三主梁钢板组合梁;当桥梁宽度为18.5m时,应采用四主梁钢板组合梁。

2)钢梁设计

主梁上下翼缘板及腹板均采用变厚轧制钢板(LP钢板),腹板厚由支点处20mm渐变至14mm。钢纵梁上翼缘宽度600mm,板厚为20~60mm;下翼缘宽度800mm(中支点位置加宽至1000mm),板厚为26~60mm;腹板厚由支点处20mm渐变至14mm。腹板设置横向加劲肋,加劲肋宽度150mm,厚度12mm。主梁之间采用横梁加强横向联系,中支点设中横梁,端支点设端横梁。跨间设小横梁。钢主梁与横梁采用焊接连接。

3)桥面板设计

钢主梁采用变厚度免涂装高性能耐候钢工字形直腹板钢梁,混凝土桥面板和钢主梁通过剪力钉连接。为加快施工进度,减少施工时间,减少施工对行车干扰,增加施工期行车安全,也可考虑采用预制桥面板(含预埋模板接头),桥面板采用工厂预制,提高了桥面板的品质稳定性,同时预制桥面板创新性地使用了带预埋钢板构造,为后期浇筑湿接缝提供便利。

桥面板采用钢筋混凝土结构,跨中板厚24cm,在与钢梁支撑结合处加厚到35cm,由预制混凝土板、横向湿接缝和剪力钉群预留孔三部分构成。8.5m桥面板单块预制板横桥向为一块整板,预制板横向宽度为8.5m,纵桥向长度为2.65m,预留有4个50cm×58cm的剪力钉群孔,纵向湿接缝宽度为0.35m。12m、18.5m宽桥面板横向分为两块预制,横向在桥梁中心顶面设置一道宽50cm的纵向湿接缝,如图4.4-2所示。

图 4.4-2　桥面板与钢主梁剪力钉连接和桥面板构造

4.4.3.2　耐候钢主梁设计

耐候钢耐腐蚀性指数按照《桥梁用结构钢》(GB/T 714—2015)计算,应大于6。

为了使主梁能够形成稳定的锈层,在梁端需设置截水板,主梁下翼缘设置排水横坡等构造措施,适当加大端横梁与桥台前墙的间距,提高主梁在伸缩缝处的通风性,同时方便梁端后期检修维护。对梁端周围钢结构进行防腐涂装。

(1)设置截水板和排水横坡。免涂装耐候钢桥梁与普通钢桥相比,对使用环境的要求更高。为了使主梁能够形成稳定的锈层,在梁端需设置截水板,主梁下翼缘设置排水横坡等构造措施,如图 4.4-3 所示。

图 4.4-3　设置截水板和排水横坡

(2)耐候钢主梁局部涂装。钢主梁主体结构采用高性能 LP 耐候钢,设计为裸露使用,钢主梁主体结构不进行涂装。在梁端伸缩缝位置,为保证结构使用寿命,梁端腹板及底板须进行涂装,涂层体系采用长效型,保护年限为 15~25 年。钢板表面涂装前应喷砂除锈露出金属本色,表面粗糙度为 $Ra2.5$。梁端腹板及底板涂装方案,见表4.4-1。

梁端腹板及底板涂装方案　　　　　　　　　表4.4-1

位置	腐蚀环境	涂层	涂料品种	道数/最低干膜厚度（μm）
外表面(不与现浇混凝土接触面)	C4	底涂层	冷喷锌	1/70
		中间涂层	冷喷锌封闭剂（兼有环氧云铁功能）	2/100
		面涂层	丙烯酸聚硅氧烷	2/100
		总干膜厚度		270

(3)端部通风孔设计图如图4.4-4所示。为提高主梁在伸缩缝处的通风性,保证水分尽快风干,在梁端部进行通风孔设计,梁端实际构造如图4.4-5所示。

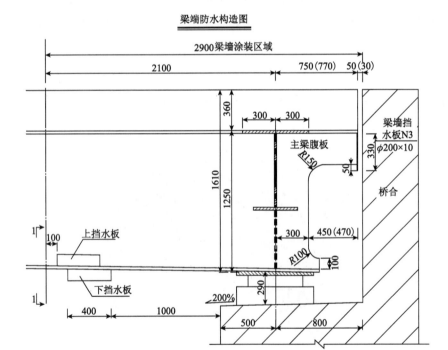

图4.4-4　梁端通风孔设计图（尺寸单位：mm）

4.4.3.3　LP钢板变厚方式及质量控制

目前,鞍钢研发了LP钢板的制造技术,通过严格控制变形温度和液压缸位置,已成功轧制多种规格及厚度的LP钢板。

图 4.4-5　梁端实际构造

1) 变厚方式

考虑到本项目钢结构主体采用免涂装耐候钢,为了减少焊缝数量,主梁纵向工字钢设计为 LP 钢板。芜湖至合肥高速公路改扩建 24 座上跨天桥,采用耐候钢总重约 3500t,其中 LP 钢板合计约 1920t。钢纵梁上翼缘宽 600mm,板厚 20～60mm;下翼缘宽度 800mm(中支点位置加宽至 1000mm),板厚 26～60mm;腹板厚由支点处 20mm 渐变至 14mm。主梁上下翼缘板及腹板均采用变厚轧制钢板(LP 钢板)。各位置 LP 钢板如图 4.4-6～图 4.4-8 所示。

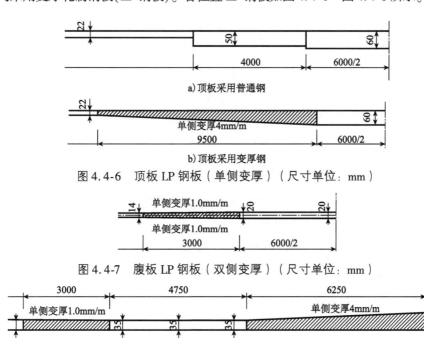

图 4.4-6　顶板 LP 钢板（单侧变厚）（尺寸单位：mm）

图 4.4-7　腹板 LP 钢板（双侧变厚）（尺寸单位：mm）

图 4.4-8　底板 LP 钢板（单侧二次变厚）（尺寸单位：mm）

2)设计要点

由于产品标准和设计规范滞后,有关LP钢板的研究还是空白。国内LP钢板属于萌芽阶段,除鞍钢人才公寓项目尝试使用了一部分LP钢板,并无他的案例可循。因此,当前设计LP钢板时,应当在考虑结构受力需求的同时,还需结合厂家生产能力确定LP钢板设计参数。

(1)类型:LP钢板的类型共三种,类型号为01、02、03,各类型对应的形状如图4.4-9所示。

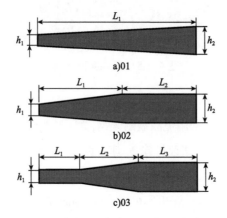

图4.4-9 底板LP钢板(单侧二次变厚)

(2)LP钢板的尺寸范围见表4.4-2。

LP钢板尺寸范围　　　　表4.4-2

类型	尺寸	类型	尺寸
公称厚度	12~60mm	厚度变化率	≤6mm/m
公称宽度	2000~3200mm	整板厚度差	≤25mm
公称长度	6000~25000mm		

(3)尺寸及允许偏差:LP钢板的尺寸允许偏差应符合《热轧钢板和钢带的尺寸、外形、重量及允许偏差》(GB/T 709—2019)的规定。LP钢板的厚度只测量钢板的等厚段厚度。经供需双方协商,也可采用其他尺寸允许偏差。

(4)外形:LP钢板的外形应符合《热轧钢板和钢带的尺寸、外形、重量及允许偏差》(GB/T 709—2019)的规定,平整度应不大于6mm/m。

(5)化学成分:LP钢板各钢牌号的化学成分应符合《桥梁用结构钢》(GB/T 714—2015)中Q345qC、Q345qD、Q345qDNH、Q370qD、Q370qDNH的规定。

(6)表面质量:LP钢板表面不允许存在裂纹、气泡、结疤、折叠、夹杂和压入的氧化铁皮或异物。钢板不得有目视可见的分层。LP 钢板表面允许有不妨碍检查表面缺陷的薄层氧化铁皮、铁锈、由压入铁皮脱落所引起的不显著的表面粗糙、划伤、压痕及其他局部缺陷,但其深度不得大于厚度公差之半,并应保证钢板的最小允许厚度。LP 钢板表面允许修磨清理,但应保证钢板的最小厚度。

(7)表面质量:将 LP 钢板自由地放在平面上,除钢板本身重量外不施加任何压力。用一根长度为 1000mm 或 2000mm 的直尺,在距离钢板纵边至少 25mm 和距离横边至少 200mm 且厚度均匀变化区域(即 LP 钢板的各等厚段和各变厚段)内的任何方向,测量钢板上表面与直尺之间的最大距离,如图 4.4-10 所示。

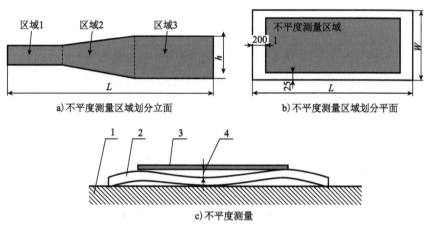

图 4.4-10　LP 钢板平整度测量示意图(尺寸单位:mm)
1-平台; 2-被测钢板; 3-直尺(线); 4-平整度

4.4.3.4　耐候桥梁钢在工业大气环境下耐蚀性能试验研究

1)试验目的

本实验拟采用周期浸润加速腐蚀试验模拟大气对耐候钢板的腐蚀,分析耐候钢腐蚀的锈层厚度和锈蚀机理,评价依托工程所采用的 Q345qDNH 耐候钢的耐腐蚀性能。

2)试验材料

试验中使用的试样为国内某钢厂生产的 Q345 级别的桥梁用钢板,试验钢为耐候钢 Q345qDNH,对比钢为普通低合金钢 Q345qD,两种钢材的合金成分见表 4.4-3。

两种试验钢材的合金成分表　　　　　　　　　　表 4.4-3

钢材种类	C	Mn	Si	S	P	Cu+Ni+Cr	Nb+Ti+Al	CI 指数
Q345qDNH	0.076	1.4	0.25	0.004	0.01	1.09	0.072	6.54
Q345qD	0.1	1.5	0.2	0.003	0.011	0	0.075	—

《桥梁用结构钢》(GB/T 714—2015)附录 C 中推荐采用 ASTM G101 使用的耐大气腐蚀性指数(CI)计算公式,主要考虑 Cu、P、Cr、Ni、Si 这五种元素成分对耐候性的影响,CI 指数越高,耐候性能越好。Q345 级别的桥梁钢在强度上相当于美标的 50W 级别钢,美国高性能钢设计者指南(*High Performance Steel Designer's Guide*)中指出性能钢 HPS 比普通钢具有更好的耐大气腐蚀性能,在一般的大气环境中可以无涂装使用,普通的 50W 级别钢材的 CI 指数为 6.0,高性能钢 HPS50W 的 CI 指数为 6.5。

通过提高 Cu、Cr、Ni 的含量,计算得到的耐候钢的 CI 指数为 6.54,CI 指数满足 HPS50W 的耐腐蚀性要求,说明在一般的大气环境中,该种钢材可以在桥梁结构中无涂装使用。两种试验钢材的合金成分,见表 4.4-3。

3)试验方案

加速腐蚀试验及检测均在鞍钢科技发展公司进行。试验方案拟采用"周期浸润加速腐蚀试验",试验仪器采用苏南环试制造的"JR-A 模拟腐蚀试验"。试验过程为:

首先将试样固定在试样架上,设置好试验箱环境后,将试样完全浸润到腐蚀溶液中;达到预定的腐蚀时间后,使试样完全脱离腐蚀溶液,并将试样完全烘干,达到预定的干燥时间。这样就完成了一个完整的干湿腐蚀周期,重复该流程直至达到预计的总腐蚀周期,当腐蚀溶液 pH 值发生变化时及时补充腐蚀溶液,保证腐蚀溶液的一致性。

周期浸润加速腐蚀试验的循环周期设为 60min,其中包括浸润 12 min 和干燥 48 min。周浸试验的水浴温度为(25±2)℃,试验机内空气温度设定为(25±2)℃,周浸箱内相对湿度设为(45±5)% RH。周浸试验的试验周期分别为 48h、120h、192h、288h、360h 这五个周期。由于本实验模拟的是工业大气环境下的腐蚀,试验中腐蚀溶液使用 0.01mol/L 的 $NaHSO_3$ 溶液,补充液为 0.02mol/L 的 $NaHSO_3$ 溶液。

试验中每种材料采用 4 片平行试样,其中 3 片大试样用于腐蚀失重分析和观察宏观形貌,1 片小试样用于观察材料的微观腐蚀形貌并分析其腐蚀产物。

4)测试项目

在每个试验周期前测量试样的尺寸和称重,初始质量定为 G_0,在试验后对试样进行腐蚀失重测量、腐蚀宏观形貌观察和锈样 XRD 检测,并对最后一个周期的锈层微观结构进行观察;对两种试样的电化学性能进行测量。

5)试验结果

将两种试验钢材每组三个平行大试样的腐蚀失重取平均值,并推算腐蚀速率和年腐蚀减薄量。表 4.4-4 是两种试验材料分别经过 2d(48h)、5d(120h)、8d(192h)、12d(288h)和 15d(360h)后的腐蚀失重结果，图 4.4-11 是两组试样的腐蚀失重和腐蚀速率随腐蚀时间的变化曲线。

不同试验周期后的腐蚀失重结果　　　　　表 4.4-4

腐蚀时间(d)	腐蚀失重(g)		腐蚀速率[g/(m²·h)]		腐蚀减薄量(mm/年)	
	8 号钢	9 号钢	8 号钢	9 号钢	8 号钢	9 号钢
2	0.682	0.317	2.339	1.084	2.610	1.210
5	1.493	0.774	2.046	1.062	2.283	1.185
8	1.948	1.152	1.668	0.986	1.861	1.100
12	2.228	1.654	1.271	0.945	1.419	1.054
15	2.487	1.728	1.135	0.789	1.267	0.881

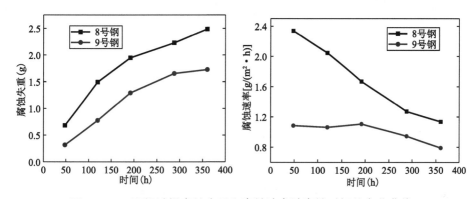

图 4.4-11　两组试样腐蚀失重和腐蚀速率随腐蚀时间的变化曲线

由图 4.4-11 可知，8 号钢的腐蚀失重明显高于 9 号钢，且随着腐蚀时间的增加，腐蚀失重差值逐渐变大。由图 4.4-11 可知：两组试验材料的腐蚀速率均随时间的增加均呈下降趋势，其中 9 号试样的腐蚀速率明显低于 8 号试样，且随着试验时间的延长，8 号试样腐蚀速率下降的幅度明显高于 9 号试样。另外，在 15d 后 9 号试样的腐蚀减薄量为 0.881mm/年，8 号钢的腐蚀减薄量为 1.267mm/年，腐蚀速率约低了 30%。因此，9 号钢试样的耐蚀性能明显优于 8 号钢试样，耐候钢的耐腐蚀性相对较好。

从腐蚀速率的角度看，耐候钢的大气腐蚀过程符合幂函数方程，见式(4.4-1)。

$$W = At^n \tag{4.4-1}$$

式中：W——腐蚀失重(g/m^2)；

t——腐蚀时间(h)；

A——材料和环境的关联系数；

n——与环境相关腐蚀系数。

由图 4.4-12 可知,该幂函数方程在双对数坐标体系中,腐蚀周期与腐蚀量的关系呈现出明显的线性关系。耐候钢的大气腐蚀过程大概都分为两个阶段。第一阶段斜率 n 大于 1,锈层较为疏松发生,腐蚀速度较快;第二阶段 n 小于 1,腐蚀速率开始降低。一般认为,当 n 小于 0.5 时,锈层达到稳定状态。在本试验中 8 号低合金钢和 9 号耐候钢的腐蚀双对数曲线都具有较为明显的两阶段腐蚀特征,两个阶段的分界点都在 192h 左右出现。

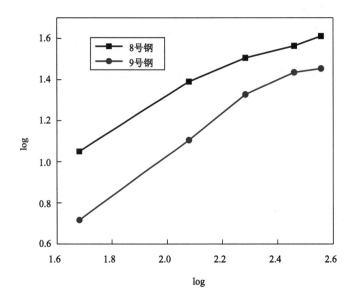

图 4.4-12 腐蚀量-腐蚀时间双对数曲线

以 192h 为分界点,在 Origin 中分别对两个阶段进行线性拟合,得到的双对数曲线两阶段参数值见表 4.4-5。可以看出,两种低合金钢材的腐蚀特性相似,第一阶段腐蚀速率相对平稳,8 号钢的腐蚀系数低于 9 号钢。在腐蚀 192h 后,两种钢材的腐蚀系数 n 均下降到 0.5 以下,说明两种低合金钢后期的腐蚀速率均达到了一个相对稳定的状态。且随着腐蚀时间的增加,耐候钢的腐蚀系数下降速度较快。

两种试验钢双对数曲线拟合参数值　　　　　　　表 4.4-5

钢材	第一阶段(24~192h)			第二阶段(192~360h)		
	A	n	R^2	A	n	R^2
8 号钢	−0.2353	0.7697	0.9913	0.6334	0.3809	0.9880
9 号钢	−0.9828	1.0088	0.9993	0.2312	0.4825	0.9527

从锈层结构的角度看,通过对耐候钢和普通的低碳钢开展周期浸润加速腐蚀的对比实验,可以发现耐候钢表面形成的锈层主要由两层组成。在大气腐蚀的早期,耐候钢的锈层主要由一层富含 γ-FeOOH 的锈层构成,锈层结构相对松散;在大气腐蚀的干湿循环持续几年后,锈层开始出现分层,早期锈层中的 γ-FeOOH 逐渐溶解析出为富含 Cu、P 和 Cr 元素的无定形的羟基氧化铁,在这一阶段,从钢基体中溶解出来的 Cr、P、Cu 元素对保护锈层的均匀形成有着有利的影响,形成的第二层锈层已经相对均匀致密;在经过长时间的大气腐蚀作用后,无定形的羟基氧化铁逐步转化为紧密堆积的富含 Cr 元素的 α-FeOOH 纳米颗粒,形成致密的稳定性锈层,具备极好的耐大气腐蚀性能。

4.4.3.5 室外挂片试验研究

1)试验目的

在室外对耐候钢进行大气暴晒,通过分析不同周期下试件的锈层变化,研究耐候钢在室外环境的腐蚀量和锈层的形成过程以及适用性。

2)试验方案

(1)试验材料。

试验材料选取 8 号普通碳钢(Q345qD)、9 号耐候钢(Q345qDNH)两种试样。将上述两种试样加工成 40mm×50mm×5mm 的试片,用砂纸进行倒边,然后进行冷水冲洗→去离子水清洗→酒精清洗→吹干→置入干燥器中冷却 24h 后进行试验。每次处理以确保试样表面无新形成的氧化层,表面状态均匀一致。

(2)试验方法。

室外挂片试验在实验室室外进行,采用挂片+浇水的方式进行。液体选用 0.01mol/L 的 $NaHSO_3$ 溶液和 3.5% 的 NaCl 溶液,每种钢材制作 20 个试样,15 个浇 $NaHSO_3$ 溶液,5 个浇 NaCl 溶液。失重分析时每次取 3 个试件计算腐蚀失重,于第 1、2、4、6、8 周共计五次失重分析。每天 9 时和 16 时将液体均匀撒在钢材表面。腐蚀试样尺寸和挂片试验,如图 4.4-13 所示。

腐蚀试样表面形貌观察与分析。将不同试验周期的各个试样取回后,利用相机对腐蚀后试样表面的宏观形貌进行观察拍照,对比不同腐蚀周期下试样宏观形貌的变化情况。

失重分析。各组试验结束后,首先利用除锈液对其进行除锈,选用除锈液对 6 种试验钢表面的腐蚀产物进行清洗。对于普通低合金碳钢,除锈液的成分为500mL盐酸+500mL蒸馏水+3.5g六次甲基四胺;除锈后用去离子水进行清洗,再置于乙醇溶液中浸泡,随后取出吹干,置于干燥器中保存。放置24h后利用分析天平进行称量并记录除锈后质量G1。

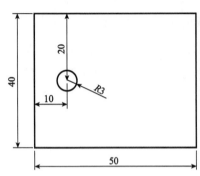 

图4.4-13　腐蚀试样尺寸和挂片示意图(尺寸单位:mm)

3)试验结果

经过八周的试验后,对每周的试样进行取样观察,耐候钢的锈层外观在浇0.01mol/L的$NaHSO_3$溶液时如图4.4-14所示。从图中可以看出,随着时间的延长,锈层从最初的浅黄色转变为青黑色,随着时间的延长,锈层又逐渐由青黑色转变为红棕色。由于室外悬挂的原因,打孔处遇到雨水天气会有流锈以及斑点等产生。对加速8周后的试样表面进行观察,可以看到锈层比浇水8周时的更厚更致密,锈层表面呈现颗粒状,宏观状态下试验钢和对比钢的形貌无明显区别。

经过三周的试验后,对每周的试样进行取样观察,耐候钢及碳钢的锈层外观在浇3.5%的NaCl溶液时如图4.4-15所示。从图中可以看出,随着时间的延长,耐候钢和碳钢表面均发生了严重的局部腐蚀,形成了较深的腐蚀坑槽,表面发生了鳞片状剥离,说明该种田园耐候钢不适合在海洋大气中使用,在使用除冰盐时也要注意及时清除。

4.4.4　管控要点

1)表面处理

(1)钢材表面处理

①表面除锈等级应达到GB/T 8923.1规定的Sa2~Sa2$^{1/2}$级。

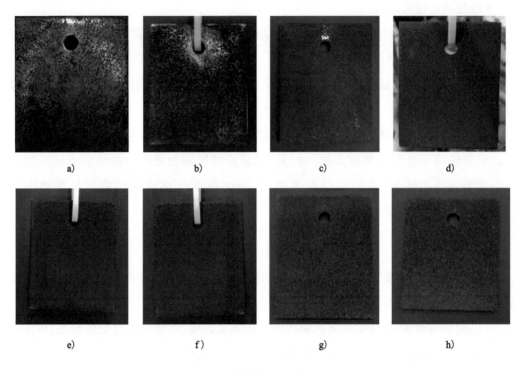

图 4.4-14 耐候钢锈层外观（NaHSO$_3$）

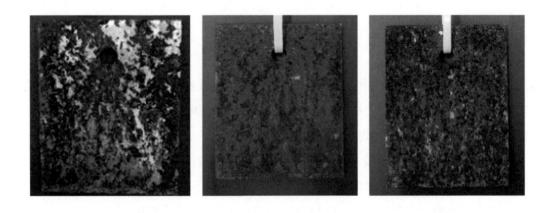

图 4.4-15 耐候钢锈层外观（NaCl）

②耐候钢表观应清除表面油、油脂、切削化合物、局部焊接飞溅物或其他焊接残留物、污垢、锈垢和异物。确保表面颜色均匀，无可见残留物。

③梁端涂装前，应对构件的表面进行喷砂除锈，除锈等级和表面粗糙度应符合 JT/T 722 的规定；梁端底涂层的设计和施工应符合 JT/T 722 和 JTG/T 3651 的规定。

(2)螺栓连接面处理

①螺栓连接摩擦面应根据螺栓安装方法和螺栓厂推荐工艺,保证栓接面抗滑移系数出厂时不小于0.55,架设时不小于0.45。

②应制作抗滑移试件对摩擦面处理工艺进行验证,根据试验情况确定最佳处理方案。

③通过在雨中或使用饮用水或者稳定剂洗涤数月,对钢构件的湿润和干燥而形成的附着锈膜不会降低摩擦系数。但是,螺栓连接摩擦面处松动的铁锈或残留的轧屑会影响接头的性能,在装配接头之前,必须通过钢丝刷或刮擦将其从摩擦面上清除。

2)稳定锈层形成

耐候钢桥梁在存储、运输、安装过程中应保护各部分免受污染和损坏,避免形成腐蚀陷阱。锈层稳定化处理应符合以下规定:

(1)周期喷水法:喷砂除锈后的钢构件进行洒水处理,须维持干湿交替状态,每天干湿循环宜为1~3次,且不少于1个月,使构件表面生成致密均匀的锈层。

(2)稳定剂喷淋法:喷砂除锈后的钢构件喷淋锈层稳定剂,使构件表面生成致密均匀的锈层,稳定剂应无刺激性气味,不含强酸等腐蚀性物质,对钢材的腐蚀量不超过5μm。

3)焊缝变形控制

(1)对接接头、T形接头和十字接头,在工件放置条件允许或易于翻身的情况下,宜双面对称焊接;有对称截面的构件,宜对称于构件中性轴焊接;有对称连接杆件的节点,宜对称于节点轴线同时对称焊接。

(2)非对称双面坡口焊缝,宜先焊深坡口侧,然后焊满浅坡口侧,再完成深坡口侧焊缝,特厚板宜增加轮流对称焊接的循环次数。

(3)对长焊缝,宜采用分段退焊法或与多人对称焊接法同时使用。

(4)根据构件形式及精度控制要求可采用跳焊法,避免工件局部热量集中。

4)焊缝连接

(1)焊接材料:耐候钢焊接所用的焊接材料的化学成分应与母材相匹配,使用的焊接材料必须具有耐候性,当母材耐候指数$I \geq 6.0$时,焊接材料熔敷金属耐候指数$I \geq 6.2$;当母材耐候指数$I \geq 6.5$时,焊接材料熔敷金属耐候指数$I \geq 6.5$。

焊接应严格检测工地焊接环境湿度和温度,施焊环境湿度应小于80%,环境温度不应低于5℃;如果不符合要求,应进行去除潮气预热后方可焊接。工地焊接风速不大于2m/s,否则应用防风棚等进行局部防风。遇有雨天时一般应停止施工,若因特殊情况应搭设防雨棚后方准施焊。

(2)焊缝返修:焊缝金属或母材的缺欠超过相应的质量验收标准时,可采用砂轮打磨、碳弧气刨、铲凿或其他机械方法等彻底清除。返修焊接之前,应清洁修复区域的表面。对于焊缝尺寸不足、咬边、弧坑未填满等缺陷应进行焊补。对于不合格的焊缝缺欠,返修或重焊的焊缝应按原检测方法和质量标准进行检测验收。

(3)设计中不得任意加大焊缝,宜避免焊缝立体交叉、重叠和过分集中。焊缝宜对称布置于杆件的轴线。

焊接设计时宜考虑减少在桥位的焊接作业量,焊接顺序的设计应避免仰焊作业,并宜减少周边构件对焊件的约束。

受力构件焊接不得采用圆孔和槽口塞焊,必要时应采用特殊的坡口并制定专门的焊接工艺。

5)防腐处理

(1)螺栓连接摩擦面应根据螺栓安装方法和螺栓厂推荐工艺,保证栓接面抗滑移系数出厂时不小于0.55,架设时不小于0.45,其摩擦面可采用喷砂除锈后涂无机富锌防锈防滑涂料进行涂装处理。

(2)在桥梁接头处梁高1.5倍的范围内,上部结构钢构件宜进行涂装。耐候钢与混凝土接触面(如连接件、内衬面等)宜进行底漆处理,涂层的厚度不应低于100μm,宜采用无机富锌底漆或环氧富锌底漆。耐候钢钢板组合梁桥施工完成后,现场投入使用情况如图4.4-16所示。

4.4.5 经验启示

本节针对普通钢梁涂层在运营期间需要频繁进行维护和补涂、耐久性不足、养护费用耗费巨大等问题,通过材料耐候试验、变厚钢板生产、关键构造设计、焊接工艺研发、设计理论研究、模型试验和现场验证,研发了基于安徽地域及气候环境的桥梁用高性能耐候钢材,提出了耐候钢纵向变厚度钢板的生产方法及焊接制造方法,提出了适用于耐候钢材的桥梁构造形式,建立了耐候钢桥梁通用的设计方法及耐候钢桥形成稳定锈层的关键构造技术,形成了高性能耐候钢桥梁专项质量检测标准,提出了高性能耐候钢桥梁稳定锈层评估、整体性能评价以及长期性能维护等方法,形成了集耐候钢桥梁设计、制造、施工、检测、养护于一体的系统解决方案,并成功应用于实际工程中。免涂装高性能耐候钢钢板组合梁取得的主要效益如下:

(1)研发了基于免涂装高性能耐候钢的钢板组合梁桥减量化、节约型纵向变厚度钢板。年腐蚀减薄量约0.881mm,较当前常见合金钢材耐腐蚀性提升超过30%;最大纵向变厚率可达到6mm/m。

(2)发明了耐候钢专用焊接方法及组合焊接工艺。采取预热、层间温度控制和严格控制热矫形温度等措施,确保焊缝区力学、耐候性与母材匹配,满足使用要求;提出了熔透角焊缝处采取特殊的坡口形式和焊接顺序,既能保证焊接质量又能保证构件连接尺寸精度。

图 4.4-16　耐候钢钢板组合梁桥投入使用

4.5　复杂地质条件下路基改桥梁路段施工基础处置方法

4.5.1　工程概况

本项目沿线存在多处软基路基改桥梁路段,该路段具有以下普遍特点:

(1)针对发育深厚层软土地段,地基承载力较低,工程性质不稳定,桥位区一侧紧邻河流,地质条件均为淤泥质粉质黏土夹粉土、粉砂,流动性较大,地质条件差,开挖深度最大达到9.39m,容易造成基坑进水或基底管涌等情况,且深基坑另一侧紧邻运营高速公路,施工过程中动荷载较大,为保障高速公路通行安全,支护方式至关重要。

(2)传统的钢板桩支护在软土地质条件下容易发生进水及管涌而导致基坑支护不稳定,若采用灌注桩+高压旋喷桩支护,工程时间长,造价高,高压旋喷桩容易不成形。为快速稳定施工,保障运营侧高速公路通行安全,无法采用以上支护方式。

4.5.2 技术方案

PC组合钢管桩工艺是近几年来兴起的一种新型围护桩工艺,在建筑工程中得到广泛应用。PC组合钢管桩工艺主要采用钢管、型钢、拉森钢板材料形式,可任意组合为围护桩,根据工程实际情况选择组合桩组合形式,主要有钢管+拉森钢板桩、钢管+型钢、型钢+拉森钢板桩等形式。PC组合钢管桩具有桩身刚度大、施工快速、无泥浆、无噪声、场地适宜性好、止水效果好、可全部回收等显著特点,作为一种新型绿色环保围护桩,PC组合钢管桩具有一定推广价值。某工点现场情况如图4.5-1和图4.5-2所示。

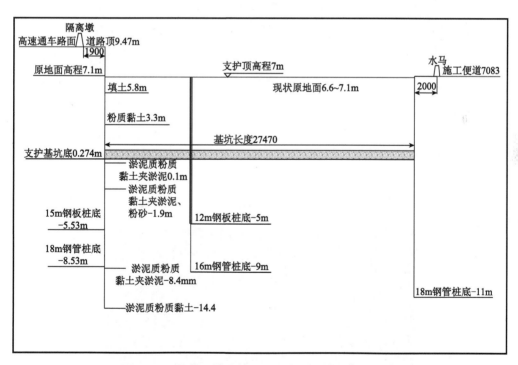

图4.5-1 开挖及地质情况立面图(尺寸单位:mm)

深基坑支护采用钢管桩-钢板桩组合桩进行支护施工,承台及基坑平面布置及现场基坑情况如图4.5-3和图4.5-4所示。

图 4.5-2 施工现场平面布置图

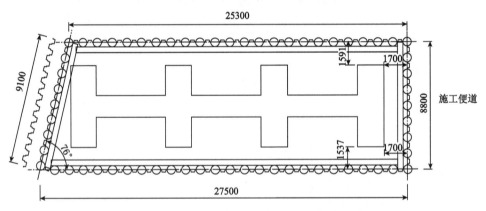

图 4.5-3 承台及基坑平面布置图（尺寸单位：mm）

图 4.5-4 施工现场基坑图

4.5.3 关键工艺

4.5.3.1 承台(钢板桩支护)施工

深基坑支护采用钢管桩加钢板桩组合桩进行支护施工,施工工艺流程如图4.5-5所示。

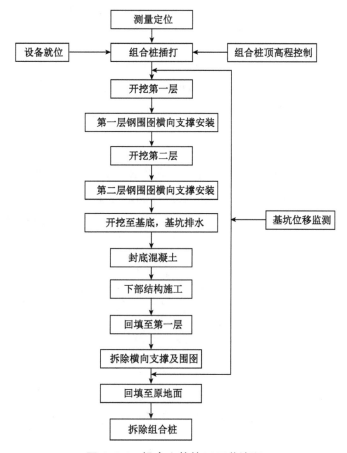

图4.5-5 组合支护施工工艺流程

1)组合桩施工

(1)将清理好的钢管桩及钢板桩运至现场。

(2)起吊第一根钢管桩就位,先利用其自重作用下沉入土,然后用EP-760型振动打拔桩锤将其打到设计位置,第一根桩要严格控制其垂直度。

(3)起吊钢板桩辅以人工插入前一根锁口中,在自重作用下下沉入土,然后用打拔桩锤振动沉桩,每一组组合桩为一根钢管桩加2根钢板桩(靠近高速公路侧采用1根钢管桩+1根钢板桩的组合桩进行加强)。

(4) 由于锁口摩阻力的影响,可能会发生先前插入的组合桩跟着下沉和下插困难等现象,这时可采用手拉倒练葫芦或滑车组强迫绞拉。

(5) 组合桩支护施工完成后经监理工程师验收合格后方可进入下步工序。

2) 基坑开挖

基坑土方必须分层均衡开挖,每层开挖高度不宜超 1m,淤泥层不超过 0.5m。以确保开挖过程土体的稳定,避免造成工程桩移位。

基坑开挖过程中,发生异常情况时,应立即停止挖土,并应立即查清原因和采取措施,方能继续挖土。开挖后基坑暴露的时间应尽可能短。若发现局部漏水现象,应立即停止开挖,用人工堵漏或注浆方法进行封堵,以防止周围地面沉降。

3) 钢围图及横向支撑施工

深基坑支护共采用 2 道围图加横向支撑进行加固,邻近高速侧增加角支撑进行加固。围图采用 H400×400 双拼加筋板型钢,角撑和对撑采用 φ530×10mm 厚的钢管,围图放置在采用 I25b 工字焊接的牛腿上,间距 5m 设置一个,围图上部采用 2cm 厚的钢板做限位卡固定腰梁,立面图如图 4.5-6 所示。

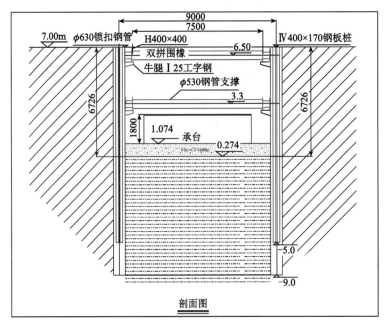

图 4.5-6　桩围图及横向支撑施工立面图(尺寸单位:mm)

开挖至低于围图设计高程 50cm 后(第一层围图高程 6.5m),当下放完毕后进行围图吊就位,用钢板将其焊接在钢板桩上然后安装横支撑构件,各相应型号钢管及工字钢焊接,完成钢围图及横向支撑作业后再进行开挖。

4）回填及拆除

（1）桥梁下部结构施工完成后，及时对基坑进行回填作业，回填顺序与开挖顺序相反，即先回填至低于围囹设计高程50cm后，拆除钢围囹及横向支撑。再回填至原地面高程，回填应分层回填压实。

基坑回填土后，拔出组合桩，修整后重复使用。拔除前要注意组合桩的拔除顺序、时间及桩孔处理方法。

（2）拔除钢板桩采用振动锤与起重机共同拔除。后者用于振动锤拔不出的钢板桩，在钢板桩上设吊架，起重机在振动锤振拔的同时向上引拔。

（3）拔桩时，先用振动锤将锁口振活，以减小与土的黏结作用，然后边振边拔。较难拔的桩，可选用柴油锤先振打，然后再与振动锤交替进行振打和振拔。为及时回填桩孔，当将桩拔至比基础底板略高时，暂停引拔，用振动锤振动几分钟让土孔填实。

拔桩产生产的桩孔，可用振动法、挤实法和填入法，及时回填，以减小对邻近道路等的影响。

4.5.3.2 桩柱一体化施工工艺

软基段宜采用桩柱一体化施工工艺，工艺流程见图4.5-7。

（1）施工准备。

桩柱一体式施工，拟采用直径1300mm×厚度8mm、平均长度为4400mm的钢套筒包裹在钢筋笼外侧，跟随钢筋笼一起下放至指定高度后，一次性浇筑成型。

（2）测量放样及护筒埋设。

场地平整好后，采用全站仪精确放样后，使用卷尺向四周等距安插好护桩，带好护桩线，确保护桩线交点与桩位中心点重合后，在旋挖钻的钻头上安装10cm扩孔器，向下钻进约2m后，使用挖机配合将护筒下放。护筒埋设好后，利用全站仪再次放样，带好护桩线，要求三者重合且桩位中心点距离护筒各方向距离一致；同时利用水准仪测量护筒顶高程，护筒顶高程需高于原地面30cm。

（3）旋挖钻进。

护筒埋设好后，报测量监理验收，验收合格后将护桩线收起，旋挖就位，开始钻进。在钻进过程中，旋挖倒土及挖机翻土过程中需注意保护护桩。旋挖钻进至设计深度后，采用测绳及探孔器检测孔深、孔径等，待监理单位验收合格后，旋挖钻退出，汽车式起重机进场支腿架设好后，开始安装导管，准备第一次清孔，待第一次清孔完成后开始钢筋笼下放工作。

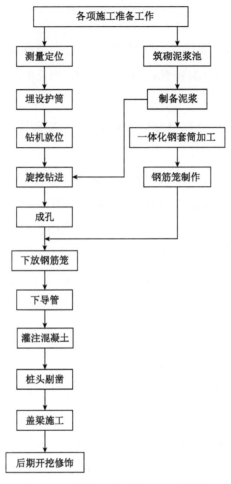

图 4.5-7　桩柱一体化施工工序流程

(4) 钢筋笼安装。

在后场将钢筋笼及柱笼加工好后,报监理单位验收。根据设计图纸要求,桩基钢筋笼长度为45.86m,墩柱钢筋笼长度为:设计墩柱高度(平均长度为4.4m) + 桩接柱钢筋长度(1.4m) + 锚入盖梁内钢筋长度(1.4m) = 7.2m。钢筋笼加工生产完备,报监理单位验收合格后,将钢套筒焊接固定在墩柱钢筋笼外侧,并开始向现场转运。

钢套筒与墩柱钢筋笼之间采用直径20mm的螺纹钢,按照2m间距,十字交叉进行加固焊接,钢套筒底部采用6根直径20mm的螺纹钢围绕墩柱钢筋笼周长均分间距进行焊接加固支撑。

钢套筒安装时主要注意墩柱保护层及安装垂直度,必须按照规范要求不得大于0.3%H(H为墩柱高度)且不大于20mm。

安装过程中,桩基钢筋笼之间使用直螺纹套筒连接;桩基钢筋笼与墩柱钢筋笼之间由于直径不同,无法采用机械连接;现场拟采用搭接焊的方式进行连接。

待墩柱钢筋笼与桩基钢筋笼焊接完成后,开始制作吊筋,吊筋长度为:护筒顶高程+吊环长度－墩柱钢筋笼顶高程+焊接长度。

(5)混凝土浇筑。

钢筋笼安装完成后,开始再次安装导管,开始第二次清孔。待孔内沉渣小于15cm且泥浆密度达到$1.03 \sim 1.09 g/cm^3$、黏度为$12 \sim 17 Pa \cdot s$、含砂率低于2%时,可视为二次清孔合格,方可联系拌和站开始拌和桩基混凝土。待混凝土到场后开始泄压工作,并注意导管总长应比实际孔深小$0.3 \sim 0.5 m$。

混凝土开盘后,要密切注意混凝土坍落度及混凝土和易性以及导管埋深,避免因混凝土离析、泌水等造成堵管等现象;亦要注意不要超拔导管,造成导管下部脱离混凝土面造成断桩等现象。混凝土浇筑过程中,导管埋深以$2 \sim 6 m$为宜。

混凝土浇筑至盖梁顶约50cm位置处停灌,以防止桩头部位因夹砂、夹泥等造成成桩质量问题。

(6)下部结构施工。

桩基浇筑完成28d后,开始基坑开挖工作。本次开挖至盖梁底往下约10cm位置处。开挖完成后,将桩头破除,并将钢套筒外侧包裹的混凝土凿除,在露出的钢套筒外侧刷环氧树脂等涂料进行防腐处理。

待桩检完成后,用细石混凝土将声测管位置灌满,将桩头位置处平整后,浇筑盖梁垫层混凝土,并在垫层上方铺设地板革,开始绑扎盖梁钢筋。剩余部分未开挖的墩柱,在后期江北大道道路路基开挖时,将土方清运,墩柱柱身混凝土外露后,安排人员对钢套筒外侧混凝土进行凿除至露出钢套筒,并涂抹环氧树脂等防腐材料。

4.5.4 管控要点

4.5.4.1 组合桩施工

插打时应严格控制垂直度,以减小合龙时的误差。到最后一边时复查边长,理论上边长应为组合桩宽度的整数倍。当发生偏差不能用拉挤方法调整时,应拔起重打,在防止和纠正无效时可用特制楔形桩合龙。整体组合桩施工要充分考虑桥梁下部结构施工空间,最低确保1m的净距,以保障桥梁下部施工。

4.5.4.2 系统监测

(1)钢板桩弯曲变形严重。这主要是钢板桩断面选用偏小、土压力计算偏低、基坑超挖或支撑间距过大等原因造成的。

(2)基坑支护整体位移。这主要是组合桩入土深度不够地质情况有较大的出入等原因造成的。采用全站仪和电子水准仪对埋设的点位进行平面和竖直监测。

(3)通行侧高速公路沉降位移。主要是组合桩入土深度不足、地质条件出现较大的变化、邻近高速侧组合桩倾斜造成缝隙原因造成的。邻近高速公路通行侧要对组合桩与高速之间缝隙采用混凝土进行填实,采用全站仪和电子水准仪对埋设的点位进行平面和竖直监测。

4.5.4.3 拔桩

(1)拔桩前用拔桩机卡头卡紧桩头,使起拔线与桩中心线重合。

(2)拔桩开始略松吊钩,当振动机振1~1.5min后,随振幅加大拉紧吊钩,并缓慢提升。

(3)钢板桩起到可用起重机直接吊起时停振,钢板桩同时振起几根时,用落锤打散。

(4)振出的钢桩及时吊出,起吊点必须在桩长1/3以上部位。

(5)拔桩过程中,随时观察起重机尾部翘起情况,防止倾覆。

(6)钢板桩逐根试拔,易拔桩先拔出。起拔时用落锤向下振动少许,待锁口松动后再起拔。

(7)钢板拔出后桩孔及时用砂填实。

4.5.4.4 桩柱一体钢筋笼焊接质量控制

(1)因墩柱钢筋笼直径与桩基钢筋笼直径不一致,无法采用机械连接,计划采用焊接方式。为确保焊接质量,在桩基钢筋笼制作最后一节钢筋笼时,提前将顶笼主筋按照图纸进行变径施工。

(2)主筋焊接时需按要求进行搭接焊,受力钢筋接头位置相互错开不小于35d,并采用单面焊,焊接长度不得小于10d。

4.5.5 经验启示

本节为快速稳定施工,保障运营侧高速公路通行安全,针对项目位于发育深厚层软土地段,地基承载力较低,工程性质不稳定,桥位区一侧紧邻河流,地质条件均为淤泥质粉质黏土夹粉土、粉砂,流动性较大,地质条件差,且深基坑另一侧紧邻运营高速公路,施工过程中动荷载较大等特点,对深基坑支护采用钢管桩-钢板桩组合桩进行支护施工方法;针对传统的钢板桩支护在软土地质条件下容易发生进水及管涌而导致基坑支护不稳定等问题,墩柱拟采用桩柱一体化施工方案,有效保障了施工进度和施工安全,有助于进一步推动绿色建造的进程。综合项目施工全过程经验,相关技术在后续应用过程中还需重点关注和把控好以下两个方面。

(1)沉桩。插打时应严格控制垂直度,以减小合龙时的误差。到最后一边时复查边长,理论上边长应为组合桩宽度的整数倍。当发生偏差不能用拉挤方法调整时,应拔起重打,在防止和纠正无效时可用特制楔形桩合龙。整体组合桩施工要充分考虑桥梁下部结构施工空间,最低确保1m的静距离保障桥梁下部施工。

(2)在软基等不良地质情况下,设计考虑在半幅封闭阶段,在靠近中央分隔带位置增加一排支护桩,可采用高压旋喷桩或灌注桩,减少邻近高速公路侧支护,加快施工进度、保障施工安全。

(3)右幅变更,桥墩位置可采用桩柱一体施工,减少深基坑支护及下部结构开挖施工工序,加快施工进度、保障施工安全。在墩柱外增加钢套筒,避免混凝土外露面产生质量问题。其中,重点考虑垂直度控制及外露面质量问题。

4.6　本章小结

本章系统总结了芜合高速公路改扩建项目桥梁施工关键技术,涵盖了桥梁上部结构、下部结构、涵洞施工及桥梁拆除等方面,得到的主要结论如下:

(1)针对桥梁下部结构施工采用了深水河漫滩区超长大直径桩基施工技术,总结了钢护筒加工、钻孔施工、钢筋笼施工及水下混凝土灌注等关键工艺及管控要点,研发了分体筒式四翼截齿钻头、钢护筒导向架、钢护筒加劲箍、钢筋笼吊具等成套施工装备;围绕江北大道分离式立交桥梁深基坑组合支护技术进行总结,分析了邻近通行道路施工控制的关键要点及安全防控措施,总结了钢管-钢板组合支护施工的关键工艺及管控要点。

(2)针对桥梁上部结构施工开展了牛屯河大桥变截面钢箱组合连续梁拼装及施工控制技术,总结了钢梁运输、钢管桩施工、主桥槽型钢梁制造与安装、焊接及栓接与临时支架拆除施工等关键工艺及技术要点;针对普通钢梁耐久性不足等问题,研发了纵向变厚度免涂装高性能耐候钢工字形直腹板钢梁,开展了关键部位的耐候钢专项设计方案,研发了与耐候钢桥配套的新型附属结构材料,形成了免涂装高性能耐候钢设计、施工成套技术体系。

(3)围绕项目预制装配式通道设计、支线上跨桥拆除与重建施工技术进行总结,分析了预制装配式通道预制及吊装施工中的关键工艺，从钢筋绑扎、钢筋焊接、混凝土质量等方面提出了涵洞预制的质量管控要点，总结了相关施工经验；针对芜合二期高速公路改扩建项目 WL-03 标段支线上跨桥拆除施工经验，总结了桥梁破碎拆除、桥梁绳锯切割拆除等不同工艺的关键技术要点及管控措施，为安徽省高速公路桥涵改扩建工程提供相关经验。

（4）针对高速公路改扩建工程路基改桥梁施工中遇到的典型问题，提出了利用钢管桩-钢板桩组合的方式进行邻近既有通行路段深基坑支护施工的技术方案，总结了深基坑支护及桩柱一体化施工过程关键工艺及质量管控要点，解决了邻近既有通行道路桥梁基坑施工安全防护难题。

CHAPTER FIVE 5

隧道工程

试刀山隧道和高山隧道分别为芜合一期和二期高速公路改扩建项目的控制性工程。本次改扩建涉及既有隧道两侧扩建新隧道、既有隧道病害处置和功能提升。本章系统介绍了试刀山隧道及高山隧道改扩建工程在病害处置、应急车道扩建及近邻隧道施工等方面开展系列研究探索与实践经验。

5.1 近邻隧道施工动态控制技术

5.1.1 工程概况

试刀山隧道是芜合一期高速公路改扩建项目的控制性工程,隧道始建于1995年,经多年运营,隧道内设施老化、病害、水害严重,曾于2006—2007年进行过一次大规模整治。目前隧道单洞仅维持单车道运行,并限速60km/h。改扩建工程拟在原隧道外侧各增加一座双车道隧道,设计速度120km/h,隧道左线长1220m,右线长1135m。作为安徽省高速公路隧道第一个改扩建工程,其地质条件复杂,既有隧道等周边工程和环境保护要求高,在国内类似工程中尚不多见。

针对试刀山隧道改扩建工程中既有隧道的安全影响控制、新建隧道施工安全与环保控制及新老隧道运营养护等方面所存在的问题,建立公路隧道改扩建工程既有隧道安全评估及控制技术、新建隧道施工安全控制方法及基于建筑信息模型(Building Information Modeling,BIM)的新老隧道建养一体化安全控制技术,形成相应的技术规程或指南,保证工程建设和运营安全。

5.1.2 基于最大单段装药量的新建隧道爆破振速对既有隧道安全的控制方法

新建隧道爆破开挖施工时,对邻近的既有隧道会产生振动影响,进而引起既有隧道围岩应力场和开挖隧道围岩应力场重新分布,甚至会引起既有隧道围岩损伤而造成工程事故。因此,新建隧道的技术重难点之一是如何减小新建隧道爆破施工对既有隧道的影响,保证既有隧道的运营安全。

爆破开挖施工对既有隧道的影响方面主要体现在爆破引起介质内部及地表强烈的地震效应,对隧道结构及周围结构物产生不良影响。新建隧道施工期间,原有高速公路必须保持通行。而根据隧道检测资料,原有隧道内结构有多处裂缝,内部装饰的防火涂料有剥落。因此,新建隧道施工期间应将爆破振动对相邻隧道的影响作为监测重点。新建隧道爆破施工过程中,通过在既有隧道内及周边位置安装监测仪器获得的数据,可实时跟踪监测施工爆破对既有隧道的影响,对监测数据进行分析,针对影响的特征,提出合理的安全控制措施。在建隧道爆破对既有隧道的影响分析流程如图5.1-1所示。

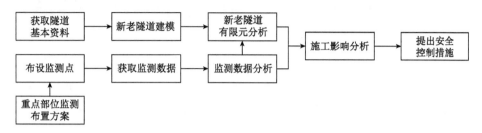

图5.1-1 在建隧道爆破对既有隧道的影响分析流程

5.1.2.1 既有隧道振动速度监测

1) 监测内容

既有隧道振动速度监测主要测试新建隧道爆破对既有隧道的影响,以及在每循环新建隧道洞深开挖爆破时,对既有隧道对应断面质点的振动速度及其频率进行量测,将振动速度控制在设计要求范围内。

2) 技术方法

项目采用遥测型无线网络测振技术、3G(第三代移动通信技术)/通用分组无线服务(General Packet Radio Service,GPRS)技术及物联网技术实现长时间远程数据智能采集、现场处理和无线传输,相关技术的主要特点及适用范围见表5.1-1。

既有隧道振动速度监测系统及特点　　　　表5.1-1

名称	适用范围	技术特点
遥测型无线网络测振技术	适用于有3G/GPRS等手机信号覆盖的野外	对无人值守的振动现场进行长时间智能远程数据采集、现场处理并无线传输至指定的测控中心形成物联网络
3G/GPRS技术	适用于测试环境复杂、复线施工等需长期监测爆破振动的项目,爆破振动监测采集仪可定期根据施工进度进行移动	将无线通信与国际互联网等多媒体通信手段相结合来实现超远距离爆破振动监测,完成遥测、遥控、高速无线数据传输,有效保障既有隧道运营安全
物联网技术	通过设定预警指标结合实际工程进度情况,及时发出预警信息,进行重点风险源管理	实现监测成果信息化管理与按权限共享,同时让监测数据及时、快速、准确反映结构的安全状态

本项目在实施过程中,对于既有隧道中各区段爆破振动速度监测预警指标进行预先设置,当自动采集的监测信息超出预警指标时,会发出相应的预警信息,进入相应的干预

和管理流程。同时,以往隧道振动检测结果表明,最大爆破振动速度通常出现在拱脚,因此将传感器安装在临近开挖隧道一侧的既有隧道的墙壁拱脚上,爆破振动记录仪和无线发射装置固定在距墙角1m高的边墙上。传感器在墙壁上安装必须牢靠,安装方法为在隧道壁上钻孔,埋入螺栓,在孔中灌入水泥砂浆固定,在传感器底部焊接螺母,利用螺母与边墙处螺栓连接固定传感器。为防止爆破振动记录仪和无线发射装置被损坏,在其外部罩一铁皮方盒,铁皮方盒锚固在边墙上。测试时,准确记录各传感器距洞口的距离,以便根据爆区的位置,准确计算爆区与测试点之间的距离。传感器至记录仪的传输信号线长度小于5m,避免长距离的信号衰减。

3)系统构成

既有隧道振动速度监测系统主要由 TC-4850N 爆破测振仪、3G/GPRS 功能模块、三向振动速度传感器、公网服务器数据中心、客户端等模块构成,其主要工作架构如图5.1-2所示。在爆破现场测试前,用户固定好传感器后打开仪器电源即可离开现场,通过远程计算机完成参数设置和启动采集后,仪器即进入工作状态。当爆破振动信号传来时,系统会自动记录下整个动态波形,将其转换为数字信号存储,测试人员在远离爆破现场处(有 3G/GPRS 等手机网络覆盖的区域),通过终端测控软件,即可将数据文件传回本地进行操作分析,实时监控系统工作状态。

4)测点布置

布设测点方式遵循三点一线的原则,重点监测范围为对应新建隧道爆破面前后各不小于30m,测点高度距离地面1.5m。由于既有隧道存在裂缝、空洞及不密实情况,爆破振动监测时,监测点应尽可能选择在上述不利位置。

在邻近新建隧道侧的既有隧道边墙上每个断面布置2~3个监测点,每个点配置1个三分量速度传感器(X、Y、Z方向),如图5.1-3所示。本项目选择60个监测断面,Ⅲ、Ⅳ级围岩段每隔10m设一个断面,Ⅴ、Ⅵ级围岩平均每隔20m布置1个监测断面。进口小净距隧道段的爆破振动是本项目的监测重点,监测间距要密于分离式隧道段。测试时考虑维持既有隧道通车等特殊情况。

5)爆破振动监测数据处理

(1)观测数据记录。现场监测必须做好监测记录,将收集到的爆破参数及拾振器和记录仪的型号、灵敏度、编号、测点号、对应位置等数据制成表格。

(2)测试数据处理

①回归爆破振动衰减规律。

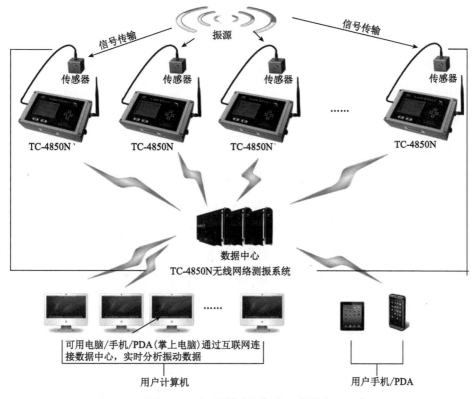

图 5.1-2 远程爆破测振仪工作构架

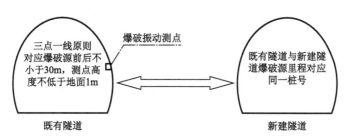

图 5.1-3 爆破振动测点布设断面图

将收集到的数据按式(5.1-1)进行回归分析,找出该区域的爆破振动衰减系数 K、α 值。

$$v = K \left(\frac{\sqrt[3]{Q}}{R} \right)^{\alpha} \tag{5.1-1}$$

式中:v——爆破振动速度最大值(cm/s);

Q——同段别雷管同时起爆炸药安全用量(kg);

R——爆破区药量分布的几何中心至既有隧道边墙的距离(m);

K、α——与地形、地质条件相关的系数。

②对比既有隧道的爆破振动速度是否小于控制标准。

③判别被保护的建(构)筑物的爆破振动是否满足《爆破安全规程》(GB 6722—2014)的要求。将监测结果与爆破振动安全允许标准进行对比,即可得到爆破振动是否对周围建(构)筑物造成影响。

④将上述得到的数据及时反馈给各相关单位,指导爆破设计和施工。

5.1.2.2 爆破振动影响控制

在最大单段装药量控制方面,通过对既有隧道监测点的振速数据,采用《爆破安全规程》(GB 6722—2014)推荐公式,针对隧道左右线所处地段不同的岩性、爆破点与监测点的距离建立振速回归方程,对振速参数(K,α)进行回归分析,分别得出左右线的(K,α)值,在此基础之上结合相关规范建议的爆破振速控制值以及根据单段最大炸药量与爆破振速控制值的关系,确定最大单段装药量,进而在实际爆破中通过控制最大单段装药量实现既有隧道安全控制。

1)爆破最大单段装药量计算

工程中常采用爆速来反映爆破振动强度,并以此作为地下建筑物的安全判据一直沿用至今。因为爆破区与隧道处于同一岩体时,爆破对隧道的破坏作用主要由应力波在孔洞周边产生反射和绕射所致,而应力大小则与质点振速成正比。大量的实测结果分析表明,爆速与炸药量、爆心距、震波传播路径上的岩土性质及测点条件等有关,可采用式(5.1-2)表示:

$$v_\mathrm{P} = KQ^m R^n \tag{5.1-2}$$

式中:v_P——质点振动的峰值速度(cm/s);

Q——炸药量,齐发爆破为总药量,延时爆破为最大单段药量(kg);

R——爆源至观测点的距离;

K、m、n——传播介质物理性质特点的参数。

对于集中药包爆破,见式(5.1-3):

$$v_\mathrm{P} = K\left(\frac{Q^{\frac{1}{3}}}{R}\right)^\alpha \tag{5.1-3}$$

对于延长药包爆破,见式(5.1-4):

$$v_\mathrm{P} = K\left(\frac{Q^{\frac{1}{2}}}{R}\right)^\alpha \tag{5.1-4}$$

日本常用经验公式,见式(5.1-5):

$$v_P = K \frac{Q^{0.75}}{R^2} \quad (5.1\text{-}5)$$

式中:露天爆破取 $K=100$;隧道爆破取 $K=300$。

其中集中药包爆破公式表示的关系是应用最为广泛的,即著名的萨道夫斯基公式,《爆破安全规程》(GB 6722—2014)中即推荐使用该式来进行分析,国内部分实测资料回归系数值见表5.1-2。

采用萨道夫斯基公式预测爆速的常数项取值　　表5.1-2

序号	岩石种类	装药类型	K	α	相关系数	备注	
1	—	柱状分段	97.33	1.61	0.7450	径向	李树良,1998
			53.87	1.47	0.7044	切向	
2	黑云花岗片麻岩	柱状装药	90.584	1.4236	0.99	—	王民寿等,2001
3	砂岩和泥岩夹砂岩	柱状分段	232.8	1.89	—	—	郭建群等,2003
4	花岗斑岩与石英砂岩	药包爆破	323.7	1.688	—	—	杨伟林等,2005
5	新鲜完整的钾长花岗岩	柱状装药	89.5	1.58	0.945	垂直向	王玉杰等,2005
			94.3	1.43	0.936	水平向	
6	—	柱状分段	176.5	1.76	0.90	径向	阳生权等,2005
			77.0	1.50	0.93	切向	
7	花岗片麻岩	掏槽爆破	276	1.55	—	秦岭隧道	彭道富等,2005
8	中等风化流纹斑岩	中槽爆破	148	1.34	—	招宝山隧道	
9	风化石和土	掏槽爆破	89.5	1.70	—	八达岭隧道	
10	风化花岗岩	中槽爆破	280	2.08	—	梧桐山隧道	
11	弱风化花岗岩	中槽爆破	150	1.76	—		
12	节理发育的多层页岩	柱状装药	350	1.97	—	—	闫鸿浩等,2007

续上表

序号	岩石种类	装药类型	K	α	相关系数	备注	
13	完整性好的花岗岩	柱状装药	107.12	1.9738	—	垂直向	唐海等，2007
			381.43	2.3783	—	水平向	
14	—	柱状装药	170.6	0.802	—	顶板	史秀志等，2008
			183.6	0.945	—	边帮	
15	—	柱状装药	663.385	1.929	—	线性回归法	吕涛等，2008
			120.995	1.354	—	非线性回归法	
16	—	柱状分段	227	1.073	—	拱顶	姜德义等，2008
			219	1.674	—	拱腰	

采用规范《爆破安全规程》(GB 6722—2014)推荐公式进行计算，由于其中参数 K 和 α 未知，通过分析实测爆破振动振速监测报告数据，对监测点爆破振速测量值 V、爆破最大段装药量 Q 和爆破点距离监测点距离 R 进行指数模型回归分析，得到隧道左右线 K 和 α 的近似值，在此基础上通过公式和之前确定的临界控制速度反算单次最大炸药量。

2）爆破振速综合控制

爆破振速控制措施的制定应根据爆破振动的规律以及满足实际工程的需要为目的。实践证明，采用以下综合技术措施对降低爆破地震效应是有效的。

(1) 采用毫秒延时爆破，限制一次爆破的最大用药量。

被保护建筑物的允许临界振动速度确定后，可以反算一次爆破最大用药量。当设计药量大于该值而又没有其他降振措施时，则必须分次爆破，控制一次爆破的炸药量。将一次爆破药量分成多段毫秒延时起爆，使得爆破振速峰值减少为受单响最大药量控制，一次爆破规模可扩大很多倍而不会产生超强振动。采用毫秒延时爆破，还应当注意到不同段别雷管的起爆时差精度。一般来说，国产普通雷管中小段别雷管基本能保证同段炮孔在很小时差范围内同时引爆，而大段别雷管引爆时间误差很大，使得某些炮孔产生的振动波与其他炮孔的振动发生相互干扰或峰值不能叠加而错开，导致爆破产生的最大振动峰值减少，但是振动时间增长。

国内矿山一些工程试验表明，采用毫秒延时爆破后，与齐发爆破相比，平均降振率为50%，毫秒延时段数越多，降振效果越好。实践证明，间隔时间大于 100ms 时，降振效果比较明显；间隔时间小于 100ms 时，各段爆破产生的地震波不能显著分开。

(2) 采用预裂爆破或开挖减振沟槽。

当保护对象距爆源很近时,可在爆源周边设置一条预裂隔震带。预裂炮孔可以是一排,也可以是多排,对于降低爆破地震效应是非常有效的,但应注意预裂爆破时产生的地震效应。

在爆破体与被保护物之间,钻凿不装药的单排防震孔或双排防震孔,也可以起到降震效果,降震率可达30%~50%。防震孔的孔径可选取35~65mm,孔间距不大于25cm。

作为预裂用的孔、缝和沟,应注意防止充水,否则将影响降震效果。

(3)在爆破设计中可采取的技术措施。

①选择最小抵抗线方向。爆破中,在最少抵抗线方向上的爆破振动强度最小,方向最大,侧向居中。然而最小抵抗线方向又是主抛方向,从减震和控制飞石危害综合考虑,一般应该使被保护的对象位于最小抵抗线的两侧位置。

②增加布药的分散性和临空面。增加布药的分散性和临空面可以减小振动速度公式中的 K 值和 α 值,从而减小爆破振动的强度。

(4)采用低爆速、低密度的炸药或选择合理的装药结构。

理论研究和实践证明,炸药的密度 ρ 与其爆速 D 的乘积越接近爆破介质的 ρ_0 和 D_0 值,其爆破振动速度越大,反之越小。因此,选用低爆速、低密度炸药,或减少装药直径,可降低爆破振动。

工程实践证明,选择合理的装药结构,比如在深孔爆破和硐室爆破中采用不耦合和空腔条形药包,可以控制初始爆压和作用于介质冲击压力。在其他条件相同的情况下,爆破的振动效应减弱。

3)管控要点

(1)严格控制施工过程中爆破用药量,爆破振速须满足《爆破安全规程》(GB 6722—2014)的要求。既有隧道处爆破振速控制在5cm/s以内。一般段振动速度为10cm/s,对既有隧道存在纵向裂缝、裂缝密集段落,爆破振动速度应适当降低,按5cm/s控制。

(2)重点控制新建隧道掌子面单次爆破炸药量,每个爆破频次,每个雷管频次单次爆破炸药量,一次起爆装药量控制在15kg以内。

(3)钻爆施工过程中结合具体的爆破情况有效调整爆破施工参数,保证隧道施工安全,提高施工效率。

5.1.3 基于Hoke-Brown准则的岩体参数获取方法和隧道施工动态模拟技术

公路隧道在线路方向上长度较长,在进行隧道动态施工的相关研究中可以采用平面数值模拟研究。相比于三维数值模拟研究手段,平面数值模拟虽然在一定程度上可以反映隧道动态施工的力学行为特性,但不能将施工过程的时间和空间效应完全反映出来。

因此,为了更好地反映和研究隧道开挖过程中围岩的位移变化情况,本工程采用同济曙光三维有限元分析软件(GeoFBA® 3D)构建三维数值模型计算分析新建隧道采用CD法下隧道围岩的变形情况。根据隧道围岩的物理力学性质,假定材料为各向同性体且服从广义三维Hoek-Brown强度破坏准则,以模拟隧道结构和地层在开挖过程中的非线性变形特征,主要研究围岩在隧道动态施工过程中的弹塑性位移变化特征,其计算结果和规律总结对隧道施工监测有一定参考价值。

5.1.3.1 三维施工力学分析模型构建

1) 计算模型与范围

参照设计施工资料,选取右线破碎带围岩段(Ⅵ级围岩),即里程桩号YK72+532~YK72+620段。为保证计算的准确性及可靠性,整体模型按照设计施工图纸建立,模型尺寸参考以往研究成果,模型的上下边界分别取距隧道外轮廓距离为3倍洞跨,上部岩体作用通过施加竖向荷载考虑。GeoFBA® 3D软件中沿隧道掘进方向为z轴,xy平面垂直于隧道开挖方向,具体尺寸为隧道横向取80m(大于5倍洞跨),即x方向取-40~40m,y方向取-40~40m,沿隧道纵向取45m,即z方向取0~45m。模型网格共划分为120726个单元,包括衬砌三维板壳单元、锚杆三维杆单元及岩土体三维实体单元,节点总计为19240个,整体模型及网格划分如图5.1-4所示。

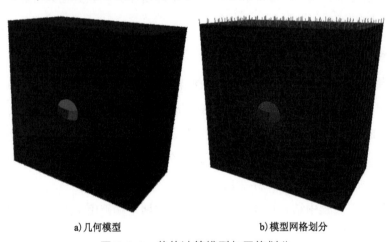

a) 几何模型　　　　　　　　b) 模型网格划分

图5.1-4　整体计算模型与网格划分

2) 围岩物理力学参数

围岩采用广义Hoek-Brown强度破坏准则。Hoek-Brown强度准则可以反映岩石和岩体固有的非线性破坏特点,以及结构面、应力状态对强度的影响;能够解释低应力区、拉应力区和最小主应力对强度的影响;除了能够适用于完整均质岩石材料外,还适用于节理化岩体和非均质岩体等,并可适用于各向异性岩体的描述等,相比较于摩尔-库仑(M-C)强度准则,更适用于岩体材料。广义 Hoek-Brown 强度破坏准则屈服函数表达式,见式(5.1-6)。

$$f = \sigma_1 - \sigma_3 + \sigma_c \left(m_b \cdot \frac{\sigma_3}{\sigma_c} + s \right)^a \tag{5.1-6}$$

式中:m_b、s、a——反映岩体特征的经验参数;

σ_1、σ_3——最大和最小主应力;

σ_c——无侧压抗压强度。

岩土体物理力学参数确定依据主要参考现场地质勘察资料和《公路隧道设计规范 第一册 土建工程》(JTG 3370.1—2018)。

E. Hoek 考虑爆破影响和应力释放的扰动参数 D(D 取值范围为 0.0 ~ 1.0,现场无扰动岩体为 0.0,而非常扰动岩体为 1.0),提出了基于地质强度指标(GSI)参数 m_b、s、a 取值的新方法:

$$\sigma_1 = \sigma_3 + \sigma_c \left(m_b \cdot \frac{\sigma_3}{\sigma_c} + s \right)^a \tag{5.1-7}$$

$$m_b = \exp\left(\frac{\mathrm{GSI} - 100}{28 - 14D} \right) m_i \tag{5.1-8}$$

$$s = \exp\left(\frac{\mathrm{GSI} - 100}{9 - 3D} \right) \tag{5.1-9}$$

$$a = 0.5 + \frac{1}{6}\left[\exp(\mathrm{GSI}/15) - \exp(-20/3) \right] \tag{5.1-10}$$

a 为针对不同岩体的量纲一的经验参数,s 反映岩体破碎程度,取值范围为 0 ~ 1.0,对于完整的岩体(即岩石),$s=1.0$。m_i 为针对不同岩石的无量纲经验参数,反映岩石的软硬程度,取值范围为 0.001 ~ 25。Hoek 和 Brown(1980)给出一个针对各类岩石 m_i 取值的初步指南,Hoek 和 Brown(1997)、Marinos 和 Hoek(2000)结合大量来自工程地质学者的实验室和工程经验的积累,提出了各种岩石(质地和矿物成分)的详细取值方法,见表 5.1-3。

各类岩石的参数 m_i 值　　　　　　表 5.1-3

岩石类型	分类	小类	质地			
			粗糙的	中等的	精细的	非常精细的
沉积岩	碎屑		砾岩(21±3) 角砾岩(19±5)	砂岩 17±4	粉砂岩 7±2 硬砂岩(18±3)	黏土岩 4±2 页岩(6±2) 泥灰岩(7±2)
	非碎屑	碳酸盐	结晶灰岩(12±3)	粉晶灰岩(10±2)	微晶灰岩(9±2)	白云岩(9±3)
		蒸发盐	—	石膏 8±2	硬石膏 12±2	—
		有机物	—	—	—	白垩 7±2

续上表

岩石类型	分类	小类	质地			
			粗糙的	中等的	精细的	非常精细的
变质岩	非片理化		大理岩 9±3	角页岩(19±4) 变质砂岩(19±3)	石英岩 20±3	—
	轻微片理化		混合岩(29±3)	闪岩 26±6	片麻岩 28±5	—
	片理化²		—	片岩 12±3	千枚岩(7±3)	板岩 7±4
火成岩	深成类	浅色	花岗岩 32±3 花岗闪长岩 (29±3)	闪长岩 25±5	—	—
		深色	辉长岩 27±3 苏长岩 20±5	粗粒玄武岩 (16±5)	—	—
	半深成类		斑岩(20±5)	—	辉绿岩(15±5)	橄榄岩(25±5)
	火山类	熔岩	—	流纹岩(25±5) 安山岩 25±5	英安岩(25±3) 玄武岩(25±5)	黑曜岩(19±3)
		火山碎屑	集块岩(19±3)	角砾岩(19±5)	凝灰岩(13±5)	—

注:1. 括号内值为估计值。
2. 该行中值为垂直于片理层状面的岩样测试所得。需指出,当沿着弱面破坏时,m_i 值将会明显不同。

GSI 的定量方法,是基于不连续面分布率、粗糙度、风化程度和填充物性质确定,如图 5.1-5 所示。隧道右线模拟开挖段以灰岩为主,Ⅵ级围岩,饱和抗压强度 c 为 24.4MPa, m_i 取值为 7。隧道采用 CD 方法开挖,每次开挖面较小,扰动参数 D 可取 0;由于岩体非常破碎,因此结构等级 SR 取值为 10,粗糙度等级(R_r)为光滑,取值为 0;风化等级(R_w)为微风化,取值为 5;充填等级(R_f)为松软质且 <5mm,值为 2,所以结构面表面等级 SCR 为 7,通过查表插值求得 GSI 为 23,并将 GSI、D 以及 m_i 带入公式最终确定本次计算所需的岩土体物理力学参数 m_b、s、a 分别为 0.4475、0.0002 和 0.5358。

关于如何确定岩土体变形模量 E_m,Hoek 等根据在岩体中的实际观测和对开挖特性的反分析,提出了基于 D 和 GSI 的变形模量 E_m 经验公式。

当岩石 $\sigma_c \leqslant 100\text{MPa}$ 时:

$$E_m(\text{GPa}) = \left(1 - \frac{D}{2}\right)\sqrt{\frac{\sigma_c}{100}} 10^{\frac{GSI-10}{40}} \quad (5.1\text{-}11)$$

当岩石 $\sigma_c > 100\text{MPa}$ 时:

$$E_m(\text{GPa}) = \left(1 - \frac{D}{2}\right) 10^{\frac{GSI-10}{40}} \quad (5.1\text{-}12)$$

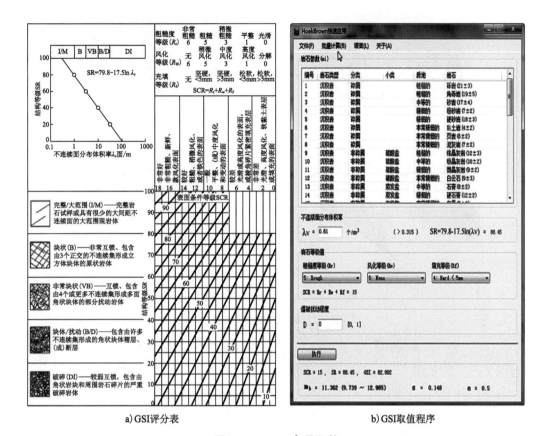

a) GSI评分表　　　　　　　　b) GSI取值程序

图 5.1-5　GSI 定量取值

因该破碎带段围岩饱和抗压强度 σ_c 为 24.4MPa≤100MPa，求得左线隧道围岩变形模量为 1.044GPa。

根据上述基于 GSI 地质强度指标的岩体参数取值得到本次计算所需的围岩物理力学参数，见表 5.1-4。

围岩物理力学参数　　　　　　　　表 5.1-4

参数	岩石参数 m_i	地质强度指标 GSI	扰动参数 D	弹性模量 E(GPa)	泊松比 μ	重度 γ(kN/m³)
取值	7	23	0	1.044	0.4	22

3）支护结构物理力学参数

隧道围岩支护采用复合式衬砌，在有限元模型构建中，采用三维板壳单元（Shell 单元）模拟初期支护、二次衬砌及仰拱，锚杆采用三维杆单元（Cable 单元）设置，模型及网格划分如图 5.1-6 所示，具体支护结构物理力学参数见表 5.1-5。

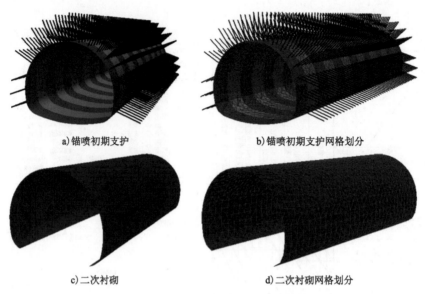

图 5.1-6　支护结构有限元模型

支护结构物理力学参数表　　　　　　　　　　　　　　表 5.1-5

项目	弹性模量 $E(\text{GPa})$	泊松比 μ	重度 $\gamma(\text{kN/m}^3)$	黏聚力 $c(\text{kPa})$	内摩擦角 $\varphi(°)$
初期支护	28	0.2	25	—	—
锚杆	210	0.25	78	—	—
二次衬砌	31.5	0.2	25	—	—
仰拱	31.5	0.2	25	—	—

5.1.3.2　施工过程模拟

本次三维数值计算中,隧道采用 CD 法进行施工,参考现场的隧道开挖施工顺序,各分部开挖进度如图 5.1-7 所示。

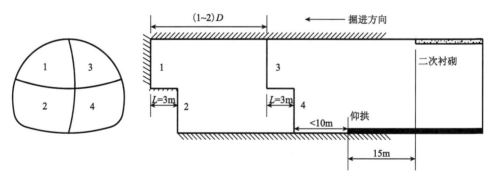

图 5.1-7　隧道开挖进度图

具体开挖步骤描述如下：

开挖1部土体，根据现场施工进度情况，开挖进尺为3m；开挖完成后对1部做锚喷初期支护，并施作中隔壁，如图5.1-8a)所示。

1部超前开挖并支护6m后，停止施工；开挖2部土体，开挖进尺为3m，开挖完成后施作初期支护，并及时接长中隔壁，如图5.1-8b)所示。

左侧1部、2部岩土体交替开挖，每分部完成开挖后及时施作初期支护和中隔壁施工，交替开挖施作过程中保持台阶长度为3m。

左侧1部岩土体开挖至15m处时，停止施工；开挖右侧3部岩土体，开挖进尺为3m，开挖完成后施作初期支护，如图5.1-8c)所示。

右侧3部岩土体超前开挖6m后，停止施工，开挖4部岩土体，开挖进尺为3m，开挖完成后及时施作初期支护，如图5.1-8d)图所示。

a)施工步2(1分部开挖并完成初期支护)　　b)施工步6(2分部开挖并完成初期支护)

c)施工步20(3分部开挖并完成初期支护)　　d)施工步28(4分部开挖并完成初期支护)

图5.1-8 关键施工步示意图

此后，开挖支护按照1、2、3、4顺序依次进行，台阶长度保持3m，开挖过程中保持左侧1部掌子面超前右侧3部掌子面15m，每分部完成开挖后及时施作锚喷支护。

5.1.3.3 围岩弹塑性位移计算结果分析

1) 监测断面与测点

为了更好地研究纵向开挖对纵向围岩位移的影响，本书选取断面上的几处典型位置作为监测点,如图 5.1-9 所示,具体分析拱圈围岩特征点位移随开挖的变化特征。

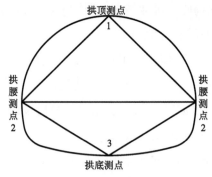

图 5.1-9 断面测点布置

根据现场的实际施工情况,本书选取沿纵向开挖方向 $Z=23\mathrm{m}$ 位置处的断面为主要研究断面,如图 5.1-10 所示。

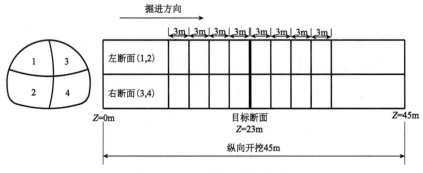

图 5.1-10 主要研究断面位置

2)位移结果统计

通过对各施工步下,目标断面($Z=23\mathrm{m}$ 断面)各测点位移结果进行统计归纳,得到各测点位移随纵向开挖的变化曲线,如图 5.1-11 所示,并得到了开挖最终完成后,目标断面各测点的累计位移情况,见表 5.1-6。

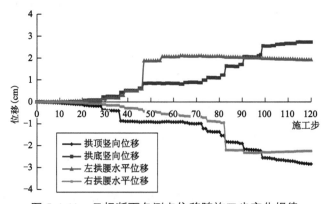

图 5.1-11 目标断面各测点位移随施工步变化规律

目标断面各测点的累计位移 表5.1-6

测点位置	拱顶	拱底	左侧拱腰	右侧拱腰
位移大小(cm)	2.84	2.73	1.93	2.25

3) 拱圈监测点位移变化规律

拱顶沉降最终达到稳定时,累计位移量约为2.84cm。从拱顶沉降随施工步的变化曲线中可以得知,随施工的不断进行,拱顶沉降逐渐增大。从图5.4-11中可以看出,在几处关键施工步前后拱顶沉降值变化较大(表5.1-7),位移增长较快,其他施工步阶段位移发展较为缓慢。

目标断面($Z=23\mathrm{m}$)主要施工步引起的拱顶沉降值 表5.1-7

施工步	拱顶下沉量(cm)
施工步29(1部掌子面由$Z=18\mathrm{m}$开挖至$Z=21\mathrm{m}$)	0.18
施工步37(1部掌子面由$Z=21\mathrm{m}$开挖至$Z=24\mathrm{m}$)	0.46
施工步73(3部掌子面由$Z=21\mathrm{m}$开挖至$Z=24\mathrm{m}$)	0.23
施工步75(4部掌子面由$Z=18\mathrm{m}$开挖至$Z=21\mathrm{m}$)	0.13
施工步81(3部掌子面由$Z=24\mathrm{m}$开挖至$Z=27\mathrm{m}$)	0.17
施工步91(4部掌子面由$Z=24\mathrm{m}$开挖至$Z=27\mathrm{m}$)	0.27
施工步99(中隔壁拆除3m)	0.34
施工步83(中隔壁拆除3m)	0.28
其他	0.78

通过上表对几处位移变化较大施工步的位移结果进行统计,结合拱顶沉降随施工步变化位移曲线,可以发现以下几点规律:掌子面距离目标断面距离越远,对目标断面的施工扰动越小;目标断面拱顶沉降随着隧道掌子面的开挖施工,呈现出由增大到逐渐稳定趋势;分析目标断面拱顶沉降量的组成情况(图5.1-12),目标断面的拱顶沉降受由邻近掌子面施工影响较大,尤其以目标断面前后5~6m掌子面施工的影响显著,其施工扰动导致目标断面拱顶沉降约占总沉降的73%。

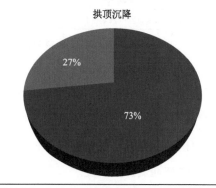

图5.1-12 各施工步引起的拱顶沉降占总沉降的百分比

拱底测点位移达到稳定状态时,回弹量为2.73cm。从拱顶沉降随施工步变化位移曲线图中可以发现,整个变化过程中同拱顶沉降变化曲线规律类似,在几个施工步点位移变化量较大,急剧增大,见表5.1-8。

目标断面($Z=23m$)各施工步引起的拱底回弹值　　　表5.1-8

施工步	拱底回弹量(cm)
施工步29(1部掌子面由$Z=18m$开挖至$Z=21m$)	0.14
施工步37(1部掌子面由$Z=21m$开挖至$Z=24m$)	0.19
施工步47(2部掌子面由$Z=21$开挖至$Z=24m$)	0.22
施工步73(3部掌子面由$Z=21m$开挖至$Z=24m$)	0.12
施工步75(4部掌子面由$Z=18m$开挖至$Z=21m$)	0.12
施工步81(3部掌子面由$Z=24m$开挖至$Z=27m$)	0.13
施工步83(中隔壁及4分部掌子面开挖)	0.44
施工步91(4部掌子面由$Z=24m$开挖至$Z=27m$)	0.36
施工步99(中隔壁拆除及4分部掌子面开挖)	0.41

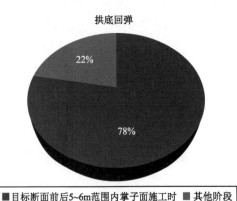

图5.1-13　各施工步引起的拱底回弹占总沉降的比例

根据上述施工步时掌子面的位置判断,同拱顶沉降变化规律相同,目标断面前后5~6m的掌子面施工对目标断面的影响较大,该阶段内的位移约占总位移的78%,距离掌子面较远端的掌子面施工对目标断面的影响较小,所引起的位移约占拱底总回弹的22%,如图5.1-13所示。

围岩竖直位移以拱顶、拱底位置处最大,其中目标断面前后5~6m范围内的掌子面施工引起的位移量约占70%。每个施工步开挖过程中,拱顶沉降又以上半断面开挖引起的沉降量为主,因此在拱顶沉降控制方面,可采用缩短开挖进尺、增加台阶数或采用辅助施工法以加固拱顶部围岩等方法来实现。而拱底回弹则通过仰拱加以控制,在仰拱施作过程中应尽快进行,尽快封闭,并且可考虑加强初期支护的刚度。

通过对左、右拱腰测点随施工步位移变化曲线(图5.1-11)的观察发现,其位移随施工步的变化波动可大致分为3个阶段:第1阶段是指掌子面开挖至当前断面引起的前期施工扰动,第2阶段指当前断面开挖引起的施工扰动位移,第3阶段指开挖掌子面离开目标断面后所引起的后期施工扰动。通过归纳各阶段左、右拱腰测点水平位移变化,得到各阶段位移占累计位移的百分比情况,如图 5.1-14 所示。

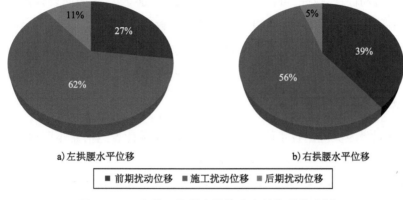

图 5.1-14　各施工阶段水平位移占总位移的比例

目标掌子面的施工对于拱腰测点的水平位移影响较大,由其影响的拱腰位移约占总位移的 60%;当掌子面离开目标断面 6m 左右,其施工对于目标断面的扰动基本可以忽略,累积位移基本达到稳定。围岩水平位移的控制应以拱腰位置处为控制位置。同时,由图可知,水平位移量的 60% 产生于本段的施工过程中,因此水平收敛值的量测应在每段开挖后及时进行。

4)计算结果分析

通过对三维施工力学分析模型进行数值分析,总结各测点位移随纵向开挖的变化规律,可以得到以下几点结论:

隧道施工引起的拱顶沉降与拱顶回弹主要集中在前后 6m 范围内的掌子面施工,其施工引起的位移量约占总位移量的 75%。在采用 CD 法施工中的拱顶沉降主要由上台阶开挖引起,因此在各分部上台阶施工过程中应注意施工影响,可考虑控制开挖进尺、增加台阶数目以及采用超前加固方法改善围岩强度等措施严格控制拱顶沉降。

采用 CD 法施工过程中,拱底回弹主要受下台阶的开挖影响,回弹量可通过及时施作初期支护尽早成环以及修筑仰拱控制拱底回弹量。对指定断面拱腰水平位移影响影响最大的是指定断面前后 3m 范围内的掌子面施工,约占总位移量的 60%,因此,水平收敛的量测应在每段开挖后及时进行。

5.1.4　基于 BIM 的隧道改扩建工程新老隧道建养一体化安全控制技术

BIM 的概念起源于国外,最早可以追溯到 20 世纪 70 年代,美国国家标准技术研究院(NIBS)在其 2007 年发布的美国国家 BIM 标准(National Building Information Modeling

Standard,NBIMS)中对 BIM 作了相对比较完整的定义(NIBS,2007),认为 BIM 是首字母缩略词,包括建筑信息模型、建筑信息模型应用以及建筑信息模型管理。BIM 技术具有三维可视化、协同性、模拟性、可优化性以及可出图性等特点,是面向设计建造和管理的数字化方法,同时也是应用于工程设计建造管理的数据化工具。

BIM 技术在公路隧道建设应用中具体可以实现设计方案的优化,减少设计变更,同时减少施工现场协调问题,增进项目各方的协作设计,降低项目成本和缩短项目耗时。

1) 公路隧道设计方面

(1)BIM 设计及其应用技术研究改善了传统平面设计表达信息不明确的缺陷,减少了施工图中的错漏,极大地提高了设计的效率和准确度。

(2)基于 BIM 的隧道设计技术可以使得各专业设计资源调配更加均衡,相关数据信息反馈更新更加及时,有效地降低了各专业人员设计的沟通成本,从而便于各方人员进行协同设计管理,尽可能地减少了公路隧道设计中人力物力的投入成本。

(3)基于 BIM 的工程算量,也可以提高算量的准度和效率,减少工程算量的人力物力投入。

(4)由于设计过程中实现了信息化、标准化,这极大地降低了隧道设计变更产生的经济损失,提高了隧道的设计效率。

2) 在公路隧道施工方面

(1)基于 BIM 的公路隧道施工技术有助于合理有效的控制隧道施工进度,提升隧道施工进度管理水平。

(2)基于 BIM 的隧道施工的风险评估技术,可以有效地降低施工风险,同时减少由于施工出现事故引起的损失。

(3)基于 BIM 的隧道施工方案动态优化技术,有利于优化施工方案,提高施工方案对不良地质条件的针对性和施工管理效率提高项目的经济效益。

3) 在公路隧道运营方面

(1)公路隧道 BIM 技术的应用可以加强各方对隧道计划管理的实时可控,从而实现隧道设计、施工管理的精细化,在保证了工程质量的同时避免了一些浪费。

(2)公路隧道 BIM 技术的应用有助于实现隧道设计、建设、运营等各阶段统筹规划,更好地指导公路隧道的设计、建设与运营管理。

综上所述,BIM 技术作为一种应用于工程建造管理的数据化工具,其特点与优势能够较好满足隧道建养一体化的发展要求与发展目标。

5.1.4.1 基于 BIM 的隧道三维结构模型

BIM 作为面向建养一体化的数字化技术,在具体应用过程中首先应明确应用需求,而隧道结构建模同样需要确定建模精度、信息力度、模型精细度等要求,以满足后续模型可视化利用的相关要求。

本项目利用 Autodesk Revit 平台实现公路隧道三维结构模型创建,并通过 Unity3D 与智慧基础设施平台 iS3(Infrastructure Smart Service System)相结合,实现三维结构模型在建养一体化平台上的可视化应用。围绕试刀山隧道,为充分反映实际情况以及满足隧道施工进度与可视化的基本要求,对既有隧道左右线与新建隧道左右线分别进行三维建模,并最终进行可视化展示,如图 5.1-15 所示。

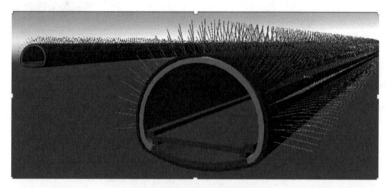

a)隧道三维结构模型局部示意图

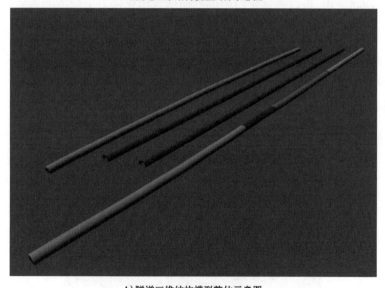

b)隧道三维结构模型整体示意图

图 5.1-15　试刀山隧道三维结构模型

5.1.4.2 基于BIM的隧道三维地质模型

隧道三维工程地质模型的构建主要通过Intrepid Geoscience公司的Geomodeller软件工具实现。通过软件提供的基本潜势场算法,结合地形图信息、工程物探剖面信息、断层破碎带信息以及钻孔数据建立隧道围岩的地质模型。

利用CAD勘察资料,在Surfer中生成栅格文件,并形成试刀山等高线图(图5.1-16)和三维表面图。根据地形图上的高程信息,在地形图中提取离散点导入到Sufer软件中进行网格化,最后生成Geomodeller建模所需的数字高程模型(DEM)。

图5.1-16 试刀山三维山体表面图

在Geomodeller中,根据勘察资料中的剖面信息构建试刀山隧道的地质模型,集成钻孔数据对初步地质模型进行校正是非常有必要的。因为在模型的构建中,总有不一致的勘探性问题出现在地震解译剖面和钻孔数据之间。校正方法是利用局部拖拽技术调整钻孔附近50m范围内的地层界面上接触点的空间位置,并基于修正后的点位数据重新进行潜势场插值计算。

通过结合钻孔数据对地质模型进行修正,得到最终试刀山三维地质模型,如图5.1-17所示。

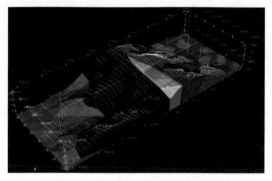

图5.1-17 试刀山三维地质模型

借助 ArcGIS 平台的三维可视化与空间分析软件 ArcScene 实现隧道围岩地质模型与地质数据的可视化与集成,直观地展现工程区域内的地质情况,如图 5.1-18 所示。将 Geomodeller 建好的地质模型导出(导出格式选为.dxf),以 multipatch 的格式导入到 ArcScene 中。地形表面的导入方式为直接读取 Geomodeller 建模过程中生成的.ers 格式的栅格数据;再把此栅格文件转化为点文件,通过这个点文件可再进行三角剖分生成连续的地形表面;最终在 ArcScene 中将准备好的试刀山三维表面图、地质模型和试刀山新老隧道集成在同一个项目中。

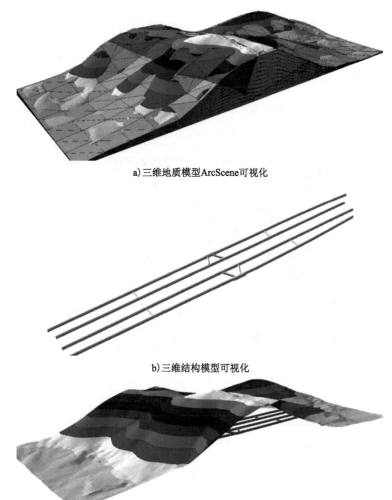

a) 三维地质模型 ArcScene 可视化

b) 三维结构模型可视化

c) 三维结构模型与地质模型集成

图 5.1-18 试刀山隧道三维 BIM 模型

5.1.4.3 基于 BIM 的隧道施工安全控制技术与可视化管理

iS3 平台以开放性、集成性与全过程性为特点,可以服务于地下工程建设的各个阶段。在具体应用 iS3 平台中,通过在工程的勘察、设计、施工和监测过程中不断获取各种各样的信息和数据,并对这些大量、复杂的信息和数据进行快速处理、分类、及时反馈,以优化设计并指导施工,进而实现基于 BIM 的隧道施工安全可视化管理与分析的最终目的。项目主要围绕 BIM 技术在隧道改扩建工程中施工中的应用为主要研究对象,基于 iS3 智慧基础设施软件平台与 Unity3D 软件进行开发,实现包括满足施工进度管理、围岩地质信息、施工安全与风险评估以及施工质量管理等要求。

1) 基于 iS3 的试刀山二维施工管理平台

如图 5.1-19 所示,围绕试刀山改扩建工程地质条件复杂、既有隧道及周边工程和环境保护要求高等特点,通过搭建新奥法隧道施工信息化平台,实现进度管理、地质信息可视化、实时监测、爆破施工安全控制、病害管理以及风险评估等多功能。

图 5.1-19 试刀山二维施工管理平台

2) 基于 iS3 的试刀山三维施工管理平台

试刀山隧道三维施工管理平台主要面向隧道三维结构模型可视化、施工进度展示以及掌子面信息预览等需求,通过 Unity 3D 软件与 iS3 平台相结合,实现三维结构模型与地质模型可视化。

围绕隧道三维结构模型可视化需求功能,试刀山隧道三维施工管理平台主要数据信息包括基于 Revit 的隧道三维结构模型、基于 Geomodeller 的三维地质模型、施工进度数据(包括初次衬砌、二次衬砌、仰拱等信息)、部分掌子面照片及监测点信息的三维平台展示,如图 5.1-20 所示。

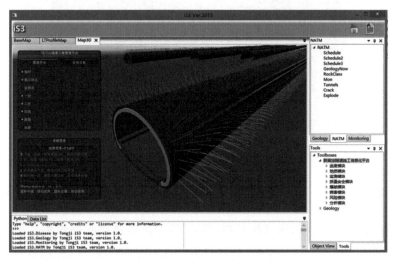

图 5.1-20　三维结构模型可视化

将隧道三维结构模型与地质模型共同载入至三维可视化平台中,如图 5.1-21 所示。

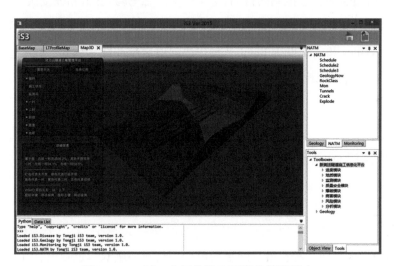

图 5.1-21　试刀山三维施工可视化管理平台

三维可视化平台主要包括视图栏、详细信息栏、图层开关以及视角切换管理菜单。视图栏主要对隧道及地质模型进行可视化,可通过键盘(WASD\UI\JK 键)进行隧道漫游浏览;通过图层开关控制隧道结构组件的显示与否;通过详细信息栏了解当前隧道施工进度等信息;通过视角切换选项方便操作者进入隧道结构内部对掌子面信息进行浏览。试刀山隧道建成通车后效果,如图 5.1-22 所示。

图 5.1-22 试刀山隧道正式通车

5.1.5 经验启示

本节采用遥测型无线网络测振技术、3G/GPRS 技术及物联网技术实现既有隧道爆破振速的长时间远程数据智能采集、现场处理和无线传输,进而结合相关规范建议的爆破振速控制值以及根据单段最大炸药量与爆破振速控制值的关系,以确定最大单段装药量,达到既有隧道爆破安全控制的目的;基于广义三维 Hoek-Brown 强度破坏准则获取隧道围岩真实参数,采用 GeoFBA ® 3D 构建三维数值模型,实现了隧道施工动态模拟;综合利用 Geomodeller 和 Autodesk Revit 平台构建隧道地质和结构模型,并通过 Unity3D 与智慧基础设施平台 iS3 相结合,实现了三维结构模型在建养一体化平台上的可视化应用。

5.2 既有隧道应急车道扩建施工关键技术

5.2.1 工程概况

试刀山隧道改扩建工程在既有隧道两侧分别新建一座双车道隧道,同时为了满足防灾救援要求,在同一行车方向新老隧道之间设置 2 处人行横通道、新隧道往老隧道方向的车行横通道 1 处、老隧道往新隧道方向的车行横通道 1 处,同时在既有隧道内相邻车行横通道位置设置紧急停车带(桩号 1YK72+428.3~1YK72+487.7),如图 5.2-1 所示。左线紧急停车带长度 81m,围岩等级Ⅲ类,主要为灰岩、泥灰岩,局部夹页岩;右线紧急停车带长度 79.5m,围岩等级Ⅲ类,主要为灰白~浅肉红色灰岩及绿灰色泥灰岩,底部为页岩。该工程重难点为既有隧道结构拆除及扩建施工受多种因素影响,安全风险大。

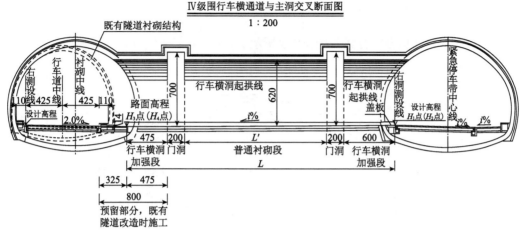

图 5.2-1 紧急停车带与行车横洞布置（尺寸单位：cm）

5.2.2 技术方案

针对既有隧道结构拆除和扩建施工重难点，提出如下关键设计与施工要点。

5.2.2.1 既有隧道结构拆除

二次衬砌拆除主要采用微振动的控制爆破技术，并辅以人工凿除、机械切除和机械清理等措施。初期支护拆除应以人工凿除为主，根据检测报告病害位置可采用超前预加固措施。采用 D25 中空注浆锚杆，长度 $L=600\mathrm{cm}$，按照纵环向间距 75（纵）×100（环），呈梅花形布置，如图 5.2-2 所示。

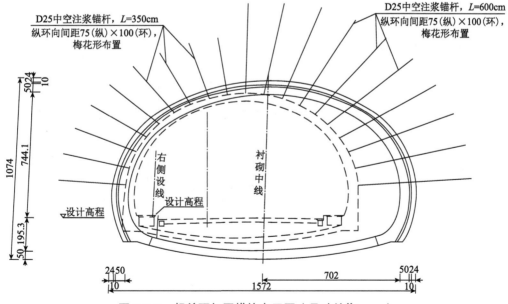

图 5.2-2 超前预加固措施布置图（尺寸单位：cm）

5.2.2.2 应急车道衬砌施工

应急车道扩建原施工方案如图 5.2-3 所示。

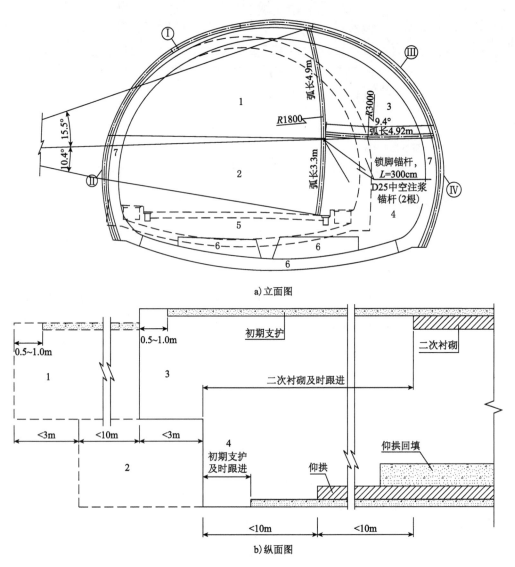

图 5.2-3 应急车道扩建原施工方案
注：图中数字表示施工顺序。

应急车道扩建原施工工序见表 5.2-1。

应急车道扩建原施工工序 表 5.2-1

工序	图例
(1)回填土至既有隧道拱腰,先施工左侧超前小导管支护,左侧上台阶开挖(包括拆除既有隧道衬砌结构),并架设临时竖撑。左侧上台阶初期支护,安装钢拱架,挂钢筋网,安装锚杆,喷混凝土	锁脚锚杆,$L=300cm$ $D25$中空注浆锚杆(2根)
(2)左侧下台阶开挖(包括拆除既有隧道衬砌结构),并架设临时支撑。左侧下台阶初期支护,安装钢拱架,挂钢筋网,安装锚杆,喷混凝土	
(3)先施工右侧上台阶超前小导管注浆顶支护,右侧上台阶开挖,必要时架设临时仰拱。右侧上台阶初期支护,安装钢拱架,挂钢筋网,安装锚杆,喷混凝土	

续上表

工序	图例
（4）右侧下台阶开挖。右侧下台阶初期支护，安装钢拱架、挂钢筋网、安装锚杆，喷混凝土	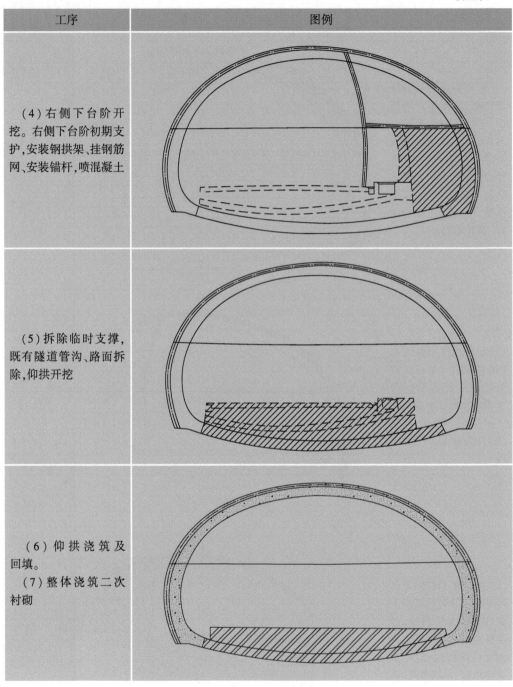
（5）拆除临时支撑，既有隧道管沟、路面拆除，仰拱开挖	
（6）仰拱浇筑及回填。 （7）整体浇筑二次衬砌	

考虑到施工现场实际情况，原设计施工方案存在以下问题：

(1) 土石方运输车辆进出高速公路影响正常的交通秩序，存在较大安全隐患；

(2) 回填堆置土石方占用时间较长，不利于施工工期控制；

(3)回填堆置土石方压实度无法满足临时竖撑承重需求。

因此,在强注浆加固及"先顶后拆"的基础上,左侧合并上下台阶两次拆除开挖方式,直接一次拆除开挖至下台阶拱脚,右侧配合临时竖撑,以既有路面作为支撑面,锁脚锚杆固定,并及时封闭掌子面,确保安全。应急车道扩建优化后施工方案如图 5.2-4 所示。

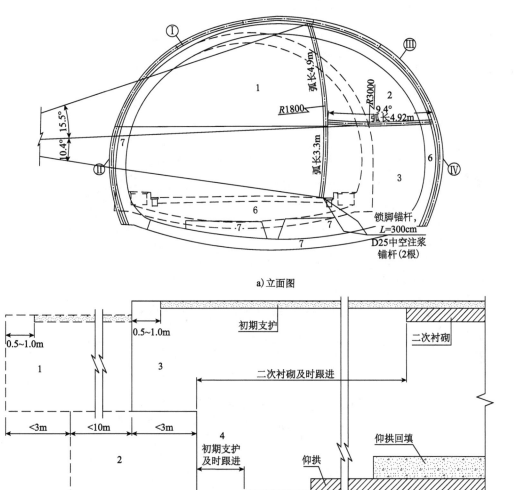

图 5.2-4 应急车道扩建优化后施工方案

注:图中数字表示施工顺序。

应急车道扩建优化后施工工序见表 5.2-2。

应急车道扩建优化后施工工序　　　　　　表 5.2-2

工序	图例
（1）先施工左侧超前小导管支护，左侧开挖（包括拆除既有隧道衬砌结构），并架设临时竖撑。左侧初期支护，安装钢拱架，挂钢筋网，安装锚杆，喷混凝土	锁脚锚杆，$L=300cm$；$D25$中空注浆锚杆(2根)
（2）施工右侧上台阶超前小导管注浆顶支护，右侧上台阶开挖，必要时架设临时仰拱。右侧上台阶初期支护，安装钢拱架，挂钢筋网，安装锚杆，喷混凝土	锁脚锚杆，$L=300cm$；$D25$中空注浆锚杆(2根)
（3）右侧下台阶开挖。右侧下台阶初期支护，安装钢拱架，挂钢筋网，安装锚杆，喷混凝土	锁脚锚杆，$L=300cm$；$D25$中空注浆锚杆(2根)

续上表

工序	图例
(4)拆除临时支撑,既有隧道管沟、路面拆除,仰拱开挖	
(5)仰拱浇筑及回填。 (6)整体浇筑二次衬砌	

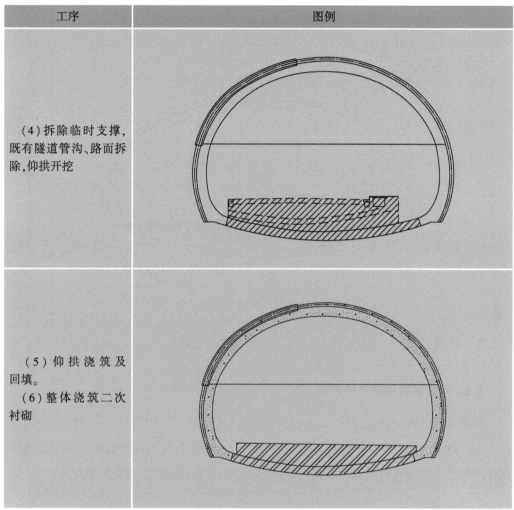

与原设计衬砌施工方案相比,优化后施工方案有以下优点:

(1)消除了回填土石方高速公路运输带来的安全隐患;

(2)减少了因土方回填及外运占用的工期时间;

(3)避免回填土压实度无法满足临时支撑承载要求所存在的施工缺陷;

(4)缩短了临时支护的闭合时间及初期支护拱架闭合时间。

另外,应急车道扩建衬砌与车行横通道交接处施工时,紧急停车带扩挖至车行横通道范围时,爆破开挖,横通道轮廓范围内局部向横通道方向扩挖,初期支护钢架架立后,横通道轮廓范围内的钢架只对拱脚及以上30cm喷射混凝土,其余部分不喷射混凝土,便于后期车行横洞开挖时拆除。

紧急停车带衬砌、排水施工,设计方案如图5.2-5所示。

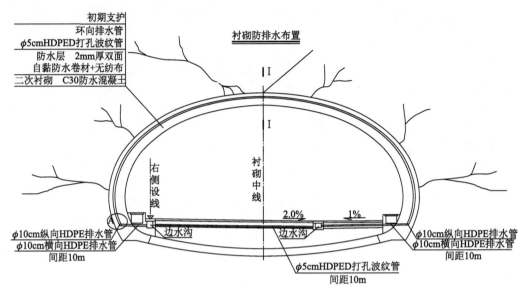

图 5.2-5 紧急停车带衬砌、排水设计图

5.2.3 关键工艺

5.2.3.1 既有隧道结构拆除

既有隧道结构应分段拆除,二次衬砌每次分段拆除长度不大于6.0m,开挖进尺控制在1.0m,且与初期支护拆除保持20~30m距离,交错进行;同时注意爆破控制,做好临时支护及相邻非挖段衬砌的保护。采用超前预加固时,工艺流程如图5.2-6所示。

1)导管安装

(1)导管间距根据围岩状况确定,采用单层小导管时,其间距为400mm。

(2)前后排小导管错开布置,前后排小导管的搭接长度200cm。

(3)小导管的外插角根据注浆胶结拱的厚度确定,宜为15°。

(4)导管安装前,将工作面封闭严密,并正确测放出钻设位置后方可施工。

2)小导管注浆

(1)注浆前应喷射混凝土封闭作业面。防止漏浆,喷射厚度不宜小于50mm。

(2)注浆材料根据地质条件、注浆目的和注浆工艺全面考虑,但要确保满足下列要求:浆液流动性好,固结后收缩小,具有良好的黏结力和较高的早期强度;结石体透水性低,抗渗性能好;当水有侵蚀作用时,采用耐侵蚀材料。

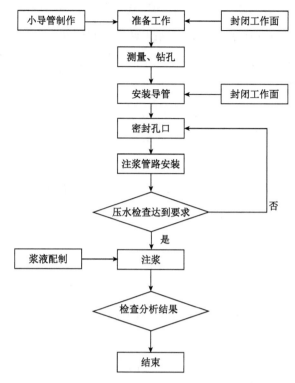

图 5.2-6　小导管注浆超前支护施工工艺流程

(3)注浆过程中,注浆终压为 0.7~1.0MPa,并派专人做好记录。注浆结束后检查其效果,不合格者应补注浆。注浆达到需要的强度后方可进行开挖。

(4)注浆过程中注浆顺序为由拱脚向拱顶逐管注浆。

5.2.3.2　应急车道衬砌施工

应急车道衬砌施工时,工艺顺序如下:

(1)钢拱架安装前检查开挖断面轮廓、中线及高程。

(2)钢拱架安装应确保两侧拱脚放在牢固的基础上,同时将底脚处的虚渣及其他杂物彻底清除干净;脚底超挖、拱脚高程不足时,应用喷射混凝土填充;拱脚高度应低于下半断面底线 15~20cm,当拱脚处围岩承载力不够时,应向围岩方向加设钢垫板、垫梁或浇筑强度不低于 C20 的混凝土,以加大拱脚接触面积。安装钢架时采用锁脚锚杆对钢架进行固定,钢架链接螺栓应拧紧到位,连接钢板之间不得留有空隙。右侧临时支撑拱架底角落在原既有隧道地面上,锁脚锚杆固定。

(3)钢拱架分节段安装,节段与节段之间按设计要求连接,连接钢板平面应与钢架轴线垂直。

（4）工字钢钢架中心间距为75cm，相邻两榀钢架之间采用I14工字钢和φ22mm纵向钢筋连接，I14工字钢设置于I18工字钢拱架单元的两端，与工字钢拱架单元焊接牢固；φ22mm纵向钢筋设置于I14工字钢单元中间，环向间距为100cm，连接钢架采用双面焊接与钢架焊接牢固。

（5）钢拱架立起后，根据中线、水平线将其校正到正确位置，然后用定位筋固定，并用纵向连接筋将其和相邻钢架连接牢靠；钢架安装时应垂直于隧道中线，竖向不倾斜、平面不错位，不扭曲。上、下、左、右允许偏差±50mm，钢架倾斜度应小于2°。

（6）钢拱架在初喷4cm厚的混凝土后架设，然后复喷混凝土至设计厚度，且覆盖钢架厚度不小于2cm，应尽可能与围岩或初喷面密贴，有间隙时应采用混凝土垫块楔紧，严禁采用片石回填。

（7）钢拱架应严格按设计架设，间距应符合设计要求，拱架安装位置采用红油漆进行标注，并编写号码。

（8）下导坑开挖时，预留洞室的位置也要按设计要求进行支护，只有在施工二次衬砌时方可拆除，以确保安全。

（9）钢拱架安装就位后，钢拱架与围岩之间的间隙用喷射混凝土充填密实，并使钢拱架与喷射混凝土形成整体；喷射混凝土由两侧拱脚向上对称喷射，并将钢架覆盖，临空一侧的喷射混凝土保护层厚度应不小于20mm。

5.2.4 经验启示

本节为确保施工安全，采用先施工车行、人行横通道，再施工应急车道加宽的方案。按照"短进尺，弱爆破，快封闭"的原则，尽量采取对围岩扰动少的开挖方法和方式进行掘进，同时采用超前预加固措施，有效保障了应急车道扩建的施工安全与效率。

当既有隧道衬砌结构拆除过程中如遇塌方冒顶，应根据项目实际情况、总工期目标、进度安排、施工单位的机械设备等多种因素，组织相关专家、设计单位、总监办和施工单位开展方案论证会，结合施工现场实际情况，分段采取不同处置措施。

（1）针对隧道浅埋段地质条件较差时，经专家论证后可采取明挖明做、后回填的施工方案。每5m一个横断面进行测量，调查隧道的埋置深度，设置明挖的范围，隧址明挖采用分级开挖与喷锚防护，为既有隧道的拆除和明洞施工提供作业空间。

（2）根据地形和地质情况及时调整隧址基坑开挖长度及防护措施，做到分段开挖一级、防护一级。不允许全部开挖完毕，滞后防护。同时注意施工期间的天气情况，做好防雨、防洪措施。

（3）隧址基坑开挖期间和整个的施工过程中,应进行监控量测,保证基坑的稳定。土方应远离基坑适当距离,保证坡体的稳定。

（4）明洞施工时,应在适当设置沉降缝,并在隧道边墙底部外侧和结构体内适当高程处预埋纵向和横向排水管,使得该段防排水系统与整个隧道形成完整畅通的体系。

5.3 既有隧道病害处治技术

5.3.1 工程概况

高山隧道位于安徽省马鞍山市含山县林头镇境内,是芜合高速公路芜湖至林头段的重要交通节点。原高速公路为双向四车道,为了满足交通量增长需求,现拟改扩建为双向八车道,高山隧道改扩建采用分离式隧道方案,在原隧道左右两侧各新建一道两车道隧道。改扩建方案路线为平行展布,采用2+2+2+2(利用既有隧道+增建单洞两车道隧道)方案。

既有高山隧道分为A、B线,其中A线长度为677m,起止桩号YK51+276~YK51+976;B线长度为712m,起止桩号为ZK51+262~ZK51+998。两线间距50m。隧道主要穿过侵蚀堆积形成的丘陵地带,洞口段为页岩、块石土,中间为石英砂岩,合肥端洞口岩石风化严重,节理发育,地质条件差。隧道最大埋深约为130.1m。两线均于1996年竣工,迄今隧道运营已有25年。高山隧道经过多年运营后,隧道内渗水现象比较普遍,严重影响运营安全。高山隧道于2006年进行过一次大规模整修,整修内容主要包括水害整治、结构补强、装饰亮化和机电设备更新等,整修工作较为成功。本次改扩建工程距离上次整修又经过了10余年,目前高山隧道存在较多病害,主要体现在二次衬砌欠厚、衬砌背后空洞不密实或脱空、净空断面侵界等方面,亟须对隧道内变形、开裂部分衬砌结构进行拆除更换。

隧道原断面建筑限界净宽为10.5m(1.0m+0.5m+2×3.75m+0.5m+1.0m)。改造后隧道设计速度为100km/h,建筑限界净宽为10.5m(0.75m+0.5m+3.75m×2+1.0m+0.75m);建筑限界高度5.0m,设双侧检修道,左、右检修道宽度为0.75m,检修道高度为0.30m。改造后既有高山隧道建筑界限及主洞净空断面设计如图5.3-1所示。

基于高山隧道改造加固工程的特点并参考类似工程经验,分析该工程的技术重难点为防范、处理二次衬砌拆除安全隐患和施工缝处防水处理。为此,以芜合高速公路既有高山隧道改造加固工程为依托,分别从既有隧道安全状态评估与二次衬砌拆除施工事故隐患处治等方面开展深入研究与实践应用。

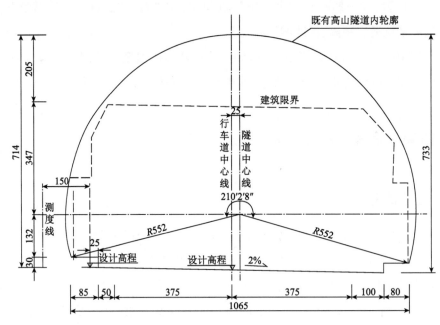

5.3-1 改造后既有高山隧道建筑界限及主洞净空断面设计（尺寸单位：mm）

5.3.2 技术方案

5.3.2.1 既有隧道安全状态评估

1）前期资料搜集及病害分析

在开展隧道安全状态评估前，需通过前期实地调研和资料收集，整理既有隧道建设与养护资料（表5.3-1），并对既有隧道所出现的衬砌裂缝及渗漏水等病害进行总结分析。

既有隧道建设与养护所需资料清单　　　　表5.3-1

类别	所需资料	资料获取来源
勘察	地勘资料，包括工程地质、区域地理和水文资料等	应急工程勘察地质报告新建隧道纵断面剖面图
设计	既有隧道结构设计资料，包括既有隧道超前支护、初期支护和二次衬砌等资料	竣工文件
施工	既有隧道施工记录，包括施工进度、主要施工难点及其处理方法等资料	既有隧道竣工文件隧道施工现场人员

续上表

类别	所需资料	资料获取来源
检测	既有隧道检测记录,包括检测频率、各次检测隧道服役情况等资料	既有隧道病害监测报告、数字照相资料
养护	既有隧道养护记录,包括养护次数和具体养护方式等	运营方提供的养护记录

在衬砌裂缝分析评估中,主要步骤包括病害分析、原因分析和力学分析,具体操作见表5.3-2。结合整条既有隧道的裂缝等级和分布情况对裂缝分布进行分析评价,包括隧道全体裂缝检测评级、左右线分布情况统计、不同方向裂缝分布统计和一环空间内的裂缝分布等内容,并对重点部位进一步跟进监测。收集相关指标数据,为后续隧道安全状态评估及既有隧道病害处治设计工作提供基础支撑。

既有隧道裂缝分析要点　　　　　表5.3-2

序号	分析类型	具体操作
1	病害分析	根据既有隧道养护资料和数字照相资料,分析既有隧道的病害状况,并对其作服役情况评估
2	原因分析	根据既有隧道监测资料,分析裂缝的种类和形成原因,推测隧道病害形成原因
3	力学分析	建立有限元分析模型,根据分析的原因类型分别进行力学分析,确定隧道病害的形成原因

在隧道渗漏水病害总结分析中,参照《公路隧道养护技术规范》(JTG H12—2015)中基于隧道渗漏水判定标准,根据漏水状态和部位来判定渗漏水对隧道的影响。完成既有隧道渗漏水评定后,给出既有隧道渗漏水统计表和单线渗漏水位置分布统计等结果,并对重点部位进一步跟进监测。

2)既有隧道安全状态评估方法

项目结合芜合高速公路改扩建项目及安徽省内同类项目实践经验,提出了既有隧道的安全评估方法(图5.3-2),在现有的既有隧道检测报告基础上,对检测数据做分析处理,完成既有隧道服役情况调研报告,并对可能的病害危险区做监测点处治方案。

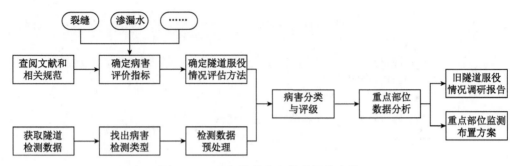

图 5.3-2 既有隧道安全状况评估方法

为了精确评估公路隧道病害等级,针对不同病害等级隧道分类提出相应的处治措施,项目在既有隧道建设与养护资料分析和前期研究的基础上,结合相关文献和现行标准规范,采用递阶层次分析模型,建立了公路隧道病害等级评价的指标体系,如图 5.3-3 所示。公路隧道病害等级的划分是根据检测项目、病害种类和隧道结构分段三个层次进行评价,隧道结构分段、病害种类、检测项目三个层次均取为 A、B、C、D 四个病害评价等级。

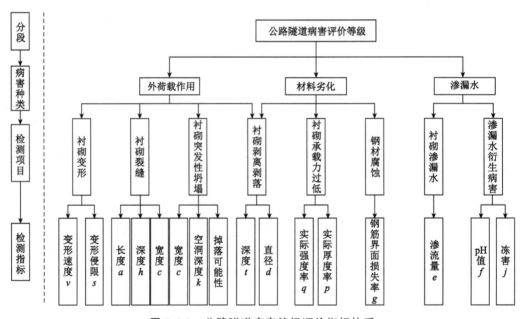

图 5.3-3 公路隧道病害等级评价指标体系

应分段对隧道病害状况进行分级,并在此基础上对整条隧道的病害结构状况进行评价。公路隧道病害等级由严重到轻微划分为 A、B、C、D 四个等级,分级的标准见表 5.3-3。

公路隧道病害评价等级 表 5.3-3

病害评价等级	评价结论
A	结构存在严重破坏,已危及行人、行车安全,须立即采取整体性的处治措施
B	结构存在较严重破坏,将会危及行人、行车安全。应有针对性地对较严重病害部位采取处治措施
C	结构存在破坏,可能会危及行人、行车安全。宜采取简易的一般性处治措施,并对病害部位进行重点监视,并制订好一旦病害继续发展时的处治预案
D	结构无破损或存在轻微破损,现阶段对行人、行车不会有影响。宜对调查和检测发现的病害部位进行跟踪观察

3) 衬砌裂缝病害分类与评级

采用基于衬砌裂缝长度和宽度的判定标准,根据日本道路协会《公路隧道维持管理便览》和我国《公路隧道养护技术规范》(JTG H12—2015)确定了基于衬砌裂缝长度和宽度对衬砌裂缝进行定量判定的评估方法。判定时,首先根据衬砌裂缝有无发展情况将衬砌裂缝分为存在开展的裂缝和无法确定是否存在开展的裂缝两类,然后根据衬砌裂缝的长度和宽度给出了这两种情况下的衬砌裂缝判定标准(表5.3-4和表5.3-5),得出衬砌裂缝等级,同时结合整条既有隧道的裂缝等级和分布情况对裂缝分布进行分析评价,并对重点部位进一步跟进监测。其中,表中的裂缝是以水平方向的裂缝或剪切裂缝为主要对象的,对于横向裂缝,可将判定分级相应降低1个等级。对宽度为0.3~0.5mm以上的裂缝,其分布密度大于$200cm/m^2$时,可提高1个判定等级或者采用判定等级中较高的等级。

当衬砌裂缝存在展开时的判定标准 表 5.3-4

裂缝宽度 B	裂缝长度 L	
	$L>5m$	$L\leqslant 5m$
$B>3mm$	2A/3A	1A/2A
$B\leqslant 3mm$	1A	1A

注:A 表示衬砌存在异常情况;1A 为破损;2A 为较严重破损;3A 为严重破损。

当无法确定衬砌裂缝是否存在展开时的判定标准 表 5.3-5

裂缝宽度 B	裂缝长度 L		
	$L>10m$	$5m<L\leqslant 10m$	$L\leqslant 5m$
$B>5m$	2A/3A	1A/2A	1A/2A
$3mm<B\leqslant 5mm$	2A	1A/2A	1A
$B\leqslant 3mm$	1A/B	1A/B	1A/B

注:A、1A、2A、3A 含义同表5.1-4;B 表示需进一步查明原因或继续观测。

5.3.2.2 隧道二次衬砌拆除重建及病害处治方案

隧道维修处治技术方案以不降低隧道原技术标准、保证结构安全性、尽量减小加固施工对交通运营的影响为前提,根据病害实际情况进行针对性处治。

(1)隧道加固以处治主要病害为原则,分步处治。对于未导致主要病害的缺陷,后期加强监测、养护,衬砌加固在尽可能保持原结构完整性的基础上进行结构补强。隧道加固应在有安全保障的前提下进行结构加固,保证施工的安全性。处治施工中的安全措施、劳动保护必须符合有关安全施工技术规定。隧道加固应遵循动态设计与信息化施工的原则,制定监测方案,通过监测反馈信息优化设计或调整施工方案。根据后期衬砌变形、裂缝发展等监测结果完善加固措施。

(2)高山隧道加固改造前,应结合日常养护情况和隧道定期检查结果,利用各种检测手段有针对性地对衬砌进行专项检测,全面掌握高山隧道的衬砌质量、衬砌背后空洞、衬砌变形等现状,并根据病害类型及状态,制定相应技术方案并进行病害处治。

(3)二次衬砌拆除方案技术要点包括:Ⅴ级围岩段先对围岩进行系统注浆,注浆完毕后拆除该段二次衬砌,宜先拆除拱部后边墙,每次拆除纵向长度不大于1m,再拆除仰拱,仰拱每次开挖长度为6m,最后恢复防水系统,再模筑C30钢筋混凝土;Ⅳ级和Ⅲ级围岩段先拆除二次衬砌,宜先拆除拱部后边墙,每次拆除纵向长度不大于2m,拆除二次衬砌后,及时打锚杆注浆,再拆除仰拱,仰拱每次开挖长度为6m,最后恢复防水系统,再模筑C30钢筋混凝土;既有高山隧道侵限段落内均应采用间距100cm的I18工字钢进行临时支撑。

(4)既有高山隧道改造加固应统一考虑并合理规划渗漏水和电缆沟、排水沟施工,以便进行分段处治,确保隧道正常运营。主要施工步骤包括:①Ⅴ级围岩段对围岩及初期支护背后空洞进行注浆打孔,并及时安装临时支撑,注浆压力达到设计要求后对原有二次衬砌混凝土及电缆沟进行分段凿除;②Ⅳ级、Ⅲ级围岩段先拆除二次衬砌,再布设系统锚杆做注浆处理;③对凿除段的初期支护进行检测并确定初期支护处理方案;④处理完初期支护面后进行渗漏水观测,对渗漏水严重段提前预埋半圆排水管及排水板;⑤对未换拱段渗漏水,空洞及裂缝补强等病害处治施工,与拆除二次衬砌段同时施工;⑥电缆沟施工;⑦排水沟及路面施工;⑧装饰工程。

5.3.3 关键工艺

5.3.3.1 衬砌净空侵限处治

隧道部分段落衬砌断面侵入建筑界限,无法满足基本通行要求,需进行拆除与重建。

根据隧道围岩级别，Ⅲ、Ⅳ级围岩段与Ⅴ级围岩段衬砌净空侵限处治的主要施工工艺如图5.3-4所示。隧道衬砌拆除前采用钻孔方式进行物理探测，根据钻进速度和吹出的石屑，判定衬砌后围岩质量及空洞情况。隧道衬砌拆除及新建与裂缝处理、衬砌脱空注浆、水沟电缆沟可同时施工，衬砌和仰拱拆除多在夜间封闭施工，其他新建施工可在白天与其他工序交叉施工。

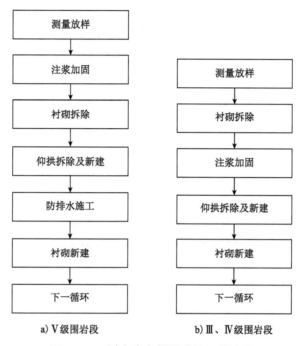

图5.3-4　衬砌净空侵限处治工艺流程

针对既有高山隧道右线维修加固工程中发现的背后无支护、空洞和注浆等问题，分别采取如下措施进行处治。

1）五级围岩段

(1)注浆加固。

五级围岩段首先对围岩进行系统注浆加固，注浆采用$\phi42mm \times 4mm$系统小导管，长5m，间距100cm×100cm，呈梅花形布置，钻孔验收合格后进行小导管安装。导管上钻注浆孔，尾部留不钻孔的止浆段。注浆初始压力为0.5~1.0MPa，终压为1.5~2.0MPa，在达到设计终压条件下，持续稳压10~20min，停止注浆。

(2)二次衬砌拆除。

注浆完毕后拆除该段二次衬砌，拆除时先拱部后边墙，每次拆除纵向长度不大于2m，恢复防水系统后模筑C30钢筋混凝土。首段衬砌破碎后直接用挖掘机进行拆除，拆除后观察二次衬砌后围岩情况,如果围岩情况良好,则连续对二次衬砌进行破裂机破碎,每循环为6m;如果围岩情况较差,需要对围岩进行临时支撑,然后进行下一循环衬砌拆除施工,每循环为2m。采用I18工字钢做临时支撑,间距100cm,ϕ22mm连接筋纵向连接,连接筋环向间距100cm,用来临时支撑衬砌。临时拱架支撑设计如图5.3-5所示。

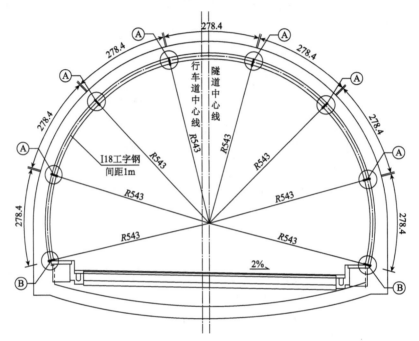

图5.3-5 临时拱架支撑设计(尺寸单位:cm)

(3)防排水施工。

仰拱施工完成后,及时施工衬砌防排水系统。在防排水系统施工前,将注浆导管外漏部分全部进行切割,并用砂浆抹平。施工缝处设置背贴式止水带和注浆缓膨胀型橡胶止水条。变形缝处设置中埋式橡胶止水带和背贴式止水带,确保施工缝、变形缝处防水效果。施工缝按每10m一道设置,变形缝按每50m一道布置。新老衬砌交界处,设置带注浆缓膨型橡胶止水条。

环向半圆排水管、纵向排水管及横向泄水管安设在初期支护后、铺设防水卷材之前进行。每隔10m设置一道环向排水管,环向设置ϕ100mm半圆排水管,环向排水管接入纵向排水管,用三通连接。纵向排水管沿衬砌两侧设置,设置ϕ160mmHDPE花管。纵向排水管通过横向泄水管将衬砌后渗水排入纵向排水暗沟,纵向排水管与横向泄水管通过三通连接。每隔10m设置一对横向泄水管,横向泄水管设置ϕ100mmHDPE波纹管。

防排水施工设计如图5.3-6所示。

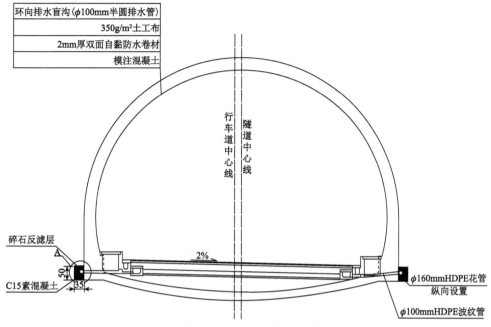

图 5.3-6　防排水施工设计（尺寸单位：cm）

2）四级围岩段

Ⅳ级围岩段先拆除二次衬砌，宜先拆除拱部后边墙，每次拆除纵向长度不大于2m，拆除二次衬砌后，及时打设锚杆，采用A25中空注浆锚杆对围岩进行加固。中空注浆锚杆长4.0m，间距120cm×120cm，呈梅花形布置。打设完毕后拆除该段二次衬砌，一次拆除长度不大于10m，恢复防水系统后模筑C30钢筋混凝土。

若无初期支护体系或原初期支护体系无钢拱架，则需设置钢拱架；若有支护体系，且支护体系（有钢拱架）和新二次衬砌之间存在较大空洞，采取如下措施：

(1)对于围岩面与新二次衬砌之间的距离小于20cm的空洞，喷射C25混凝土，加一层钢筋网片，钢筋网片规格 $\phi 8mm@15cm\times15cm$。

(2)对围岩面与新二次衬砌之间距离20~50cm的空洞，喷射C25混凝土加二层钢筋网片，钢筋网片规格 $\phi 8mm@15cm\times15cm$，喷射混凝土不均的地方，可通过局部增加二次衬砌混凝土的厚度进行调整。

(3)50cm以上空腔处理的主要施工要点包括：首先贴围岩面铺设一层钢筋网片 $\phi 8mm@15cm\times15cm$，喷射C25混凝土10cm，然后按设计架立钢拱架，采用I18钢拱架，拱架间距0.8m，喷射15cm C25混凝土加2mm钢板11层钢筋网片 $\phi 8mm@15cm\times15cm$。拱架中部、脚部采用 $\phi 22mm$ 锁脚锚杆，每处设置2根，长4m，拱架需设置在拱脚位置,确保拱架整体受力安全,且不侵入二次衬砌,施工二次衬砌时,预留注浆孔。二次衬砌施工后,通过注浆孔注入轻质混凝土。

3) 三级围岩段

Ⅲ级围岩段与Ⅳ级围岩段处治方式相同。对于无初期支护段落,采取如下措施:

(1) 围岩面与新二次衬砌之间的距离小于10cm的空洞,直接喷射C25混凝土。

(2) 围岩面与新二次衬砌之间距离10~20cm的空洞,喷射C25混凝土加一层钢筋网片,钢筋网片规格$\phi 8mm@20cm \times 20cm$。

(3) 围岩面与新二次衬砌之间距离20~50cm的空洞,喷射C25混凝土加两层钢筋网片,钢筋网片规格$\phi 8mm@20cm \times 20cm$。喷射混凝土不均的地方,可局部适合增加二次衬砌混凝土的厚度进行调整。

(4) 对于50cm以上空腔处理,采取如下方案进行处治:当空腔范围较小(不足整个断面的三分之一)时,采用(3)的方法执行,分层喷射,确保后期二次衬砌背后无空洞;当空腔范围较大(超过整个断面的三分之一)时,采用118钢拱架,拱架间距0.9m,2mm钢板加喷射15cm C25混凝土加一层钢筋网片$\phi 8mm@15cm \times 15cm$,拱架中部、脚部采用$\phi 22mm$锁脚锚杆,每处设置2根,长3.5m,拱架需设置在拱脚位置,确保拱架整体受力安全,且不侵入二次衬砌。施工二次衬砌时,预留注浆孔。二次衬砌施工后,通过注浆孔注入轻质混凝土。

5.3.3.2 隧道衬砌涂装拆除

随着我国公路工程建设规模持续增大,早期修建的部分隧道经常存在隧道内通风条件较差且潮湿,二次衬砌混凝土易出现泛碱、霉变等问题,对隧道结构安全产生一定影响。瓷砖具有装饰和防水等功能,且价格便宜、原材料易得,是早期建设的公路隧道内部装饰工程常采用的建筑材料之一。既有隧道加固改造施工通常采用挖掘机铲斗等设备拆除既有涂装。然而,在挖掘机铲斗端部齿牙的形状结构的作用下,易导致隧道墙体拆除部分挖除不均匀、不平整,挖除后会留存齿痕,造成涂装拆除效果不理想,降低施工拆除速度,对隧道改扩建工程施工进度造成较大影响。为此,项目研发了一种既有隧道衬砌涂装拆除装置,如图5.3-7所示。该装置采用当前常见的14mm厚的Q235钢板,并采用焊接方式连接。铲板(1)和炮锤通过连接板(4)和支撑板(3)进行固定连接,通过设置限位凸起增加限位环(7、8)与炮锤的表面摩擦力,保障连接板在装置安装和使用过程中的稳定性,提高装置的应用效果和使用寿命。

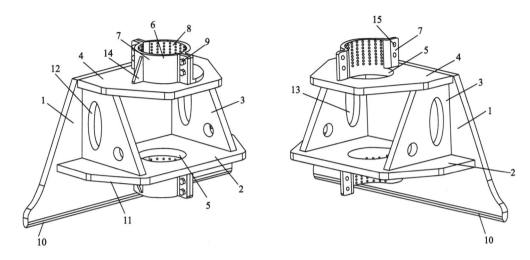

图 5.3-7　既有隧道衬砌涂装拆除装置示意图

1-铲板；2-第一连接板；3-第一支撑板；4-第二连接板；5-第一通孔；6-限位部件；7-第一限位环；8-第二限位环；9-限位螺栓；10-第一倒角；11-第二倒角；12-第一配重孔；13-限位凸起；14-第二支撑板；15-第一限位孔

该装置通过控制挖机采用传统的隧道衬砌涂装拆除操作,通过铲板对隧道衬砌涂装进行拆除,通过该方式可有效增大挖机单次拆除面积,且避免了因挖斗或炮锤形状结构导致的挖除不均匀、不平整以及挖除后留存的齿痕,保障了衬砌涂装拆除效果,提高了施工拆除速度,保障了隧道改扩建工程施工进度。

隧道衬砌涂装拆除的主要施工过程包括：

(1)将带有炮锤的挖机移动至既定位置,并使炮锤朝向向下；

(2)将本装置通过通孔(5)与炮锤临时固定在一起；

(3)采用焊接方式将通孔内的炮锤与装置进行焊接,即可完成安装；

(4)控制挖机采用传统的隧道衬砌涂装拆除操作对隧道衬砌涂装进行拆除；

(5)装置与炮锤分离时,可通过从焊接点处割除的方式将连接与炮锤拆卸。

5.3.3.3　衬砌裂缝补强施工

隧道裂缝处理与衬砌拆除同时施工,衬砌裂缝注浆处治设计如图 5.3-8 所示。对于不同宽度的裂缝采取不同工艺进行补强,具体工艺流程如图 5.3-9 所示。

(1)对于宽度≤0.2mm 的裂缝,对裂缝表面涂抹裂缝修补胶进行封闭；

(2)对于 0.2mm＜宽度≤0.5mm 的裂缝,对裂缝封闭后,灌注裂缝修补胶进行结构补强；

(3)对于宽度＞0.5mm 的裂缝,采用裂缝凿槽注胶处治。

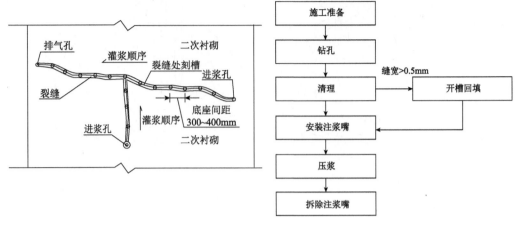

图 5.3-8　衬砌裂缝注浆处治设计　　图 5.3-9　裂缝补强工艺流程图

1) 开槽回填

对于缝宽大于 5mm 的裂缝,沿缝用人工或风镐凿成倒梯形槽,衬砌表面宽度约 15mm、深 15mm,回填环氧胶泥进行封闭。

2) 安装注浆嘴

粘贴注胶嘴底座的铁锈必须除净,并用丙酮擦洗干净,然后将环氧胶类泥均匀抹在底盘周围,厚度为 1~2mm,与孔眼对准粘贴在裂缝上。注胶嘴的间距根据缝长及裂缝的宽度以 30~40cm 为宜,一般宽缝可稀,窄缝宜密,每一道裂缝至少须各有一个进浆孔和排气孔。注胶孔眼必须对中保证导流畅通,注胶嘴应粘贴牢靠,四周抹成鱼脊状进行裂缝封闭。

3) 压浆

裂缝封闭带硬化后,需进行压气试验,以检查封闭带是否封严。压缩气体通过注胶嘴,气压控制在 0.1~0.3MPa 之间,在封闭带上及注胶嘴周围可涂上肥皂水,如封闭带上有泡沫出现,说明该部位漏气,对漏气部位应再次封闭。压气试验对于环、斜向缝可从下向上进行,水平向缝由低端往高端进行。

灌注裂缝采用空气泵压注法,压浆罐与注胶嘴用聚氯乙烯高压透明管相连接,连接要严密,不能漏气。在注胶过程中应注意控制压力,裂缝宽度较大的,如果进浆通畅,压力宜控制在 0.1MPa 以内,如果裂缝进浆不畅,可把泵压控制在 0.3MPa 以内。

对于环向裂缝,由下向上逐渐压注。从一端开始压浆后,另一端的注胶嘴在排出裂缝内的气体后喷出浆液与压入的浆液浓度相同时,可停止压浆,在保持压力下封堵注胶嘴。

5.3.4 管控要点

5.3.4.1 衬砌净空侵限处治

1)衬砌钢筋连接

(1)环向受力筋与纵向分布筋每个节点应进行绑扎或焊接。

(2)环向受力筋的搭接应采用焊接或机械连接。

(3)相邻环向受力筋搭接位置应错开,错开距离应不小于1000mm。

(4)同一受力钢筋的两个搭接距离应不小于1500m。

(5)箍筋连接点应在环向受力筋与纵向分布筋的交叉连接处,并应进行绑扎或焊接。

(6)内外层受力钢筋之间的限位钢筋应与环向受力筋进行焊接。

(7)仰拱衬砌钢筋或预埋连接钢筋应与拱墙环向受力筋焊接或机械连接。

2)拼装式模板

(1)混凝土浇筑过程中,模板拱架不偏移、不扭曲,模板光滑、不变形,模板接缝平整不漏浆。

(2)模板拱架形状应与衬砌断面形状相适应,模板表面各点应不侵入衬砌内轮廓,放样时,可将设计衬砌轮廓线外扩50~80mm,但不得影响衬砌厚度,并应预留拱架高程沉落量,施工中应随时测量、调整。

(3)每一施工循环的前后两端拱架外形尺寸最大误差宜不大于5mm。

(4)单块活动模板长度宜为100mm,最大不应超过1500m;宽度不宜大于500mm。

(5)挡头模板应与衬砌断面相适应,方便止水带安装,且安装应固定牢固、封堵严密,不得损坏防水板。

(6)模板重复使用时,循环使用前应进行检查,出现异常应予以修整。

(7)模板、拱架架设位置应准确,高程应满足设计要求。

(8)一次浇筑长度宜为3.0~8.0m。

3)新旧衬砌搭接处理

采集旧衬砌端头位置数据,画出侵限断面图,侵限位置采用风镐配合打磨设备凿除,凿除部分与新建衬砌断面通过衬砌模板进行搭接,浇筑混凝土拆模后,再对新旧衬砌搭接处进行处理,最大限度消除错台。

在新旧衬砌搭接缝位置,埋设排水系统,并布设背贴式止水带和中埋注浆缓膨胀型橡胶止水条。衬砌拆除端预留10~20cm防水板,与新防水板进行搭接。

4)爆破控制

根据现场实际情况,控制最大单响药量,控制孔口方向不得朝向洞口方向,严格控制爆破飞石和振动;开始施工,先按钻爆参数小规模试爆,根据爆破效果,针对孔网参数适当调整;采用浅孔松动爆破技术,控制单段最大药量及一次爆破总药量,爆破后达到混凝土开裂松散,便于机械破碎清理即可。这样做既减少了对既有高速围岩及其他设备设施的破坏,又控制了爆破飞石的飞散距离。

5)换拱方案

由于隧道支护结构的形式与受力状态在很大程度上取决于围岩质量,隧道换拱时应根据具体围岩级别采取相应的施工方案与工序,以确保换拱施工安全。

5.3.4.2 衬砌裂缝补强施工

(1)裂缝修补用胶液采用可在潮湿环境下固化的改性环氧树脂胶,表面封缝材料固化后应均匀、平整,不出现裂缝,无脱落。

(2)裂缝封口胶固化后应进行压气试验,检查密封效果;观察注胶嘴之间的连通情况。当注胶嘴中气压达到0.3MPa,仍有不通气的注胶嘴时,则应重新埋设注胶嘴,并缩短其间距。

(3)贯通裂缝压力注胶时,胶液注入量应按设计要求进行,在注射过程中可采用取芯法检查注胶饱满程度,适当调整注胶压力、时间等。

(4)当注入裂缝的修补胶达到7d的固化期时,应采用取芯法对注浆效果进行检验。芯样检验应采用劈裂抗拉强度测定方法。当检验效果符合下列条件之一时为符合设计要求:沿裂缝方向施加劈力,其破坏应发生在混凝土部分(即内聚破坏);破坏虽有部分发生在界面上,但其破坏面积不大于破坏总面积的15%。

5.3.5 经验启示

为了精确评估公路隧道病害等级,项目在既有隧道建设与养护资料分析和前期研究的基础上,采用递阶层次分析模型,建立了公路隧道病害等级评价的指标体系,进而对整条隧道的病害结构状况进行评价,并对不同病害类型和等级提出相应的处治措施。针对传统衬砌拆除过程中,挖掘机铲斗端部齿牙易导致隧道墙体拆除部分挖除不均匀、不平整,挖除后会留存齿痕,导致涂装拆除效果不理想并影响工期的问题,研发了一种既有隧道衬砌涂装拆除装置,通过控制挖机采用传统的隧道衬砌涂装拆除操作通过铲板对隧道衬砌涂装进行拆除,可有效提高挖机单次拆除面积,且避免了因挖斗或炮锤形状结构导致的挖除不均匀、不平整以及挖除后留存齿痕的问题,保障了衬砌涂装拆除效果,提高了施工拆除速度,保障了隧道改扩建工程施工进度。

5.4 本章小结

本章依托芜合高速公路高山隧道和试刀山隧道改扩建工程项目实际经验,系统分析了高速公路隧道改扩建工程涉及的典型技术与工艺,提出了相应的质量管控要点,总结了公路隧道改扩建工程实施过程中的经验启示,得到的主要结论如下:

(1)针对近邻隧道施工过程中的爆破影响控制、岩体参数获取方法、施工动态模拟技术及BIM技术在隧道改扩建工程中的应用等进行了详细阐述,提出了近临隧道爆破振速精准控制技术,建立了基于改扩建工程近临隧道爆破施工控制标准,构建了ArcScene地质与隧道结构集成模型,并在试刀山隧道中实际应用,综合节约工期30%以上,提升了隧道改扩建建设施工效率与安全管理效能。

(2)针对既有隧道结构拆除和扩建施工重难点,提出了既有隧道二次衬砌爆破拆除的关键控制要点,提出在强注浆加固及"先顶后拆"的基础上,左侧合并上下台阶两次拆除开挖,直接一次拆除开挖至下台阶拱脚,右侧配合临时竖撑的优化施工方案,介绍了应急车道衬砌施工的关键工艺流程及注意事项,总结了既有隧道衬砌结构拆除的管控要点及经验启示。

(3)针对既有隧道二次衬砌欠厚、衬砌背后空洞不密实或脱空、净空断面侵界等病害,在既有隧道安全状态评估和分析的基础上,针对不同围岩等级分别提出了病害处治方案,并总结了衬砌净空侵限处治施工的关键工艺和技术要点,从衬砌裂缝补强和净空侵限处治两方面提出质量管控要点。

CHAPTER SIX   6

固废利用与节能减排

芜合高速公路通车年限已达到13～15年，路面材料性能及照明设施性能均有不同程度的衰减，亟需对既有路面结构及照明设施进行修复与更新。本章分析了芜合高速公路改扩建工程旧路面沥青废料再生利用需求，提出了隧道照明运行维护面临的主要问题，介绍了旧沥青路面就地冷再生及异位利用技术、干式油石分离沥青混合料再生利用技术及高山隧道照明技术在芜合高速公路改扩建工程中的实践应用。

6.1　旧沥青路面就地冷再生及异位利用关键技术

6.1.1　技术需求

本章分析了芜合高速公路改扩建工程旧路面沥青废料再生利用需求，提出了隧道照明运行维护面临的主要问题，介绍了旧沥青路面就地冷再生及异位利用技术，干式油分离沥青混合材料再生利用技术及高山隧道照明技术在芜合高速公路改扩建工程中的实践应用。

在高速公路改扩建和养护施工中，对旧沥青路面进行维修改建势必会产生大量的旧沥青混合料，而扩建车道沥青面层结构又对沥青混合料存在巨量需求。安徽省高速公路管养措施严格到位，沥青路面状况良好，旧沥青混合料具有很高的再生利用价值。通过路面再生，可以使其重新达到路用性能的要求。因此，实现对旧沥青混合料的高效再生，不仅能够节约资源、缓解公路养护资金短缺矛盾，而且符合我国"双碳"目标要求。目前国内外普遍将乳化沥青就地冷再生技术用于低等级公路的中下面层或高速公路的上基层。根据长期的路面观测，冷再生层作为低等级公路的中下面层，路面使用性能良好，无明显病害，具有良好的工程和环境适应性。但是乳化沥青就地冷再生技术尚未大规模运用到更高等级的道路和更高的层位中，因此有必要对乳化沥青就地冷再生技术的施工工艺及质量控制要点进行分析与研究，进一步推动相关技术高效应用于高速公路改扩建工程中，助力改扩建减碳技术发展。

芜合高速公路改扩建工程部分路段采用单侧拼接的特殊改扩建形式，必须实施原有车道旧沥青路面的乳化沥青就地再生，并异位利用于新建车道的沥青路面结构层中。围绕项目特点，有必要系统总结归纳乳化沥青就地冷再生及异位利用施工工艺在高速公路改扩建工程中的应用过程，提出沥青再生过程及检查验收管控要点，指导安徽省及全国其他高速公路改扩建项目沥青路面就地冷再生技术的应用，确保乳化沥青就地冷再生混合料（RAP）能够充分满足高速公路路面的使用性能，进一步发挥该技术对环境保护和资源节约的积极作用，产生更大的社会和经济效益。

6.1.2 技术方案

乳化沥青就地冷再生技术是利用现有旧路材料(面层或部分基层),需要时加入部分新集料,按比例加入一定量的乳化沥青和水泥或者别的添加剂,在自然环境温度下连续地完成材料的铣刨、破碎、筛分、拌和、摊铺及压实成型的一项技术。在高速公路改扩建工程中,乳化沥青就地冷再生技术有以下几个优点:

(1)全部利用旧沥青混合料,从而减少了道路养护或改建时旧沥青混合料的挖起运输、废置和新材料的购置,节约能源,从而导致成本的大幅下降。

(2)专用冷再生施工器械可以一次性完成铣刨、破碎、添加、拌和,从而简化了施工程序,缩短施工工期。

(3)乳化沥青就地冷再生技术可以根据不同路面结构和材料的实际情况来计算选择不同的添加剂,配比准确,可以保证再生材料的优秀品质和施工质量。

(4)由于对旧料的100%利用,大大减少了新料的使用量;同时污染极小,也不存在旧料的运输与存放问题,是一项绿色环保技术。

(5)施工密集,将因施工而造成的交通干扰降到最低。芜合高速公路改扩建项目采用乳化沥青就地冷再生及异位利用技术。

6.1.2.1 再生沥青混合料关键性能试验评价

1)旧路调查及芯样性能评价

在设计沥青路面冷再生方案前,需要对旧路进行检查,为乳化沥青就地冷再生设计提供理论依据。旧路调查内容包括原路面历史信息调查与分析(包括旧路设计施工资料搜集、旧路养护情况调查等)、原路面状况调查与评价(包括旧路宽度、旧路表面坑槽、变形、裂缝、啃边等病害情况及相应段落的调查等旧路现场外观调查和取样,以及路面状况指数(Pavement Condition Index,PCI)、路面结构强度系数(Structure Strength Index,SSI)、车辙深度、下承层的承载能力和路面结构厚度等原路面状况调查)及交通量调查(包括交通量大小和轴载情况等)。除上述原路面历史信息调查及旧路外观调查外,这一阶段开展各项主要工作及采取的评价方法如下:

(1)交通状况评价主要从断面交通量和轴载谱等方面对芜合高速公路沥青路面所承受的交通荷载进行分析。

(2)路面性能评价主要从路面状况指数(PCI)、路面行驶质量指数(Riding Quantity Index,RQI)、路面车辙深度指数(Rutting Depth Index,RDI)、路面抗滑性能指数(Skid

Resistance Index,SRI)对芜合高速公路沥青路面进行性能状况评价。

(3)芯样评价应根据前面的结构状况评价结果,结合建设期资料,选择代表性路段,进行芯样的钻取和室内试验评价,分析芜合高速公路运营阶段路面混合料性能的变化情况,具体实施的评价方法见表6.1-1。

芯样检测及评价方法　　　　　表6.1-1

评价性能	试验方法	试验层位	备注
体积参数	密度试验	上、中、下面层	检测各层厚度、级配组成等
高温性能评价	分层动态蠕变试验	上、中、下面层	评价路面结构材料高温稳定性能
	全厚式动态蠕变试验	面层整体芯样	
低温性能评价	半圆弯曲抗裂性能试验	上、中、下面层	评价路面结构材料抗裂性能
疲劳性能	半圆弯曲疲劳试验	上、中、下面层	评价路面结构材料的疲劳性能
基层性能	无侧限抗压强度试验	基层	评价基层强度状况

2)基于梯度温度控制和多级加载的高温性能评价

(1)多级加载的局部动态蠕变试验。

本项目采用多级加载局部动态蠕变试验来评价芯样的高温性能,主要基于两方面考虑:一方面,由于不同层位的芯样在实际路面结构中的受力状态有明显不同,越靠近沥青层表面,所承受的由车辆荷载所带来的应力越大。因此,在进行分层动态蠕变试验时,不同层位的芯样所加载的应力级别范围应有所区分。另一方面,在进行道路设计及车辙预估时,常根据既往经验公式将多种轴载的加载换算成标准的单一轴载的加载,但由于不同的路面结构和材料对交通荷载的敏感性不同,以及交通量、环境条件随时间不断发生变化,单一的经验公式也存在着滞后性、普适性、准确性不足的问题。因此,采用多级加载使室内试验的加荷范围与实际路面的轴载范围相对应,并探究不同路面材料对不同应力级别加载的敏感程度,从而获取路面材料的高温变形行为。在进行多级加载动态蠕变试验时,应尽可能将实际路面上所有可能的轴载范围都涵盖在内,从而方便地得到该材料对应所有交通荷载级别的变形规律。进行多级加载局部动态蠕变试验时,应注意以下技术要点:

①在开展多级加载的局部动态蠕变试验前,应首先确定加荷级别范围及应力脉冲时长。最高加荷级别应根据断面单轴双轮组的轴载谱分布范围、轴载与轮胎接地压力的换算式计算得到。

$$\frac{\sigma_i}{\sigma_s} = \left(\frac{q_i}{q_s}\right)^{0.65} \quad (6.1\text{-}1)$$

式中:σ_i——轴重q_i(kN)下的轮胎接地压力(kPa);

σ_s——标准轴重100kN下的轮胎接地压力,取700kPa;

q_i——轴重；

q_s——标准轴重。

为了综合考虑车速对永久变形的影响,可通过调整室内试验中半正弦波的脉冲时间来模拟不同车速的加载,然后将不同车速下得到的应变取平均值,得到在可能的行驶速度范围内平均车速下的永久应变。参考既往实践经验,将施加的半正弦波的脉冲时间分别设定为0.1s、0.2s、0.4s,基本可涵盖高速公路上交通车辆的行驶速度区间。

②采用基于多级加载试验得到的复合平均应变率(CASR)和复合蠕变劲度模量(CCSM)评估改性沥青混合料高温性能。根据项目采集的省内既往试验数据,确定CCSM及CASR不同范围内值的分布比例(图6.1-1、图6.1-2),并据此评估改性沥青混合料的高温性能。

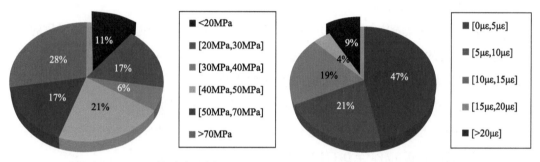

图6.1-1　CCSM值分布比例　　　　图6.1-2　CASR值分布比例

当CCSM小于20MPa的芯样比例约占总体的11%,即以CCSM为指标将所有路段的高温性能进行排序,在最末尾11%的路段时,认为其高温性能相对不足;而CASR的值大于20的路段比例约为9%,此范围比例与CCSM接近,因此设定CASR的阈值为20με,即当CASR大于20με时,认为材料的高温性能相对不足。

(2)全厚式动态蠕变试验。

由于现有沥青混合料高温变形试验条件与路面实际工作状态有较大的差异,所以其试验结果与路面实测永久变形量的相关性较差。因此,必须建立能够模拟沥青路面实际工作状态的室内试验方法。为了更准确地评价芯样的高温稳定性,对芯样面层结构的蠕变性能进行评价,重点评价面层的整体抗高温变形性能。

采取项目自主设计的基于沥青路面实际工作状态的整体结构高温变形试验方法,采用全厚式沥青面层整体试件,合理确定沥青层温度梯度及控制方法等试验条件,从而实现对沥青路面多物理场的耦合模拟,可以对整个面层结构进行高温抗变形能力的评价。试验方案如下：

①温度场模拟:用有限元方法建模分析不同最高温度下路面温度场的分布,并以路面结构几个控制深度的最高气温作为室内模拟试验的控制标准,通过室内试验模拟出不同最高气温下的路面结构温度梯度作为全厚式动态蠕变试验参数。

②预加载阶段:荷载级别 0.7MPa,单个加载周期 1s,应力脉冲时间 0.1s,共加载 1000 次。对试件进行预加载的作用是消除加载初期试件应变率过大的影响,待预加载完成后可以基本保证试件的应变率保持稳定。

③多序列加载阶段:本阶段共包含 30 个加载序列,加载应力幅值范围为 0.6~1.1MPa,一共分为 6 个荷载等级,每一级别提高 0.1MPa。每种荷载级别下分别进行三种不同的脉冲作用时长的重复加载循环,每一种脉冲时长的作用次数为 100 次,单个加载周期时长固定为 1s。综上,每一级别应力分别加载 500 次,6 级加载共作用 3000 次。

(3)分层动态蠕变试验。

分层动态蠕变试验依旧采用 50mm 压头和多级加载方案。但是,对于不同层位的芯样,需设定不同的加载级别范围及试验温度,以求更接近实际路面受力及温度状况。与整体芯样试验类似,分层多级加载动态蠕变试验也分为预加载和主加载两个阶段,只是不同层位的芯样在多序列加载阶段的加荷级别不同。上面层加载应力范围与整体芯样一致,从 0.6MPa 至 1.1MPa;中面层芯样加载应力范围从 0.5MPa 至 1.0MPa;下面层芯样加载应力范围为 0.3MPa 至 0.6MPa。试验过程如图 6.1-3 所示。

图 6.1-3 分层芯样试验示意

具体试验方案如下:

①结合已有的现场实测的路面温度场数据以及 Comsol 有限元软件对沥青路面结构的温度场计算结果,确定上、中、下面层芯样的试验温度进行后续试验。

②预加载阶段:荷载级别为 0.5MPa,单个加载周期为 1s,应力脉冲时间为 0.1s,共加载 500 次。预加载阶段是为了消除加载初期试件应变率过大的影响,待预加载完成后可

以基本保证试件的应变率保持稳定。

③多序列加载阶段：一共分为 6 个荷载等级，单个加载周期时长固定为 1s，其中脉冲时间 0.1s，间歇时间 0.9s。每个序列的重复作用次数为 50 次，单个加载周期时长固定为 1s。综上，每一级别应力分别加载 300 次，6 级加载共作用 1500 次。

（4）试验结果评价。

根据试验方案，采用复合平均永久应变率（$\bar{\varepsilon}_{pc}$）以及复合蠕变劲度模量（S_c）来衡量沥青混凝土的高温抗变形能力。相关指标的定义见式（6.1-2）和式（6.1-4）。

$$\bar{\varepsilon}_{pc} = \sum_{i=1}^{n}\left(\frac{N_i}{N} \times \bar{\varepsilon}_{pi}\right) \quad (6.1\text{-}2)$$

式中：N_i——第 i 个加载序列包含的重复加载次数；

N——n 个加载序列内总的重复加载次数；

$\bar{\varepsilon}_{pi}$——第 i 个加载序列内试件的平均永久应变率，计算过程见式（6.1-3）：

$$\bar{\varepsilon}_{pi} = \frac{\Delta \varepsilon_i}{N_i} \quad (6.1\text{-}3)$$

式中：$\Delta \varepsilon_i$——第 i 个加载序列内累计的永久应变。

$$S_c = \frac{\bar{\sigma}}{\Delta \varepsilon_p} \quad (6.1\text{-}4)$$

式中：$\bar{\sigma}$——试验中对试件施加的平均应力幅值，计算过程见式（6.1-5）：

$$\bar{\sigma} = \sum_{i=1}^{n}\left(\frac{N_i}{N} \times \sigma_i\right) \quad (6.1\text{-}5)$$

式中：n——所有加载序列的个数；

σ_i——第 i 个加载序列中对试件施加的应力幅值。

预加载阶段内的平均永久应变率可以反映出芯样的密实程度，平均永久应变率越大表明芯样的密实度越小；多序列加载阶段内的复合平均永久应变率反映了芯样在该阶段内的高温抗变形能力，复合永久应变率越小，代表芯样的高温抗变形能力越好。设定 20με/cycle 为该指标的阈值，当复合永久应变率大于 20 时，代表路面材料进入流变破坏阶段。

复合平均永久应变率未包含材料在预加载阶段内的变形，而复合蠕变劲度模量可综合考虑材料在预加载及多序列加载阶段总的变形特征。与复合平均永久应变率相反，复合蠕变劲度模量越大，表明材料的高温性能越好。设置 20MPa 为这项指标的阈值，当复合蠕变劲度模量小于 20MPa 时，认为材料高温抗变形能力不足。

复合平均永久应变率和复合蠕变劲度模量在衡量不同路段的高温性能时，既表现出了一致性，又略有差别。复合平均永久应变率未考虑材料在加载初期的塑性变形，而复合蠕变劲度模量的计算则包含了这部分变形。在衡量材料的高温性能时,两个指标可以相互补充、相互印证。

6.1.2.2 改性乳化沥青制备及性能评价

为选取最适宜的高性能胶乳掺量,采用常温蒸发的乳化沥青残留物获取方式,确定沥青结合料的常规物理性能,并检测其流变性能。其中,常规物理性能检测包括:乳化沥青蒸发残留物试验(具体指标包括软化点、针入度和延度)、乳化沥青筛上剩余量试验、乳化沥青储存稳定性试验。流变性能试验包括多应力重复蠕变恢复试验(MSCR)评价沥青的抗车辙性能;低温弯曲梁流变试验(BBR)判断沥青结合料的低温蠕变特性;线性振幅扫描试验(LAS)评价中温下沥青的疲劳性能。最终通过上述性能指标和乳化沥青残留物的微观形态综合对比分析确定高性能胶乳的最佳掺量。

1) 原材料选择

不同种基质沥青因为其化学成分差异、提炼方式的区别,乳化的效果也有所不同。本研究选择 70 号基质沥青。采用的胶乳其固体橡胶是一种人工合成聚合物橡胶,其物理性能、加工性能及制品的使用性能接近于天然橡胶,其他性能诸如耐磨、耐热、耐老化及硫化速度甚至更优,同时其能够显著改善沥青结合料的使用性能。由于阳离子型乳化剂与吸水带负电的石灰岩有更好的吸附性,故选择使用阳离子型乳化剂;SEBS 和 SBR 胶乳改性后的乳化沥青,均具有更好的高温稳定性及更好地适应重载交通的能力。然而,SBR 胶乳改性后的乳化沥青具有更好的低温延展性,综合性能最佳;同时,SBR 胶乳相比于 SEBS 改性在制备工艺上更为简单便捷,制备成本更为低廉。因此,本研究采用 SBR 胶乳作为高性能改性乳化沥青的改性剂。

2) 制备方式

高性能改性乳化沥青的制备工艺是由基质沥青、沥青乳化剂和高性能改性剂三者共同决定的。不同等级的基质沥青、不同离子型的乳化沥青或不同状态的高性能改性剂均会影响改性乳化沥青的制备方式。为了严格控制改性乳化沥青的质量,采用内掺法制备高性能改性乳化沥青。先将两种乳化剂按照设定的比例混合后再加入定量的温水进行稀释,加入一定比例的高性能胶乳搅拌均匀后再使用高浓度盐酸来调节皂液的 pH 值,控制 pH 值在 1.9~2.2 范围内,并将制备好的皂液放入 60℃鼓风烘箱保 30min;接着将称量好的基质沥青加热至 140~160℃,同时与皂液一起缓慢倒入胶体磨中高速研磨 2min,最终制得高性能改性乳化沥青。

3)高性能改性乳化沥青流变性能研究

虽然常规的乳化沥青残留物评价方法测得的相关物理指标可以在一定程度上反映沥青的性能,但其所得的只是经验式的参数,与沥青本身的路用性能相关性不好,因此,采用 Superpave 沥青结合料评价体系来全面地评价沥青的流变性能。包括三大指标:储存稳定性、多应力重复蠕变恢复(MSCR)、低温弯曲梁流变(BBR)和线性振幅扭描(LAS)等试验。

(1)多应力重复蠕变恢复试验。

车辙因子是线性黏弹范围内的参数,是在沥青结合料无损伤的状态下的力学特征,而高温下沥青结合料产生的永久变形是在损伤状态下产生的一种累积变形,光靠车辙因子无法准确评价沥青的高温性能。因此,提出了 MSCR 试验来进一步全面评价沥青的抗车辙性能。

①试验测试方法。

根据 ASTM D7405-15 规范的规定,MSCR 试验采用"加载-卸载"的循环加载模式在动态剪切流变仪上进行,选定 52℃、58℃、64℃ 三种温度和 0.1kPa、3.2kPa 两种应力水平进行循环测试。试验过程为先在 0.1kPa 应力条件下进行预加载 10 个周期,然后再在 0.1kPa 和 3.2kPa 应力水平下各测试 10 个周期。每个周期选用 1s 的加载蠕变阶段和 9s 的卸载恢复阶段,试验循环进行过程中无间歇时间,试验总时长为 300s。

②评估指标计算。

将 10 个循环的平均可恢复蠕变变形百分比即平均弹性恢复率记为 R,平均不可恢复蠕变柔量记为 J_{nr},R_{diff}、$J_{nr-diff}$ 为两种应力下的相对差异,反映了沥青的恢复能力对于应力的敏感性。以蠕变应力为 3.2kPa 为例,各项指标具体的计算公式见式(6.1-6)~式(6.1-11)。

每个循环的弹性恢复率 $R(3.2, N)$ 的计算公式见式(6.1-6):

$$R(3.2, N) = \frac{\gamma_r}{\gamma_L} \times 100\% \quad (6.1\text{-}6)$$

式中:N——加载的次数,数值从 1 取至 10;

γ_r——应变恢复率;

γ_L——应变峰值。

10 次循环的平均弹性恢复率 $R(3.2)$ 的计算公式见式(6.1-7):

$$R(3.2) = \frac{\sum_{N=1}^{10} R(3.2, N)}{10} \quad (6.1\text{-}7)$$

每个循环的不可恢复蠕变柔量 $J_{nr}(3.2, N)$ 为蠕变应变与蠕变剪切应力的比值,计算公式见式(6.1-8):

$$J_{nr}(3.2,N) = \frac{\gamma_u}{3200} \tag{6.1-8}$$

10次循环的平均不可恢复蠕变柔量$J_{nr}(3.2)$的计算公式见式(6.1-9)：

$$J_{nr}(3.2) = \frac{\sum_{N=1}^{10} J_{nr}(3.2,N)}{10} \tag{6.1-9}$$

蠕变应力3.2kPa与0.1kPa时应变平均弹性恢复率相对差异R_{diff}与平均不可恢复蠕变柔量相对差异$J_{nr\text{-}diff}$的计算方法，分别见式(6.1-10)和式(6.1-11)：

$$R_{diff} = \frac{R(0.1) - R(3.2)}{R(0.1)} \times 100\% \tag{6.1-10}$$

$$J_{nr\text{-}diff} = \frac{J_{nr\text{-}diff}(3.2) - J_{nr\text{-}diff}(0.1)}{J_{nr\text{-}diff}(0.1)} \times 100\% \tag{6.1-11}$$

式中：$R(0.1)$——蠕变压力为0.1kPa时的应变恢复率。

③试验结果评价。

弹性恢复率R代表沥青在荷载和温度作用下，可恢复变形的能力，其值越大，代表沥青结合料在荷载作用后，可恢复应变占总应变较大，残余应变较小，抵抗变形的能力就越强。弹性恢复率差值R_{diff}代表沥青弹性恢复对应力的敏感性，其值越小，对应力的敏感程度就越小。

不可恢复蠕变柔量值J_{nr}代表沥青在荷载和温度作用下可恢复变形的能力，其值越大，代表沥青结合料在荷载作用后，可恢复应变占总应变较大，残余应变较小，抵抗变形的能力就越强。不可恢复蠕变柔量差值$J_{nr\text{-}diff}$代表沥青弹性恢复对应力的敏感性，其值越小，对应力的敏感程度就越小。

(2)低温弯曲梁流变试验。

低温开裂是沥青路面的主要病害之一。SHRP研究计划发现沥青性能对低温裂缝的贡献率达到80%。沥青及沥青混合料在低温的环境下，受到外力会表现出明显的蠕变特性。通过研究外力作用下的沥青蠕变特性，可以确定沥青的低温性能。低温弯曲梁流变试验简称BBR试验，是通过测定低温环境下沥青结合料在恒定荷载作用下的挠曲变形情况来判断沥青结合料低温蠕变特性的方法。

弯曲梁流变仪由气压装置、温控系统、高精度加载装置和计算机控制系统组成，通过温控系统精准控温，气压装置施加设定的荷载于沥青结合料上以测定在低温条件下沥青小梁的变形，最后通过计算机计算出蠕变劲度模量S和蠕变速率m。蠕变劲度模量S表示沥青结合料在低温条件下抵抗变形的能力，S越小表明沥青抵抗变形能力越强，沥青路面低温收缩开裂的可能性越小。m用来评价荷载作用时沥青蠕变劲度模量的变化速度。当 m 值减小,沥青路面中的温度应力的松弛速度将会减小,而温度应力作用时间延长会增大沥青路面开裂的可能性。蠕变劲度模量 S 和蠕变速率 m 的计算公式,见式(6.1-12)和式(6.1-13):

$$S(t) = \frac{PL^3}{4bh^3\delta(t)} \quad (6.1\text{-}12)$$

$$m(t) = \frac{\mathrm{dlg}S(t)}{\mathrm{dlg}(t)} \quad (6.1\text{-}13)$$

式中:$S(t)$——实时蠕变劲度(MPa);

P——施加的恒定荷载(N·m);

L——沥青梁跨径(mm);

b——沥青梁的宽度(mm);

h——沥青梁的厚度(mm);

$\delta(t)$——沥青梁 t 时刻蠕变斜率的绝对值(mm)。

(3)线性振幅扫描试验。

采用线性振幅扫描试验来评价中温下沥青的疲劳性能。沥青加速疲劳试验-线性振幅扫描试验(Linear Amplitude Sweep)又称 LAS 试验,是利用动态剪切流变仪在中温条件下对沥青结合料疲劳性能的测试方法。

试验共分为两个部分,第一部分是频率扫描,在确定的线性范围内进行频率扫描,试验的频率依次为 0.2Hz、0.4Hz、0.8Hz、1.0Hz、2.0Hz、4.0Hz、6.0Hz、8.0Hz、10Hz、20Hz 和 30Hz。第二部分是在相同的温度下的应变增幅的频率扫描试验,以线性的模式振幅增加由 0.1% 至 30%,加载的频率为 10Hz,共加载 310s,由计算机记录加载过程中应力应变曲线、复数剪切模量和相位角等参数,根据得到的应力应变数据,利用 S-VECD 模型进行非线性拟合,获得材料的损伤特性曲线。利用损伤特性曲线可以用于评价沥青结合料的疲劳性能,同时预测沥青结合料的疲劳寿命。

①参数 α 计算过程。

根据公式将每个频率下的动态模量 $|G^*(\omega)|$ 和相位角 $\delta(\omega)$ 转换为储能模量 $G'(\omega)$。

$$G'(\omega) = |G^*(\omega)| \times \cos\delta(\omega) \quad (6.1\text{-}14)$$

以 $\lg G'(\omega)$ 为纵坐标,$\lg\omega$ 为横坐标进行线性拟合,得到拟合方程为:

$$\lg G'(\omega) = m\lg\omega + b \quad (6.1\text{-}15)$$

根据拟合得到的 m 值,通过公式得到参数 α。

$$\alpha = \frac{1}{m} \quad (6.1\text{-}16)$$

②疲劳寿命的计算过程。

基于振幅扫描得到的试验结果,通过式(6.1-17)获得沥青结合料的损失累积参数。

$$D(t) \approx \sum_{i=1}^{N} [\pi\gamma_0^2(C_{i-1}-C_i)]^{\frac{\alpha}{1+\alpha}}(t_i-t_{i-1})^{\frac{1}{1+\alpha}} \quad (6.1\text{-}17)$$

式中:$D(t)$——t 时刻产生的疲劳损伤;

γ_0——某一时刻加载的应变。

对于 t 时刻的 $D(t)$、C_t,通过式(6.1-18)进行函数拟合。

$$C_t = C_0 - C_1 D(t)^{C_2} \quad (6.1\text{-}18)$$

式中:$C(t)$——t 时刻复数剪切模量与初始复数剪切模量的比值;

C_0——值取 1。

C_1 和 C_2 为通过式(6.1-19)取 $D(t)$、C_t 的对数进行线性拟合参数。

$$\log[C_0 - C(t)] = \log(C_1) + C_2 \log D(t) \quad (6.1\text{-}19)$$

D_f 为在峰值剪切应力作用下初始复数剪切模量的衰减量:

$$D_f = \left(\frac{C_0 - C_{\max}}{C_1}\right)^{\frac{1}{C_2}} \quad (6.1\text{-}20)$$

式中:$C_{\max}$——峰值应力下线性拟合参数。

通过式(6.1-21)和式(6.1-22)计算得到沥青疲劳性能模型参数 A 和 B。

$$A = \frac{f(D_f)^k}{k(\pi C_1 C_2)^\alpha} \quad (6.1\text{-}21)$$

$$B = 2\alpha \quad (6.1\text{-}22)$$

式中:f——加载频率,取 10Hz。

$$k = 1 + (1-C_2)\alpha \quad (6.1\text{-}23)$$

确定了疲劳性能模型参数 A 和 B 后,可以通过式(6.1-24)计算得到沥青结合料的疲劳寿命 N_f。

$$N_f = A(\gamma_{\max})^{-B} \quad (6.1\text{-}24)$$

式中:A、B——疲劳模型参数;

$\gamma_{\max}$——某路面结构中沥青结合料可能出现的最大的应变值(%)。

6.1.2.3 改性乳化沥青冷再生混合料配合比设计

针对乳化沥青就地冷再生工程应用问题,通过调整冷再生机铣刨速度获取 RAP 最佳级配;采用旋转压实的成型方式,确定不同水泥含量和不同温度下的最佳含水率;考虑路面施工现场的压实条件,通过压实能量指数(CEI)和压实速率(K)确定最佳的压实次数、压实温度、静置时间、总液体含量、乳化沥青用量和改性剂掺量;基于马歇尔击实混合料质量检验方法,确定最佳的成型方式和击实次数;最后通过空隙率、劈裂强度、浸水劈裂强度、干湿劈裂强度比,确定普通乳化沥青和改性乳化沥青冷再生配合比设计的最佳掺量。

6.1.2.4 高性能乳化沥青冷再生混合料路用性能评价

进行改性乳化沥青冷再生混合料的路用性能室内研究,更加全面地评价改性乳化沥青冷再生混合料的路用性能,包括高温稳定性、中低温抗裂性能和疲劳性能。其中,高温稳定性参考 6.1.2.1 所述的多级加载局部动态蠕变试验进行;中低温抗裂性能采用半圆弯曲断裂试验,从强度指标、能量指标和位移指标 3 个方面评价 SCB 的抗裂性能。

6.1.2.5 旧沥青路面就地冷再生及异位利用施工

施工的最低气温应控制在不低于 10°C,低温施工难以保证再生混合料的碾压成型。不得在雨天施工,若施工完 24h 内可能发生低温天气亦不允许施工。

施工期间和养护过程中应申请并实行交通管制,在未开放交通前,严禁车辆通行。施工现场设置施工标志、减速标志、严禁超车标志等,为确保安全并在施工区域设置减速带。根据路幅宽度,实行半封闭递进式施工。

6.1.3 关键工艺

就地冷再生路面的施工工艺主要包括施工前的准备工作、施工过程中的关键控制技术(如集料撒布、接缝处治、松铺系数、碾压工艺等)等内容,如图 6.1-4 所示。为保证施工安全,实行半封闭递进式施工,异位利用技术的具体施工步骤如下:施工前准备→冷再生施工→冷再生混合料运输→摊铺→碾压→接缝处理→养护→封层→开放交通→罩面。

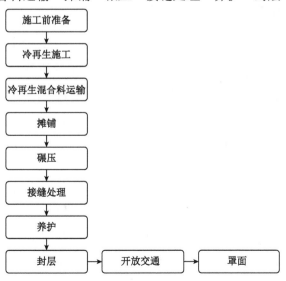

图 6.1-4 沥青冷再生及异位利用技术施工工艺流程

6.1.3.1 冷再生施工

(1)采用CIR 900系统(再生机、料堆提升机、乳化沥青罐车和水车等)进行就地冷再生时应按照实际施工的流程,按照要求确定设备次序。在Roadtec CIR 900再生机的计算机控制面板上,正确输入各项再生相关数据(乳化沥青含量、RAP密度等),再生机速度为4～6m/min。

(2)再生机在铣刨旧路面时,乳化沥青和水均匀地撒布在旧料上,保证了再生混合料的均匀性,再生工作过后,形成1m宽度左右的料堆。

(3)将Carlson WP 800料堆提升机和摊铺机连接,采用料堆提升机将1m左右的再生混合料堆提升到摊铺机料斗内,提升过程将对再生混合料的再次拌和,以尽量减少再生混合料离析现象的发生。再生作业过程如图6.1-5所示。

图6.1-5 再生作业

6.1.3.2 冷再生混合料运输

(1)再生机和摊铺机之间的距离可根据现场再生混合料的拌和工作时间来确定,一般不宜过远,以避免发生由于意外情况而造成混合料破乳来不及碾压的情况。

(2)异位利用时,装料车可事先将车厢用水湿润,冷再生混合料装入混合料运输车中后需及时盖上遮阳布,温度过高时可在遮阳布上喷洒适量的水,防止冷再生混合料出现因温度的快速上升导致的破乳。

6.1.3.3 摊铺

摊铺机在摊铺过程中必须做到匀速平稳连续作业,并尽量减少料斗的合开次数,减少混合料离析,摊铺机不能作业的死角采用人工摊铺,连续稳定的摊铺是提高路面平整度最主要的措施。摊铺速度可控制在1.5～2.0m/min,做到缓慢、均匀和不间断地摊铺。如遇下雨立即停止摊铺,并对已摊铺好的路面采取覆盖措施。

摊铺过程中一定要注意再生厚度、横坡与摊铺机的配合。旧路病害会导致面层厚度不均匀,通过对再生机计算机系统的及时调整确保出料数量尽量保持均匀一致,同时摊铺机在调整(摊铺厚度的增加或减少)过程中,一定要注意横坡的控制,以免出现路面积水,造成今后路面使用的损害。冷再生混合料从运输车中卸料时局部易发生离析,需配备专人进行处理。

6.1.3.4 碾压

根据再生层厚度、压实度等需要,配备足够数量、吨位的钢轮压路机、轮胎压路机,按照试验段确定的压实工艺进行碾压,保证压实后的再生层符合压实度和平整度的要求。碾压过程主要分为初压、复压和终压,每个碾压段落长度根据就地冷再生机组的实际情况宜控制在40m左右,见图6.1-6。确定的碾压方案如下:

图 6.1-6 芜合高速公路沥青摊铺及碾压施工

(1)对于摊铺好的再生混合料,最好在再生混合料表面破乳之前由紧随摊铺机后面的单钢轮振动压路机进行碾压,以防乳化沥青黏度增加,钢轮压路机产生粘轮现象。

(2)初压:采用单钢轮振动压路机碾压2~3遍,初压时再生混合料的含水率应比最佳含水率高1%~2%。再生层表面应保持湿润,如水分蒸发过快,应及时适量洒水。

(3)复压:采用轮胎压路机碾压,碾压次数通常由混合料性能、压实厚度、压路机类型及环境状况等决定,一般需要3~6遍。

(4)终压:采用双钢轮压路机碾压1~2遍,可以采用静压或振动模式,以消除轮迹和获得一定的压实度,只有当振动不会对路面造成损坏的情况,才可以使用振动模式。

(5)摊铺的再生混合料在碾压后,至少2h内不允许任何车辆通行,这个时间由现场决定,以保证足够的养护,避免车辆行驶造成再生层表面松散。

(6)碾压速度:初压1.5~3km/h,复压、终压2~4km/h。

6.1.3.5 接缝处理

(1)纵向施工缝:摊铺机摊铺再生混合料部分中间接缝处5~15cm,作为后高程基准面,并留有至少5cm的重叠量,第二幅再生时重叠范围内的水、乳化沥青、水泥按原数量继续喷洒,集料数量可以不添加。最后跨接缝碾压以消除缝迹。第二(甚至更多)幅再生时在纵向搭接处的厚度要严格控制,以免出现高差,造成碾压无法消除接缝;同时特别要注意本幅摊铺的横坡。

(2)横向接缝:每天的工作横缝用3m直尺测平方法确定再生起步位置。每天摊铺前,摊铺机停在横缝终端,摊铺机熨平板对准摊好路面后开始摊铺。在接缝处采用压路机横向由老路面向新铺路面逐步往返碾压,横缝碾压结束后再进行纵向碾压。

6.1.4 管控要点

6.1.4.1 再生过程质量管控要点

就地冷再生施工过程中的质量控制项目、频率等应满足表6.1-2的要求。检测方法应符合《公路工程沥青及沥青混合料试验规程》(JTG E20—2011)中沥青混合料劈裂试验(T 0716)、沥青混合料马歇尔稳定度试验(T 0709)、沥青混合料冻融劈裂试验(T 0729)、沥青混合料理论最大相对密度试验(真空法)(T 0711),以及《公路工程无机结合料稳定材料试验规程》(JTG E51—2009)中含水率试验方法(烘干法)(T 0801)的有关规定。

施工过程的质量控制项目、频率和要求　　　　表6.1-2

检查项目	质量要求	检查频率	检验方法
15℃劈裂强度(MPa)	>0.6	每工作日一次	T 0716
干湿劈裂强度比(%)	>75		T 0716
马歇尔稳定度(kN)	>8		T 0709
残留稳定度(%)	>75		T 0709
冻融劈裂强度比(%)	>70		T 0729
最大理论密度	实测		T 0711
含水率	符合设计要求	发现异常时随时试验	T 0801
沥青含量矿料级配	符合设计要求	发现异常时随时试验	抽提筛分

乳化沥青冷再生层验收项目、频率和要求见表6.1-3。

乳化沥青冷再生层检查验收项目、频率和要求　　　　表 6.1-3

检查项目		质量要求	检验频率	检验方法
芯样完整性		芯样完整，无松散	每车道每 500m 检查 1 次	目测(平均温度 25℃ 以上无下雨天气养护 7d)
压实度(%)		>90	每车道每 500m 检查 1 次	基于最大理论密度，T 0924 或 T 0921
空隙率(%)		<10		
15℃ 劈裂强度(MPa)		>0.5	每 1000m 检查 1 次	T 0716、T 0709 路面自然养护 30 天取芯
40℃ 马歇尔稳定度(kN)		>8		
平整度	mm	不大于 10	每 500 延米 2 处，每处连续 10 尺	T 0931—2008
	m/km	不大于 2.3	每车道连续检测	激光平整度仪
厚度(mm)	极值	-20	每 500m 每车道 1 点	取芯测量
	均值	-10		
宽度(mm)		不小于设计宽度，边缘线整齐，顺适	每 100 延米 1 处	T 0911—2008
外观		表面平整密实，无明显轮迹	随时	目测

注：当再生层用作三级及三级以下公路时，纵断面高程控制要求可适当放宽。

6.1.4.2 再生路段评价

1) 现场取样试验

为控制施工过程中的再生混合料质量，对摊铺后的再生混合料取样，该料样经过多次拌和后可充分代表再生混合料的材料性状。料样必须及时送至试验室，尽量避免水分散失，采用塑料薄膜进行密封保存，根据距离长短可适当加入少量的水延缓乳化沥青破乳。

采用旋转 30 次和击实 75 次分别成型试件，每组 4 个平行试件，成型好的试件在常温下放置 12h 后，在 60℃ 的通风烘箱中养护 48h，试件完全冷却至常温后进行路用性能试验。表 6.1-4 为旋转 30 次和击实 75 次试件的路用技术性能要求。

再生混合料路用技术性能要求　　　　　表6.1-4

击实次数	马歇尔稳定度(kN)	空隙率(%)	残留稳定度(%)	劈裂强度(MPa)	干湿劈裂强度比(%)	冻融劈裂强度比(%)
旋转30次	≥8.0	8~14	≥75	≥0.6	≥75	≥70
击实85次	≥8.0	8~14	—	≥0.6	—	—

2)检查验收结果

乳化沥青就地冷再生工程完工且养护后,应将全线以1~3km作为一个评定路段,进行质量检查和验收。乳化沥青就地冷再生路段的检查验收,最为关键的是确保再生层是否已经压实成型,满足压实度的技术要求;其次进行外形、尺寸等项目的检查。表6.1-5为乳化沥青冷再生材料检查验收技术要求。

乳化沥青冷再生材料检查验收技术要求　　　　　表6.1-5

检查项目		技术要求	检验方法
平整度最大间隙(mm)		10	T 0931
纵断面高程(mm)		±10	T 0911
厚度(mm)	均值	−10	插入测量
	极值	−20	
宽度(mm)		不小于设计宽度,边缘线整齐,顺适	T 0911
横坡度(%)		±0.3	T 0911
外观		表面平整密实,无明显轮迹	目测
压实度(%)		>90(高速公路、一级公路) >87(二级及以下公路)	基于最大理论密度 T 0924 或 T 0921

3)取芯试验

施工结束后对乳化沥青就地冷再生就地利用和异位利用的试验段进行取芯,并进行技术性能检测,其各项指标应满足表6.1-6的要求。

芯样各项技术性能指标要求　　　　　表6.1-6

检查项目		技术要求
空隙率(%)		≤10%
压实度(%)		≥90%
马歇尔稳定度试验	稳定度(kN)	≥6.0
	残留稳定度(%)	≥75
劈裂试验	劈裂强度(MPa)	≥0.6
	干湿劈裂强度比(%)	≥75
	冻融劈裂强度比(%)	≥70

6.1.5　效益分析

在实际工程项目中，经济效益分析已成为施工方案比选的重要参考因素之一。在满足路面使用要求的同时，应选取路面性价比最高的设计方案。乳化沥青就地冷再生技术100%利用旧料，节约了石料资源；乳化沥青就地冷再生技术常温下施工，无须像热料一样在170℃下拌和生产，节约大量能源，也不会产生拌和摊铺时产生的有害气体，符合节能减排和绿色低碳的施工理念。而乳化沥青冷再生异位利用技术，使得旧路材料能够在常温下就地进行施工，节约了大量的运输和储存费用。因此，本书基于芜合高速公路改扩建乳化沥青就地冷再生工程，对比冷再生方案与传统的铣刨加铺方案的成本，展开经济效益对比分析，同时比较两种方案的能耗消耗，进行环境效益分析。

6.1.5.1　经济效益分析

对本次芜合高速公路改扩建乳化沥青就地冷再生工程进行单价分析，将选取方案统一为铣刨10cm旧路面进行再生，添加定量水泥和乳化沥青。由于就地冷再生技术不存在RAP的运输和占用土地费用，因此只需要计算施工产生的直接费用。生产的直接费用包括材料费、机械费、人工费、进出场费等，由于本次乳化沥青中添加了改性剂，所以价格高于乳化沥青市场价格。同时再生机组的台班费主要用于机械的折旧费，而设备的进出场费和工程量有关，当工程量较小时，进出场费用高。

传统的改扩建旧路利用方式主要有铣刨重铺、直接罩面等方式。芜合高速公路改扩建工程采取的主要方式为铣刨原路面上面层，回填6cm改性沥青AC-20C＋4cm改性沥青SMA-13罩面。乳化沥青就地冷再生就地利用路段为路面的调坡段，路面结构形式为10cm改性沥青AC-20＋4cm改性沥青SMA-113罩面，乳化沥青就地冷再生异位利用路段为路面的调坡段,路面结构形式为 8cm 改性沥青 AC-25 + 6cm 改性沥青 AC-20 + 4cm 改性沥青 SMA-13 罩面,除了路面结构层的材料不同以外,其余内容诸如黏层乳化沥青等材料均相同。以双车道 200m 的工程量为基准进行两种方案的经济性对比,不同施工方式就地利用方案造价比对结果见表 6.1-7。

不同施工方式就地利用方案造价比对　　　　表 6.1-7

方案名称	支出项目	长度(m)	宽度(m)	单位	单价(元)	数量	总价(万元)
刨铣重铺	罩面 4cmSMA-13	200	8	m³	2375.3	64	15.2
	黏层乳化沥青	200	8	m²	7.5	1600	1.2
	10cm 改性 AC-20	200	7.5	m³	1968.4	150	29.5
	黏层乳化沥青	200	7.5	m²	7.5	1500	1.1
	路面铣刨	200	7.5	m³	235.4	150	3.5
	铣刨料运输(25km)	200			164.8	150	2.5
	混合料运输(25km)	200	—	m³·km	3.5	5350	1.9
	摊铺碾压	200	—	m³	165.0	214	3.5
	合计	—	—	—	—	—	58.5
乳化沥青就地冷再生	罩面 4cm SMA-13	200	8	m³	2375.3	64	15.2
	乳化沥青就地冷再生	200	8	m²	1150.0	150	17.3
	黏层乳化沥青	200	7.5	m³	7.5	1600	1.2
	路面铣刨	200	7.5	m²	235.4	150	3.5
	铣刨料运输(25km)	200	7.5	m³	164.8	150	2.5
	混合料运输(25km)	200			3.5	1600	0.6
	摊铺碾压	200		m³·km	165.0	64	1.1
	合计	—	—		—	—	40.2

对比方案造价表发现,相比于铣刨加铺的方案,乳化沥青就地冷再生的方案每双车道 200m 可以节约 18.3 万元,即总成本降低 31.3%,对于有限的道路养护资金,可以大幅减少资金的总投入,获得最大的成本效益比,带来巨大的经济效益。

就地再生异位利用造价比对结果见表 6.1-8。

就地再生异位利用造价比对　　　　　　　表6.1-8

方案名称	支出项目	长度(m)	宽度(m)	单位	单价(元)	数量	总价(万元)
刨铣重铺	罩面4cm SMA-13	200	8	m³	2375.3	64	15.2
	黏层乳化沥青	200	8	m²	7.5	1600	1.2
	6cm 改性AC-20	200	7.5	m³	1968.4	90	17.7
	黏层乳化沥青	200	7.5	m²	7.5	7500	5.6
	8cm 普通AC-25	200	7.5	m³	1600.0	120	19.2
	路面铣刨	200	7.5	m³	235.4	150	3.5
	铣刨料运输(25km)	200	—	m³	164.8	150	2.5
	混合料运输(25km)	200	—	m³·km	3.5	6850	2.4
	摊铺碾压	200	—	m³	165.0	274	4.5
	合计	—	—	—	—	—	71.9
乳化沥青就地冷再生	罩面4cmSMA-13	200	8	m³	2375.3	64	15.2
	黏层乳化沥青	200	8	m²	7.5	1600	1.2
	6cm 改性AC-20	200	7.5	m³	1968.4	90	17.7
	黏层乳化沥青	200	7.5	m²	7.5	7500	5.6
	乳化沥青就地冷再生(包括运输摊铺碾压)	200	7.5	m³	1175.0	120	14.1
	路面铣刨	200	7.5	m³	235.4	150	3.5
	铣刨料运输(25km)	200	—	m³	164.8	150	2.5
	混合料运输(25km)	200	—	m³·km	3.5	3850	1.3
	摊铺碾压	200	—	m³	165.0	274	4.5
	合计	—	—	—	—	—	65.7

对比方案造价表发现,相比于铣刨加铺的方案,乳化沥青就地冷再生异位利用的方案每双车道200m可以节约6.2万元,即总成本降低8.6%,对于有限的道路养护资金,仍然可以有效减少资金的总投入,获得最大的成本效益比,带来巨大的经济效益。

6.1.5.2 环境效益分析

1) 能耗

乳化沥青冷再生混合料在常温下拌和,其混合料生产时无须加热RAP和乳化沥青,产生能耗的地方只有冷再生机及乳化沥青生产加热沥青和皂液。根据上文的研究经验,乳化沥青的生产需要将沥青加热到150℃,同时将皂液加热到60℃。生产1t冷再生混合料需要消耗35kg乳化沥青,根据油水比例64∶36计算,生产1t冷再生混合料需要22.4kg沥青和12.6kg水,查阅文献研磨生产35kg乳化沥青需要0.135kW·h的机械能,根据式(6.1-25)计算得到生产1t乳化沥青冷再生混合料需要消耗8.16×10^6J的能量。

$$E = E_1 + E_2 + E_3 \qquad (6.1\text{-}25)$$

式中:E_1——皂液加热所需的能量;

E_2——沥青加热所需的能量;

E_3——机械研磨所需的能量。

根据能耗计算用参数表(表6.1-9),可计算得出生产1t冷再生混合料所需乳化沥青的柴油消耗量为0.356kg。根据工程中实测,施工1km冷再生机消耗的柴油量为500L,柴油的密度在0.82~0.85kg/L,取乳化沥青冷再生混合料的密度为2.25g/cm³,计算得到每生产1t乳化沥青冷再生混合料冷再生机需要消耗0.498kg的柴油,共计0.853kg。

集料加热过程能耗计算的参数　　表6.1-9

项目	集料比热 C_α [J/(kg·℃)]	水的比热 C_ω [J/(kg·℃)]	柴油发热量 (J)	柴油燃烧效率(%)	加热前集料温度 T_q(℃)	集料中含水率(%)	滚筒热交换率(%)
数值	920	4190	42.5×10^6	90	25	4	60

对比方案设计中两种热拌沥青混合料AC-20和AC-25,根据式(6.1-26)分别计算出每种热拌沥青混合料生产1t所要消耗的能量,计算结果见表6.1-10。

$$E_r = C_\alpha m_{\alpha 1}(T_\alpha - T_q) + C_\omega m_{\omega 1}(T_\omega - T_q) \qquad (6.1\text{-}26)$$

式中:T_α——石料加热温度;

T_ω——水蒸发吸热及带走热量时的温度;

$m_{\alpha 1}$——生产1t热料所需的集料;

$m_{\omega 1}$——生产1t热料需蒸发的水。

两种沥青混合料生产能耗及柴油用量　　表6.1-10

混合料类型	油石比(%)	加热前集料温度(℃)	集料中含水率(%)	集料加热温度(℃)	出料温度(℃)	生产1t热料所需的集料(kg)	消耗能量(J)	柴油用量(kg)
AC-20	4.4	25	4	210	175	951.48	1.833×10^8	7.986
AC-25	3.7	25	4	210	150	959.69	1.794×10^8	7.640

AC-20 和 AC-25 的毛体积密度分别为 $2.431g/cm^3$、$2.402g/cm^3$，根据芜合高速公路就地冷再生就地利用和异位利用混合料采用的方案，分别计算出两种方案生产双车道 200m 混合料所需消耗的柴油用量，结果见表 6.1-11。

两种方案消耗柴油用量 表 6.1-11

对比方案	消耗柴油(kg)
冷再生	287.89
AC-20	2716.05
AC-25	2474.0

从表中数据可以看出，冷再生方案可以让混合料生产分别减少 89.4% 和 88.36% 的柴油用量，节约了大量的能源资源。并且乳化沥青冷再生技术为就地再生，无须热料的运输，节约了大量的石料资源，符合封山育林、减少石料开采的国家政策。

2）排放量

HMA 在拌和、摊铺过程中分别会产生二氧化碳、二氧化硫、氮氧化合物类有害气体以及沥青烟。其中，前三类气体直接影响到空气质量，二氧化碳和氮氧化合物类中的氧化亚氮是温室气体。另外，沥青烟中含有一定量的苯并芘及苯可溶物等有害物质。HMA 在摊铺碾压过程中释放出来的沥青烟会刺激施工人员的呼吸系统。沥青烟及其他有害气体在 HMA 拌和及铺筑过程中排放涉及公共利益和工程人员身体健康。

秦永春等测试出料温度为 150℃ 左右的 HMA 在拌和楼和现场摊铺工程中的有害气体排放量。在拌和楼测试产生的 CO_2、SO_2 以及氮氧化合物类等有害气体；施工现场测试摊铺过程中产生的沥青烟、苯并芘及苯可溶物等有害气体，检测结果见表 6.1-12。

HMA 有害气体的排放量(m^3) 表 6.1-12

地点	拌和楼排放				现场排放		
测试项目	CO_2(%)	NO_x(mg)	SO_2(mg)	烟尘(g)	沥青烟(mg)	苯可溶物(mg)	苯并芘(μg)
排放量	2.5	146	13.3	49.7	21.1	19.5	0.0944

根据 1t HMA 在拌和楼和现场施工时的气体排放量，表 6.1-13 计算了摊铺厚度 $0.1m \times 200m \times 7.5m$ 时的 HMA 的有害气体排放量。

有害气体的排放量　　　　　　　表6.1-13

类别	拌和楼气体排放				现场排放量		
排放气体	CO_2(kg)	NO_x(mg)	SO_2(mg)	烟尘(kg)	沥青烟(mg)	苯可溶物(mg)	苯并芘(mg)
每吨排放量	21.12	58.4	5.32	21.7	8.44	7.8	0.000038
排放量	7920	21900	1995	8137.5	3165	2925	0.01425

柴油的 CO_2 排放因子是 74100kg/TJ,柴油的净热值为 43TJ/Gg,1kg 柴油完全燃烧排放的 CO_2 质量为 $74.1\times43/1000=3.186$kg,则 1t AC-20 混合料消耗的 7.986kg 柴油会排放 25.44kg CO_2。1t 乳化沥青冷再生混合料消耗的 0.853kg 柴油会排放 2.72kg CO_2,排放量降低 89.31%。

综合上述研究结论,旧沥青路面就地冷再生及异位利用技术的应用能够有效节约项目成本、减少温室气体排放、降低化石能源消耗,符合芜合高速公路改扩建工程绿色低碳建造理念,有力支撑我国"双碳"目标方针实现。

6.2　基于干式油石分离的沥青混合料高效再生利用关键技术

6.2.1　技术需求

根据芜合二期高速公路改扩建项目提出的路面改造方案,需要对部分既有路段的上面层、原有的桥面铺装进行铣刨重铺,部分桥梁、隧道进行拆除。因此,对铣刨拆除产生的 RAP 等废料需要通过有效的再生手段进行利用,避免堆积浪费。

当前,对沥青路面比较彻底的维修方法是将原沥青路面铣刨后再加铺新的沥青路面,这种做法会产生大量的废旧沥青混合料,如果将这些废料弃置不处理,将会对环境造成污染并导致资源的浪费,而且铺筑新路面需要开采大量的新石料,这也会严重破坏生态环境。如果直接采用优质新沥青混合料来替代废旧沥青混合料,需要耗费大量的建设资金。调研数据显示,每年因为路面材料浪费造成的经济损失达 3 亿元以上,并且正在以每年提升 15% 的速度上涨。将废旧混合料再生利用,不仅可以提高作业效率、节省施工成本,还符合现代社会对于环保节能的要求,具有显著的经济效益与社会效益。

沥青混合料再生利用是将既有路面进行翻挖或铣刨,将产生的废旧沥青混合料进行回收、破碎和筛分,然后再与新集料、沥青及再生剂等按适当比例混合后重新拌和,形成具有一定路用性能的再生沥青混合料。目前,常见的沥青混合料再生技术包括就地热再生、厂拌热再生、就地冷再生和厂拌冷再生。其中,厂拌热再生技术因其具有设备投资小、对混合料质量控制好、对旧料的利用率高、可保持重新铺筑的路面高程不变等优点,成为国内外使用最多的再生技术之一。当前国内的沥青混合料再生技术,对于RAP的掺量比例在25%以下时比较成熟,但是当RAP掺量为25%以上时,对于再生沥青混合料设计和施工等方面缺乏相应的理论基础。此外,厂拌热再生技术在使用过程中存在一些问题。比如,再生混合料性能较低、再生剂的比选方面缺少能够反映再生效果的功能性指标等,这些问题的存在制约了厂拌热再生技术的推广与发展。

干式油石分离再生是将旧沥青路面铣刨后运至沥青拌和厂,通过对废旧沥青混合料进行除尘、破碎、油石分离和筛分等工艺,将废旧沥青混合料中集料表面的沥青分离,并将集料加工成为不同粒径的矿料,掺入一定数量的新集料、沥青,采用拌和设备重新拌和成沥青混合料的技术。与就地冷再生技术相比,干式油石分离技术具有再生沥青混合料均匀性好、质量可控及应用层位高等优势,但相关技术尚缺少成熟的工程应用经验。因此,本项目针对基于干式油石分离的沥青混合料高效再生利用关键技术展开研究,以期丰富和拓宽相关技术应用场景。

6.2.2 技术方案

沥青混合料的再生技术能有效利用废旧沥青混合料,减少废料的堆放,而且可以减少新材料的使用量,从而节约工程投资,并有效保护环境。根据我国已有的工程经验,采用再生沥青路面平均可以节约材料费45%~50%,降低整体工程造价20%~25%。当再生沥青混合料中的RAP掺量达到25%及以上时即为高旧料掺量再生沥青混合料。与普通再生沥青混合料相比,高旧料掺量再生沥青混合料对RAP的利用率更高,因此可以更进一步地节省工程投资,更有效地保护环境。但与此同时,掺加高比例的RAP使得再生沥青混合料的性能更加不稳定,有时甚至难以满足路面使用的要求,而且对于混合料设计与施工技术也提出了更高的要求。因此,开展基于干式油石分离的沥青混合料高效再生利用关键技术研究,尤其是对于高旧料掺量再生技术进行研究,并结合已有的研究成果,形成一套完整的基于干式油石分离的技术体系,保障再生混合料的质量。

本次工程试验段拟实施路段为芜合高速改扩建工程K37+300~K37+500左幅,长度200m,摊铺宽度为19.5m,摊铺面积3900m²,设计压实厚度为6cm,RAP掺量为50%,共使用油石分离铣刨料约290t,新集料约300t。将本技术生产的干式油石分离热再生AC-20C混合料用于中面层。

为避免采用高RAP掺量对沥青混合料性能的影响,先对RAP进行油石分离后得到旧集料和老化后的沥青,经筛分后,形成0~3mm、3~5mm、5~10mm以及10~15mm共4类集料,其中3mm以上的集料表面洁净,沥青含量在1%,可以充当新料使用,0~3mm的细RAP沥青含量较高,可达10%以上,通过对这两类材料的利用,实现对RAP的零废弃。对于油石分离后的3mm以上的集料可以应用于中上面层等高层位,0~3mm的细RAP则可应用于水稳基层中,以实现基层的抗裂性能提升。干式油石分离的设备外观与流程如图6.2-1所示,其再生策略路径如图6.2-2所示。

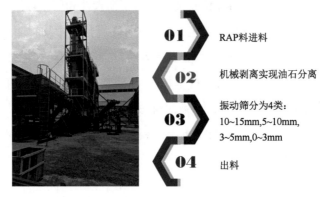

图6.2-1 干式油石分离的设备外观与流程

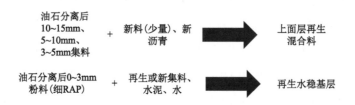

图6.2-2 干式油石分离后的再生策略

6.2.2.1 油石分离材料性能评价

1)油石分离材料性能评价

(1)物理性能评价。按照《公路工程集料试验规程》(JTG E42—2005)和《公路工程沥青及沥青混合料试验规程》(JTG E20—2011)对其进行性能检测。

(2)级配变异性评价。旧料原始配合比、路面使用年限、路面结构层位、回收工艺、养护方式等因素都会引起RAP料变异。这也导致RAP料的各项指标差异性巨大,这一差异性主要体现在旧沥青含量、旧沥青性质及集料级配上。由于均值无法表征旧沥青混合料的指标性质,一般使用RAP变异程度反映其均匀特性,本书利用变异系数进行RAP料的变异程度评价。所谓的RAP料的变异系数也称RAP料某项指标的"标准差率",即用于评价RAP料指标数值离散程度的统计量。标准差与平均值的相对值则称变异系数,通常用于多个目标变异性比较分析时,记作CV。采用这类对比评价方法可以消除度量单位与平均值不同对两个以上统计量变异程度进行比较时的影响。变异系数的计算公式如式(6.2-1)所示,样本标准差S和均值X的计算公式如式(6.2-2)、式(6.2-3)所示,变异系数C_V有利于不同指标对比,变异系数越小,变异程度越小;反之变异系数越大,统计目标变异程度越大,均匀性也就越差。

$$C_V = \frac{S}{\overline{X}} \times 100\% \tag{6.2-1}$$

$$S = \sqrt{\frac{\sum_{i=1}^{n}(X_i - \overline{X})^2}{n-1}} \tag{6.2-2}$$

$$\overline{X} = \frac{\sum_{i=1}^{n}X_i}{n} \tag{6.2-3}$$

2)干式油石分离再生集料指标要求

干式油石分离再生集料分类要求应符合表6.2-1的规定。

干式油石分离再生集料分类要求　　　　表6.2-1

铣刨料来源	再生集料分档	公称粒径(mm)
上面层	干式油石分离再生粗集料	10~15
		5~10
		3~5
	富含沥青细料	0~3
中、下面层	干式油石分离再生粗集料	>15
		10~15
		5~10
		3~5
	富含沥青细料	0~3

干式油石分离再生粗集料的技术要求应符合表 6.2-2 的规定。

干式油石分离再生粗集料技术要求　　　　　表 6.2-2

项目	高速公路及一级公路		其他等级公路	试验方法
	表面层	其他层位		
含水率(%)	≤3.0			《公路工程集料试验规程》（JTG E42—2005）中 T 0305
沥青含量(%)	≤1.0			《公路工程沥青及沥青混合料试验规程》（JTG E20—2011）中 T 0726
压碎值(%)	≤26	≤28	≤30	（JTG E42—2005）中 T 0316
洛杉矶磨耗损失(%)	≤28	≤30	≤35	（JTG E42—2005）中 T 0317
表观相对密度	≥2.6	≥2.5	≥2.45	（JTG E42—2005）中 T 0304
吸水率(%)	≤2.0	≤3.0	≤3.0	（JTG E42—2005）中 T 0304
坚固性(%)	≤12	≤12	—	（JTG E42—2005）中 T 0304
针片状颗粒含量(混合料)(%) 其中颗粒公称粒径≥9.5mm(%) 其中颗粒公称粒径<9.5mm(%)	≤15 ≤12 ≤18	≤18 ≤15 ≤20	≤20 — —	《公路工程集料试验规程》（JTG E42—2005）中 T 0312
水洗法<0.075mm 颗粒含量(%)	≤1	≤1	≤1	（JTG E42—2005）中 T 0310
软石含量(%)	≤3	≤5	≤5	（JTG E42—2005）中 T 0320

富含沥青细料的技术要求应符合表 6.2-3 的规定。

富含沥青细料技术要求　　　　　表 6.2-3

项目	技术要求	试验方法
含水率(%)	≤3.0	《公路工程集料试验规程》（JTG E42—2005）中 T 0332
表观相对密度	实测	（JTG E42—2005）中 T 0328
沥青含量(%)	≥6.0	（JTG E20—2005）中 T 0726

为了提高其利用层位和完全再生利用,对不同类别的分离集料分别应用到不同层位路面中,具体应用策略见表 6.2-4。

油石分离集料应用层位　　　　表 6.2-4

粒径(mm)	应用层位
10~15	上、中、下面层
5~10	
3~5	
0~3	水泥稳定基层

6.2.2.2　基于干式油石分离的再生沥青混合料配合比设计及性能评价

首先估算新沥青的油石比。以估算新油石比为中值,以 0.5% 为步长,选取不同比例的五种油石比,进行马歇尔试验。马歇尔试验采用双面击实 75 次,再生沥青混合料的理论密度采用实测法。本项目试验段再生沥青混合料的马歇尔试验结果见表 6.2-5 和图 6.2-3。

再生沥青混合料的马歇尔试验结果　　　　表 6.2-5

沥青油石比(%)	试件毛体积相对密度	计算理论最大相对密度	空隙率VV(%)	矿料间隙率VMA(%)	饱和度VFA(%)	稳定度(kN)	流值(0.1m)
3.5	2.418	2.595	6.8	13.1	47.9	12.16	26.1
4.0	2.432	2.576	5.6	13.0	57.0	12.78	28.2
4.5	2.444	2.558	4.5	13.0	65.7	12.41	29.9
5.0	2.453	2.540	3.4	13.1	73.8	11.95	31.9
5.5	2.448	2.522	2.9	13.7	78.5	11.63	33.9

从图 6.2-3 中找出对应于稳定度最大值、密度最大值、沥青饱和度中值以及规范要求的空隙率中值的沥青用量,以四个沥青用量的平均值作为最佳沥青用量的初始值 OAC_1 及符合规范规定指标的沥青用量公共范围 $OAC_{min} \sim OAC_{max}$,以 OAC_{min} 和 OAC_{max} 中值作为 OAC_2,取 OAC_1 和 OAC_2 的中值作为计算的最佳沥青用量 OAC。通过计算,该再生混合料的最佳油石比为 4.5%。

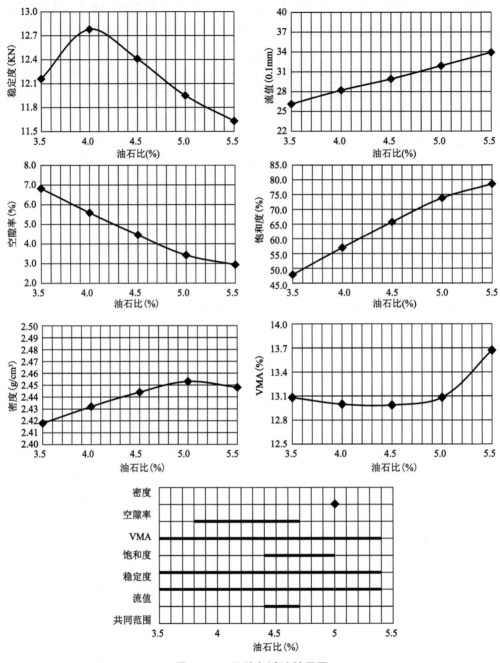

图 6.2-3 马歇尔试验结果图

其次,根据确定的级配和最佳新沥青用量,对再生沥青混合料进行马歇尔试验、高温性能、水稳定性和低温性能等相关性能的试验。通过上述再生沥青混合料配合比试验设计 AC-20 再生沥青混合料的马歇尔体积指标、残留稳定度、水稳定性、高温稳定性、低温抗裂性和渗水系数应满足《公路沥青路面施工技术规范》(JTG F40—2004)中的技术要求。

6.2.2.3 基于干式油石分离的再生沥青混合料路用性能评价

为准确测试干式油石分离的再生沥青混合料的路用性能的影响，根据试验规范要求对再生沥青混合料进行了高温稳定性、低温抗裂性、水稳定性进行试验，在每次拌和成型相应试件的同时，按照前述试验方法测定新旧沥青融合程度，对比分析新旧沥青融合程度对混合料路用性能的影响。

1）高温稳定性

沥青路面在夏季持续高温条件下路表面温度接近60°C，外加汽车荷载作用下，易产生车辙等此类永久性变形，造成高温失稳破坏。车辙是影响安全交通和行驶质量的重要问题，其中流动型车辙对沥青混合料高温稳定性有严重影响。对混合料的车辙进行试验研究可以有效评价其高温性能，车辙试验是在室内模拟车辆正常行驶状态时，沥青路面受到行驶车辆反复碾压的情况，具有一定压力的模拟车轮反复作用于试件表面形成车辙变形，通过位移传感器测定不同时刻车辙变形量，进而计算得到动稳定度。

在我国，高温车辙试验得到广泛应用，并且试验结果能够较好地反映实际路面车辙，因此本书采用高温车辙试验评价油石分离再生沥青混合料和普通热拌沥青混合料的高温稳定性。按照规范要求拌和条件制备热再生沥青混合料，成型车辙试件，在试验规定条件下对试件进行车辙试验。

2）低温抗裂性

在冬季环境温度较低时，沥青层会收缩变形，内部产生拉应力，当超过极限应力时，沥青层会出现断裂，沥青混合料抵抗低温条件下开裂的能力称为低温抗裂性，它影响沥青路面在低温条件下的使用性能、沥青混合料的均匀程度、沥青的低温流变性能，同时集料与沥青之间的黏结强度影响着沥青混合料的低温抗变形能力。由于RAP中旧沥青的老化，使得沥青易出现低温脆断，黏结性能变差，进而影响热再生沥青混合料的低温性能，因此应控制热再生沥青混合料的拌和工艺，提高新旧沥青融合程度，保证热再生沥青混合料拌和后有较好的均匀性。低温弯曲破坏试验是评定沥青混合料低温性能的常用试验方法。

本书采用低温弯曲破坏试验表征热再生沥青混合料的低温抗裂性能。按照规范要求拌和热再生沥青混合料，碾压成型车辙板，将车辙板切割为规定尺寸的小梁试件，在MTS上进行 $-10℃$、加载速率50mm/min的弯曲试验。

3) 水稳定性

沥青路面在水的侵蚀作用下会出现表面脱落、松散和坑槽等水损坏。当路表有积水使沥青混合料处于浸水条件时,在荷载的重复作用下,空隙中的水分不断冲刷混合料表面,导致集料与沥青的黏结力减小,沥青脱落,混合料的力学性能也会整体下降,我国规范推荐采用浸水马歇尔以及冻融劈裂试验测定混合料浸水条件下的力学强度降低程度。在大量试验过程中发现,浸水马歇尔试验的试验结果残留稳定度往往均满足规范要求,甚至会出现数值大于100%的现象。分析原因在于:水是影响混合料水稳性能的关键因素,不同试验方法的试件中的水分含量是不同的,当水分无法或者很少进入试件内部时,将导致混合料水稳性能测定值偏高,不合实际。在浸水马歇尔试验中,通过浸泡的方式,水分很难进入试件内部,导致其饱水率较低,浸水效果较差,因此导致试验无法判断试件的水稳定性。经试验验证,发现冻融劈裂试验凭借抽真空、降低击实次数等试验手段使试件饱水,能够满足试验要求,进而达到试验目的。基于此,本书选用这种试验方法测定油石分离再生沥青混合料和普通热拌沥青混合料的水稳定性。

4) 抗疲劳性能

采用半圆弯曲试验对比上述不同热再生沥青混合料的疲劳性能。将成型的马歇尔试件一切为二作为半圆弯曲试验的试件,荷载对路面产生的应力状态分布与半圆弯曲试件受力相符,沿直径的平面两端作为支点而受拉,循环荷载作用于试件弧顶而受压。试验过程中,对试件施加循环荷载作用,模拟实际路面的受力,进而得到混合料的疲劳性能。

5) 动态模量

沥青混合料的模量是影响路面结构最重要的性能因素,在沥青混合料的各种模量中,动态模量(复合模量)E由于更接近路面工作状态,成为沥青设计体系倾向采用的设计参数。动态模量一方面可以用来计算路面的力学响应,即路面结构层中临界位置在不同温度和加载条件下的应力、应变与位移;另一方面可以用来反映混合料路用性能的特征指标值,并且它还是影响沥青疲劳寿命主要因素。采用IPC公司的UTM-30系统对再生AC-20和普通AC-20混合料进行单轴压缩动态模量试验(AASHTO TP-79),试验温度选取5℃、20℃、35℃、50℃,试验频率为0.1Hz、0.5Hz、1Hz、5Hz、10Hz、25Hz,围压为0,试验图片如图6.2-4所示。采用UTS软件对试验结果进行分析,从而获得混合料的动态模量试验数据,见表6.2-6。

图 6.2-4　动态模量试验

动态模量试验结果　　　　　　　　　　　　表 6.2-6

温度	混合料类型	动态模量(MPa)					
		25Hz	10Hz	5Hz	1Hz	0.5Hz	0.1Hz
5℃	再生 AC-20	25093	23382	21986	18471	16926	13378
	普通 AC-20	18304	16564	15347	12027	10260	5913
20℃	再生 AC-20	16591	14347	12631	8931	7522	4662
	普通 AC-20	11980	9565	7652	4029	2609	1478
35℃	再生 AC-20	9204	7171	5791	3251	2476	1347
	普通 AC-20	5043	3304	2261	869	556	365
50℃	再生 AC-20	1909	1670	1316	671	572	417
	普通 AC-20	1391	1044	696	522	347	173

对动态模量进行分析时,可利用时温等效原理,对其进行非线性最小二乘法拟合,将不同温度时测得的数据根据频率平移,最终获得混合料的主曲线。将等温线移至任意温度 t_r 时的平移量定义为转换系数。转换系数是温度的函数,各温度的转换系数体现了材料的温度相关性,转换系数计算方法见式(6.2-4)。

$$\alpha_t = \frac{t}{t_r} \tag{6.2-4}$$

式中:α_t——转换系数;

t——某温度下的荷载作用时间。

项目组采用阿伦尼斯公式计算 α_t,见式(6.2-5)。

$$\alpha_t = \exp\left[\frac{\delta_h}{R}\left(\frac{1}{T+273} - \frac{1}{T_0+273}\right)\right] \tag{6.2-5}$$

式中：δ_h——材料的活化能(J/mol)；

$\quad R$——气体普适常数[J/(mol·K)]，取8.314J/(mol·K)；

$\quad T、T_0$——温度和参考温度(℃)。

根据时温等效原理，可以将温度20℃作为基准温度，通过阿仑尼斯公式平移得到两种沥青混合料的主曲线，如图6.2-5所示。

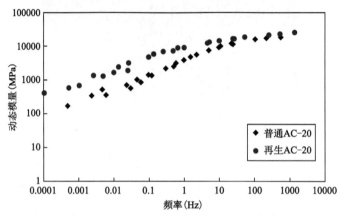

图6.2-5 再生AC-20和普通AC-20混合料的动态模量主曲线

从混合料的主曲线图中可以看出，随着加载频率的增加、荷载作用时间的减少，混合料的动态模量逐渐增加，而采用干式油石分离的AC-20再生沥青混合料在各频率下混合料的动态模量均得到提升，特别在高温高频（50℃、10Hz）的条件下，再生AC-20的动态模量相比普通AC-20，可以提高30%，从而改善混合料的高温力学性能。

6.2.3 关键工艺

首先将收集的铣刨料输送至振动给料机，在振动给料机的作用下，铣刨料进入颚式破碎机对大粒径的铣刨料进行破碎，经破碎后的铣刨料在传输带的作用下进入粗剥离机，在废旧沥青混合料进入粗剥离机后在破碎腔内与衬板和混合料发生两次乃至多次的碰撞、摩擦和研磨，由于沥青老化后失去了其原有的特性，变得又硬又脆，在此过程中，集料表面的旧沥青不断地和集料分离。粗剥离结束后，通过皮带传输进入振动筛，筛除第一次剥离的细集料和废旧沥青，5mm以上的材料通过皮带传输至细剥离设备，经过细剥离的废旧沥青混合料又被输送至振动筛，将粗集料分类为3～5mm再生集料、5～10mm再生集料和10～15mm再生集料。二次剥离的细集料和废旧沥青经分离器后形成细废旧沥青混合料，添加到复合磨机中进行沥青的再次分离和分布，形成废旧沥青均匀分布的磨细废旧沥青混合料。废旧沥青混合料干式分离再生的工艺图如图6.2-6所示。

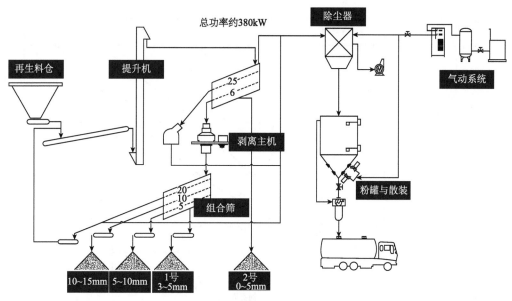

图 6.2-6 废旧沥青混合料干式油石分离再生工艺流程图

6.2.4 管控要点

为了能够使沥青铣刨料经干式油石分离再生后得到全部再生利用,将分离后的 0~3mm 粉料添加到基层中实现再生利用。在保证基层混合料品质的前提下,对分离后的粉料再生,实现减少胶凝材料的目的,同时代替部分细集料和矿粉。同时,分离粉料作为基层的一种原材料,就必须有相应的质量控制指标和标准,参照抗裂嵌挤型水稳进行级配设计,确定合理的用水量和水泥用量,并通过强度、干缩及温缩试验进行性能验证。

1)掺加细 RAP 的水稳基层级配选择

从耐久性以及防水的角度考虑,水稳碎石需要保证较高的密实性,因此本项目不采用骨架空隙型水稳碎石结构,对骨架密实和悬浮密实两种密实结构进行比选。参照《公路路面基层施工技术细则》(JTG/T F20—2015)以及江苏省地方标准《抗裂嵌挤型水泥稳定碎石路面基层施工技术规范》(DB32/T 3311—2017)中的要求,悬浮密实型水稳碎石以及骨架密实型水稳碎石的级配范围见表 6.2-7 和图 6.2-7。

不同类型的水稳碎石级配范围   表 6.2-7

级配类型	通过下列筛孔(方孔筛,mm)的质量百分率(%)							
	31.5	26.5	19	9.5	4.75	2.36	0.6	0.075
悬浮密实	100	90~100	72~89	47~67	29~49	17~35	8~22	0~7
骨架密实	100	90~100	68~86	38~58	22~32	16~28	8~15	0~5

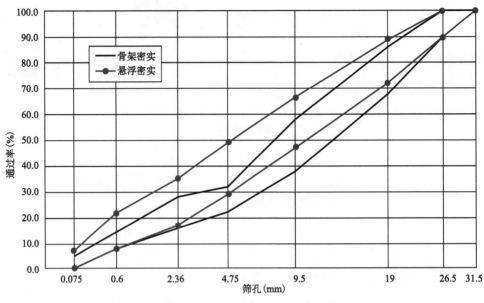

图 6.2-7　不同类型的水稳碎石级配范围

从上表和图中可以看出，悬浮密实型级配的细集料用量更多，其在 4.75mm 筛孔的通过率相比骨架密实型级配提高了 7%~17%，因此有更多的空隙容纳细 RAP。此外，与传统的水泥砂浆相比，细 RAP 中所含的沥青粉末可以有效地降低砂浆的模量提高弹性，从而一定程度上提升基层材料的抗裂性能。综上，本项目从细 RAP 循环利用以及提升抗裂性能的角度考虑，选择悬浮密实型级配进行细 RAP 的应用研究。

2）掺加细 RAP 的水稳碎石性能评价

当前，我国道路交通量增长很快，重载车辆比例显著增加，柔性基层很难满足强度要求，因此。我国高等级公路越来越倾向于选择半刚性材料作基层，特别是采用水泥稳定碎石材料作基层，其主要原因是水泥稳定碎石具有较高的强度和刚度。水泥稳定碎石基层的强度和回弹模量一般都很高，其 7d 抗压强度一般都在 3~7MPa 之间，7d 回弹模量一般在 1000MPa 左右。在实际工程中，很多建设单位盲目追求水泥稳定碎石的强度，一些工程完工后的水泥稳定碎石基层与水泥混凝土相似，7d 钻芯取样的抗压强度甚至达到了 9MPa 以上。通过提高基层强度的办法，可以达到提高基层承载力的目的，但是随着强度的提高，回弹模量也增加，随之而产生的问题是材料的抗变形能力减小，在荷载及自然因素作用下很容易产生裂缝。因此，在水泥稳定碎石材料设计中，在满足强度和刚度的前提下，尽量选择较小的回弹模量或者采用掺加其他材料的方法柔化基层。如果向水泥稳定碎石中掺加细废旧料能保证材料强度增加或者不下降，并能够降低材料的回弹模量或保持回弹模量不下降,那么这对水泥稳定碎石的抗裂性是有益的。

为了评价掺加细 RAP 的水稳与普通水稳的力学性能差异,采用抗压强度以及回弹模量试验进行这两种材料力学性能质量管控。同时比较细 RAP 的水稳与普通水稳在收缩性能方面的差异,普通水稳碎石所使用原材料、水泥用量与掺细 RAP 的水稳碎石保持一致。

(1)无侧限抗压强度试验。

水泥稳定再生集料主要应用于路面(底)基层,因此其最主要的功能是承受上部路面结构传递下来的荷载,而无侧限抗压强度及抗压回弹模量则是检验其抗压力学性能的主要指标。参照《公路路面基层施工技术细则》(JTG/T F20—2015)中关于水泥稳定材料无侧限抗压强度要求指标,以及《公路工程无机结合料稳定材料试验规程》(JTG E51—2009)中的试验方法,对上节中所选择的 4 类级配混合料按最佳含水率条件下采用静压法,进行试件的成型制作。试件尺寸为直径 150mm、高 150mm 的圆柱标准试件,成型后放置入 20℃±2℃、湿度 95%的恒温标准养护室养护,按试验要求在规定龄期前 1d 取出,浸水 24h 后,用干布将试件表面擦干后对其进行试验。试验仪器加载速率设定为 1mm/min,记录试件破坏时的最大压力值,同一组试件中,采用 3 倍均方差对异常数据值进行剔除,当每组中变异系数超过 15%的试件数大于 3 时,则需进行补充试验,直至满足需求。试验结果按式(6.2-6)~式(6.2-8)进行数据处理,获取试件的无侧限抗压强度。

$$R_c = \frac{P}{A} \tag{6.2-6}$$

$$R_{c0.95} = \overline{R}(1 - 1.645 C_v) \tag{6.2-7}$$

$$C_v = \frac{S}{\overline{R_c}} \times 100 \tag{6.2-8}$$

式中:R_c——试件无侧限抗压强度(MPa);

A——试件截面面积(mm^2);

P——试件破坏时压力值(N);

$R_{c0.95}$——具有 95%保证率的无侧限抗压强度代表值(MPa);

$\overline{R}$——单组无侧限抗压强度平均值(MPa);

$\overline{R_c}$——试件无侧限抗压强度平均值(MPa);

S——标准值。

采用上述试验方法对掺加细 RAP 再生水稳碎石混合料和普通水稳碎石混合料分别

进行试验,两种水稳碎石在 7d、28d、90d 和 180d 的抗压强度随龄期的变化,从而进一步验证掺加细 RAP 再生水稳碎石混合料无侧限抗压强度。

(2)回弹模量试验。

抗压回弹模量是路面结构设计中进行力学验算和厚度计算的重要参数,是路面材料力学性能的重要指标之一。基层应与面层的刚度相匹配,且大小适中。若基层的刚度过大,就容易因干缩和温缩使其产生开裂,影响基层的抗裂性能;若基层的刚度过小,则面层会由于过大的拉应力或拉应变而过早开裂破坏。采用顶面法对抗压回弹模量进行测定。试验时将试件放到路面材料强度试验仪的升降台上,然后在试件的左右两侧放置千分表。试验前,对试件先进行预压,加载两次试件最大荷载的一半,以使加载顶板与试件顶面紧密接触。在预压结束后,调整好千分表的指针,以便读数。测试时,每次施加的压力为预定的单位压力的 1/6。缓慢施加第 1 级荷载,待荷载作用 1min 时,记录千分表的读数,然后缓慢卸去荷载,试件的弹性恢复时间为 0.5min 时记录千分表的读数,按此逐级施加荷载,卸去荷载,直至记录下最后一级荷载下的回弹变形,绘制回弹变形曲线并修正曲线开始段的虚假变形,得到抗压回弹模量值。

(3)干缩试验。

干燥收缩是水泥稳定碎石基层材料因内部含水率变化而引起的体积收缩现象,主要发生在基层铺筑完毕的初期,因为此时基层的水分散失较多,含水率变化很大,引起的基层体积变化也是较大的。在分析水泥稳定碎石干缩机理的基础上,就掺细废旧料的水泥稳定碎石的干缩特性进行研究。

①水泥稳定碎石的干燥收缩机理。

水泥稳定碎石基层干燥过程中整体宏观体积发生变化的原因是水分蒸发而发生的毛细孔隙张力作用、吸附水及分子间力的作用、层间水作用以及碳化脱水作用。下面分别论述干燥收缩的四个作用过程。

a. 毛细孔隙张力作用。水泥稳定碎石材料中的水分最先散失的是孔隙中的重力水,这部分水分散失引起的材料体积收缩基本上可以不考虑。接下来就是毛细孔隙中水分的散失,材料中的毛细孔隙中水的弯液面存在着内外压力差,这就是毛细孔隙张力。毛细孔隙张力以压力的形式作用于毛细孔壁,其大小与毛细孔隙半径成反比。当水分蒸发时,毛细孔隙水面下降,弯波面的曲率半径就会减小,导致毛细孔隙压力增大,从而使材料产生初期体积收缩。根据弯曲液面系统,毛细孔隙压力可以见式(6.2-9):

$$\Delta P = \frac{2\sigma}{\gamma} = \frac{Rt\rho}{m}\ln\frac{P}{P_0} \qquad (6.2\text{-}9)$$

式中：ΔP——弯曲液面内外压力差；

γ——水面曲率半径（m）；

σ——液面表面张力（N/m）；

P——曲面饱和蒸汽压（P_a）；

P_0——平面时水的饱和蒸汽压；

t——绝对温度（K）；

ρ——水的密度（$10^6 g/m^3$）；

m——水的摩尔质量（18g/mol）；

R——气体常数。

由上式可以看出，ΔP 随相对湿度的减小而增大，水泥稳定碎石的毛细孔隙越细，相对湿度越小，毛细孔隙张力也就越大。因此，随着毛细孔隙中水分的散失，毛细孔隙中的液面曲率半径不断减小，干燥收缩就越来越大。

b. 吸附水和分子间力的作用。当毛细孔隙内的水分蒸发完后，水分继续散失，材料体积进一步收缩的原因转变为吸附水和分子间力的作用，这一阶段的收缩量要比毛细孔隙张力作用引起的收缩量大很多。水泥稳定碎石中凝胶颗粒间的吸附水蒸发，导致颗粒表面水膜变薄，分子力增大，称为吸附水和分子间力的作用，它使得材料中颗粒间距变小，进而导致宏观体积的进一步收缩。当吸附水膜减薄到一定程度以后，收缩量逐渐减小，直至中止收缩，这是因为颗粒间也存在排斥力。排斥力源于颗粒间中央处结合水的离子浓度高于颗粒表面很远处正常水溶液离子浓度，从而出现渗透压力，即水分子向分子间渗透，使土粒互相排斥，所以随着颗粒间距的进一步减小，吸附水平分子间力的作用在达到最大值时开始减弱。

c. 层间水作用。水泥稳定碎石材料中有大量层状结构的晶体或非晶体，如 C-S-H 凝胶、黏土矿物、C-A-H 结晶等，其层间有大量层间水和水化离子，随材料的相对湿度进一步减小，层间水分继续蒸发，使晶格间距减小，从而引起整体材料的收缩。因此，含黏土矿物和丰富火山灰反应产物的半刚性基层材料，具有强的层间水作用，从而具有较大的干燥收缩性。

d. 碳化脱水作用。水泥稳定碎石的碳化收缩是指材料中的 $Ca(OH)_2$ 和 CO_2 反应生成 $CaCO_3$ 的过程中析出水分而引起的体积收缩。碳化收缩所引起的材料体积收缩是最小的，但是它与其他三个作用过程又能形成交互反应，因此也是不可忽略的。

②试验方法。

由于混合料内部含水率发生变化（减少），导致的宏观体积减小现象，称为混合料的干燥收缩现象。水泥稳定类混合料属于多孔结构材料，除结构内水泥水化所需的用水外，还存在有一定量的结合水、层间水、毛细管水等，各种物理、化学行为导致水泥稳定类混合料的整体体积发生收缩，当收缩应力过大，超过材料内的极限拉应力时便会引起干缩开裂，有碍于基层材料的使用性能。

除此之外，相比于天然集料而言，再生集料本身具备一定的空隙结构，会导致在与水泥材料的结合过程中产生薄弱面，更容易在此位置引发缩裂情况的出现。同时在经过最佳含水率的击实试验确定后也能够发现，再生集料作为水泥稳定碎石中的粗集料时，其最佳含水率较高，导致最终的失水率和收缩情况也会相应地提高，因此需要对混合料的干燥收缩特性开展一定的试验研究。

为此，参照《公路工程无机结合料稳定材料试验规程》（JTG/T E51—2009）中 T 0854 方法，首先控制试验室内温度保持在 20℃±2℃ 范围内，并控制相对湿度在 60% 以内，按 100mm×100mm×400mm 的长方体收缩试验标准试件要求进行试件的成型，并按标准养护方式进行 7d 龄期的养护，达到龄期标准后转至调控好温度、湿度的试验室内，放置在干缩仪上开始试验，测定其初始质量及长度后，一周内每天读一次千分表读数，一周后每 2d 进行一次读数，30d 后分别读取第 40d、60d 和 90d 的千分表读数，每次读数时测定试件的含水率，并分别按式(6.2-10)～式(6.2-14)计算干缩应变、干缩系数、失水率等参数。

$$w_i = (m_i - m_{i+1})/m_h \tag{6.2-10}$$

$$\delta_i = (\sum_{j=1}^{4} X_{i,j} - \sum_{j=1}^{4} X_{i+1,j})/2 \tag{6.2-11}$$

$$\varepsilon_i = \frac{\delta_i}{l} \tag{6.2-12}$$

$$\alpha_{di} = \frac{\varepsilon_i}{w_i} \tag{6.2-13}$$

$$\alpha_d = \frac{\sum \varepsilon_i}{\sum w_i} \tag{6.2-14}$$

式中：w_i——第 i 次失水率(%)；

m_i——第 i 次标准试件称重质量(g)；

m_h——标准试件烘干后恒重(g)；

δ_i——第 i 次观测干缩值(mm)；

$X_{i,j}$——第 i 次测试时第 j 个千分表读数(mm)；

ε_i——第 i 次干缩应变(%)；

l——试件长度标准值(mm)；

α_d——累计干缩系数(%);

α_{di}——第 i 次干缩系数(%)。

观察干缩系数的计算公式可以看出,干缩系数为单位失水量下,材料的干缩应变值,表明了材料的体积变化对失水量的敏感程度,材料的干缩系数越大,则其对水的敏感性越高,失水后体积变化就越大,因而其抗裂能力也越差。为了评价掺加细 RAP 后水稳碎石的干缩性能,分别对掺加细 RAP 的水稳碎石和普通水稳碎石进行干缩试验,评价细 RAP 在提升基层抗裂性能方面的效果。

(4)温缩试验。

水泥稳定碎石基层材料的温度收缩特性对沥青路面的开裂的影响很大。基层内部的温度变化和温差会产生温度应力,从宏观来看,由于路表温度的变迁,路面内部会产生变化的温度梯度,特别是沥青面层较薄的情况下,基层底部容易产生温度应力,这个应力与行车荷载在基层底部产生的拉应力结合,会促使基层底面开裂。

①水泥稳定碎石的温缩机理。

根据物体热胀冷缩的原理可以知道,当温度升高时,物体内的粒子杂乱无章的剧烈运动,造成了物体宏观体积膨胀当温度降低时,物体内的粒子运动的杂乱无章程度减小,宏观表现为物体整体体积的收缩,这是水泥稳定碎石温度收缩的基本原理。

从混合料的物质组成角度来看,水泥稳定再生集料是由典型的固、液、气三相体结构组成的混合物。其中,集料、水化反应产物、泥土等属于固相,孔隙水、结晶水、层间水等水分属于液相,而其中与外界连通的各个开口孔隙以及内部封闭的孔隙中存在的气体,则属于气相。当外界环境温度发生变化时,这三相物质由于其物理性质差异,所产生的体积变化有较大的差别,由于混合料内部气相中的气体与外界直接连通,因此混合料中的气相的热胀冷缩性可以忽略不计,而液相与固相因温度变化而产生的体积变化具有较大的差异,这两相所具有的体积随温度(降低)变化而产生的收缩现象,称为材料的温缩特性。混合料的温缩是除干燥收缩外影响半刚性基层开裂的另一项主要原因,因此有必要对水泥稳定再生集料的体积随温度变化的变化发展规律展开一定的研究。

在水泥稳定碎石中由水泥水化产生的 $Ca(OH)_2$ 结晶属于层状结晶,其胀缩系数很大,达到 33.4×10^{-6} 左右;$CaCO_3$ 晶体属于不规则菱形晶体,其热膨胀性各向相异;水化硅酸钙和水化铝酸钙均属于层状结构,具有较强的胀缩性。水泥稳定碎石中的其他材料如集料等胀缩性比较小。所以,水泥在水泥稳定碎石的温度收缩或膨胀中扮演了较重要的角色。采用水泥为结合料的水泥稳定碎石的胀缩是不可避免的,但可以采取措施降低材料的综合胀缩系数。

②试验方法。

根据《公路工程无机结合料稳定材料试验规程》(JTG E51—2009)中 T 0854 规定的温缩试验方法,对本书的各个掺量进行温缩试验试件制备。按照试验规程,最大粒径 30mm 试件为中型梁,大小尺寸为 100mm×100mm×400mm。待试件成型后,用黑色塑料袋密封,目的是防止水分的挥发而引起误差。将试件放入标准温度(20℃左右)和湿度(≥98%)的养护箱内养护 6d 后,然后取出,并将试件浸水 24h,再将试件放入烘箱烘干至恒重。用事先准备好的 502 胶水,在试件两端粘贴有机玻璃片,将试件光面朝下安放到收缩仪上,并装置好千分表。具体试验相关计算参考 T 0854。

$$\varepsilon_i = \frac{l_i - l_{i+1}}{l_0} \quad (6.2\text{-}15)$$

式中:ε_i——第 i 个温度下的平均收缩应变(%);

l_i——第 i 个温度区间的千分表读数平均值(mm);

l_0——试件初始长度(mm)。

6.2.5 效益分析

6.2.5.1 经济效益分析

以芜合高速公路改扩建工程 K37+300~K37+500 左幅项目为依托,结合本次现场应用的工程经验,分别对干式油石分离再生混合料(50%干式油石分离 RAP 掺量)、传统厂拌热再生混合料(30% RAP 掺量)、普通热拌沥青混合料(全新料)的经济效益进行对比分析,所采用的原材料价格见表 6.2-8。

所用材料价格　　　　　　　　表 6.2-8

类别	单位	价格(元)
石灰岩	t	170
SBS 沥青	t	4300
RAP	t	15
油石分离后 RAP	t	40
矿粉	t	200
再生剂	t	12000

其中,RAP 的成本由铣刨、运输、破碎、筛分等部分费用组成,通过调研社会平均水平综合比较后,将 RAP 成本定为 15 元/t;油石分离后 RAP 的价格,根据在宿州基地的运

行情况测算,对 1t RAP 进行油石分离处理,设备的运行费用约 25 元(含设备折旧费、人工费用及配套设备 15 元,电费 5 元,运费 5 元),加上铣刨料 15 元/t 的单价,合计每吨油石分离后的 RAP 的价格为 40 元。

1)基于干式油石分离工艺的再生混合料成本分析

采用干式油石分离的工艺进行再生 AC-20 混合料的设计,干式油石分离 RAP 的掺量为 50%,油石比按 4.2% 计算,不添加再生剂,材料成本见表 6.2-9。

生产 1m³ 基于干式油石分离工艺的再生 AC-20 混合料成本分析   表 6.2-9

序号	材料	单价(元/t)	消耗量(t)	费用(元)
1	石灰岩集料	170	1.15	196
2	矿粉	200	0.07	14
3	油石分离后 RAP	40	1.15	46
4	SBS 沥青	4300	0.09	387
材料费用合计(元)				643

2)普通热拌沥青混合料成本分析

普通热拌 AC-20 沥青混合料集料全部使用新料,油石比按 4.2% 计算,材料成本见表 6.2-10。

生产 1m³ 普通热拌 AC-20 沥青混合料成本分析   表 6.2-10

序号	材料	单价(元/t)	消耗量(t)	费用(元)
1	石灰岩集料	170	2.3	391
2	矿粉	200	0.07	14
3	SBS 沥青	4300	0.09	387
材料费用合计(元)				792

3)厂拌热再生沥青混合料成本分析

以 30% RAP 掺量的厂拌热再生为例,RAP 中的老化沥青含量按 4.5% 计算,再生剂用量为 RAP 中旧沥青的质量百分比的 8%,最佳油石比为 4.2%,成本计算见表 6.2-11。

生产 1m³ 厂拌热再生 AC-20 沥青混合料成本分析   表 6.2-11

序号	材料	单价(元/t)	消耗量(t)	费用(元)
1	石灰岩集料	170	1.61	284
2	矿粉	200	0.07	5

续上表

序号	材料	单价(元/t)	消耗量(t)	费用(元)
3	RAP	15	0.73	22
4	再生剂	12000	0.003	32
5	SBS 沥青	4300	0.08	333
材料费用合计(元)				665

对三种再生技术的材料成本进行对比,结果见表6.2-12。

三种再生技术与普通热拌混合料的经济成本对比　　　　表6.2-12

分类	混合料类型	材料成本(元/m³)	成本差异(%)
厂拌热再生混合料(30% RAP 掺量)	AC-20	665	-3
基于干式油石分离的 热再生混合料(50% RAP 掺量)	AC-20	643	-19
普通热拌混合料	AC-20	792	100

注:成本差异以与相同层位的普通热拌混合料为基数。

(1)由于提高了 RAP 的掺量,与厂拌热再生相比,相同层位的干式油石分离热再生的材料成本要降低3%左右。

(2)与普通热拌混合料相比,相同层位的干式油石分离热再生的材料成本要降低19%左右,具有较好的经济效益。

6.2.5.2　社会效益分析

未来几十年,公路、铁路、机场等基础设施以及住房的建设速度在相当长一段时间都将稳定增长,这势必对天然原材料的供应提出质和量的更高要求。据中国砂石协会报告,近几年我国混凝土行业每年消耗约90亿 t 的天然砂石资源,随着未来城镇化速度的加快和建设增量的加大,天然资源的消耗将必然更加严峻。与此同时,伴随快速城镇化发展的是大规模的旧城改造和公路改扩建工程拆迁量巨大产生大量的工程固体废料。据估计,当下我国每年至少新产生工程固体废料50亿 t。目前,我国对于工程固体废料的处理以堆放和填埋为主,造成很多环境问题,如大气、地下水和土壤污染。

工程固体废料循环再生利用的产品可分为初级产品和高级产品。初级产品是工程废弃物破碎、分选和筛分后产生的粗集料和细集料,这些集料可以直接用于道路路基建设或回填,也可以作为主要原材料进行其他建材产品,如砖类、混凝土砌块、砂浆类、预拌再生混凝土、预拌再生沥青混合料等产品,这些产品可以被视为高级产品,也是附加值较高的循环再生利用产品。基于干式油石分离技术的再生沥青混合料的应用具有明显的

社会意义,主要体现在以下方面:

(1)缓解沥青材料需求不断增长与沥青资源有限的矛盾,节约自然资源,建设节约型社会。

(2)旧沥青混合料的再生利用可以节约大量矿料,这对于砂石材料紧缺的地区意义重大,而且矿料开采的减少也体现了其环保意义。

(3)旧沥青混合料的废弃物占用大量的土地,同时对环境也产生的较大影响,沥青混合料的再生利用能够解决这些问题,保护宝贵的土地资源。

(4)根据《建筑碳排放计算标准》(GB/T 51366—2019),在50% RAP掺量下,每生产 $1m^3$ 基于干式油石分离工艺的再生 AC-20 可以减少碳排放 2.507kg。

6.3 高山隧道照明与装饰技术

6.3.1 技术需求

根据《2021年交通运输行业发展统计公报》,截至2021年底,全国公路隧道23268处,长度里程约2469.89万延米,公路隧道建设里程每年仍以超过10%的速度递增。目前大部分公路隧道采取LED(Light Emitted Diode,发光二极管)灯作为照明光源,主要目的是降低照明能耗。相关数据统计显示,高速公路隧道照明每年每千米耗电成本为30万~60万元。一方面,隧道照明运行维护成本越高,照明节能环保与交通安全矛盾突出,高额的照明消耗导致在实际运营中往往开灯率较低,照明灯具"高配低用"现象普遍存在;另一方面,除隧道照明设施外,隧道装饰及轮廓标、诱导标等交通安全设施共同构成的光环境体系和视觉参照系同样对隧道行车安全产生重要影响。当前,部分隧道行车光环境质量不佳,呈现出或明晃刺眼、昏暗阴沉的照明光环境,给行车带来安全隐患。如何在保证行车安全的基础上降低运营费用、降低公路隧道能源消耗、改善隧道内部光环境、提升应急处置能力是当前高速公路隧道建设者与运营方关注的重要问题。具体而言,当前普遍采用的照明系统主要存在以下问题:

(1)普通LED灯是在反射碗中放入芯片并用硅胶包裹制成的灯珠,无法测量芯片内部PN结的温升,加之散热不好,造成LED灯光衰,缩减使用寿命。灯具高度基本驾乘人员平视,LED点光源眩光感强,对驾乘人员产生不利影响。

(2)常规光源本身存在性能缺陷。研究显示,480~580nm光谱段对于人眼的可视性至关重要。然而现有试验结果表明,当前常见的包括LED灯在内的绝大部分人造光源,其光谱在 480~580nm 段存在不连续和缺失现象,造成公路隧道亮度和均匀性虽满足规范要求,但仍然存在看不远、看不清的问题。

(3)照明亮度和照明色温不匹配,存在高色温低亮度和低色温高亮度现象。不同色温对应不同亮度才能达到舒适的照明光环境。色温与亮度的不匹配既造成能耗浪费,又影响驾驶人员的行车可视性和安全性。

(4)现有隧道光环境透烟可视距离低。当公路隧道发生意外火灾时,易造成供电短路,人们在火灾烟雾中的应急照明可视距离直接关系到人员逃生概率。虽然公路隧道设置有应急照明灯具,但由于布设间距和透烟雾能力不足的原因,其在发生火灾时无法提供连续应急逃生指示照明。

6.3.2 技术方案

针对上述问题,项目以芜合二期高速公路改扩建工程 03 标段新建高山隧道照明及装饰工程和既有高山隧道改造工程为依托,对当前常见的隧道光环境体系进行技术升级,设计研发了由多功能蓄能发光 DFLED 隧道灯(简称"DFLED 灯")、纳米硅负离子涂料、多功能储能发光涂料和多功能蓄能发光视线诱导设施共同构成的新型隧道光环境体系。

6.3.2.1 多功能蓄能发光隧道灯

DFLED 灯是一种由光子点或量子点形成面光源发光半导体的新型照明灯具,其主要技术特点及性能优势包括:

(1)匀光效果好、不眩光,停电状态下延时发光。当发生停电或意外灾害时,其延时发光光波穿透烟雾能力强,可提供连续有效的应急指示照明,具体效果如图 6.3-1 所示。

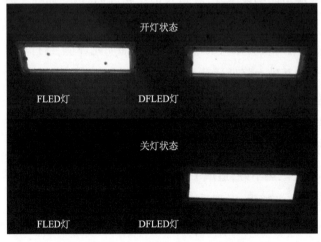

图 6.3-1 DFLED 灯延时发光效果

（2）散热性好、使用寿命长。DFLED 灯因其特殊的结构设计,散热性好。灯具结温与灯片温度基本一致,温度相差不超过 ±2℃。DFLED 灯工作时间与灯片温度之间的测试数据见表 6.3-1。数据显示 DFLED 灯稳定工作 48h 后,灯片温度即达到平衡,约为 50℃。当灯具结温不超过 75℃时,光衰效应缓慢,灯具使用寿命能够得到保证。

DFLED 灯片温度与工作时间的关系 表 6.3-1

工作时间(h)	灯片温度(℃)
6	30.7
12	39.1
24	46.0
36	48.4
48	50.8
60	50.4
72	50.6
84	50.9
96	50.5

（3）具有 480～580nm 人眼敏感波长,提高人眼可视距离,在保证安全视距的情况下降低照明能耗。对不同色温 LED 灯具与 DFLED 隧道灯进行视认性试验,试验结果见表 6.3-2。试验结果显示,在路面亮度和安装方式相同条件下,DFLED 视距明显高于 2500～6500K 的 LED 小物体可视距离,能够有效提高公路隧道照明的安全性。

不同色温 LED 灯具与 DFLED 隧道灯视认性比对 表 6.3-2

灯具	工况			路面视认距离(m)	
	色温(K)	路面亮度(cd/m²)	安装高度(m)	3m 多功能储能发光涂料	3m 涂仿瓷涂料
LED 灯	2500	2.5	5	116	99
LED 灯	3500	2.5	5	122	104
LED 灯	4500	2.5	5	118	102
LED 灯	5500	2.5	5	116	94
LED 灯	6500	2.5	5	110	85
DFLED 灯	4500	2.5	3	127	122

注:视认距离试验采用 10cm×10cm×10cm 的小物体进行测试。

(4)布灯方式优化。利用照明仿真软件 Dialux,对同一光源不同安装高度的光效进行模拟仿真,确定照明的合理高度,试验结果见表 6.3-3。通过单灯 7 个不同工况的模拟仿真数据分析可知,安装高度为 3m 时,路面光通量最高、实际光效最佳。

各工况模拟仿真单灯照明平均亮度和照到路面实际光通量比对　　表 6.3-3

工况	安装高度(m)	平均亮度(cd/m²)	照到路面实际光通量(lm)
工况 1	2.0	2.68	1806.35
工况 2	2.5	2.76	1865.75
工况 3	3.0	2.85	1921
工况 4	3.5	2.73	1841.5
工况 5	4.0	2.76	1862
工况 6	4.5	2.79	1882.5
工况 7	5.0	2.73	1844

采用分布式光伏供电与 DFLED 低位照明技术,综合节能 60% 以上,有效降低了高速公路隧道运营成本。与传统 LED 灯具相比,DFLED 灯真实使用寿命 >50000h,全寿命周期内成本低,符合芜合高速公路改扩建项目全生命周期节能、减排的技术需求。

6.3.2.2　多功能蓄能发光隧道灯设置方案

项目隧道洞外亮度 $L_{20}=3500cd/m^2$,亮度折减系数 $k=0.070$,路面宽度 $=9.5m$,设计速度 120km/h。隧道主洞照明的总体设置情况见表 6.3-4。此外,隧道采用基本照明的 1/4(即行车方向左侧基本照明中的 1/2)作为应急照明使用,应急灯采用独立供电系统,兼作工作照明。照明灯平时处于点亮状态,停电时,应急照明点亮时间不少于 90min。

隧道主洞照明设置方案　　表 6.3-4

照明段	亮度(cd/m²)	长度(m)	照明瓦数(W)	灯具间距(m)	布设方式
入口段 1	≥210	100	200	0.83	两侧对称布置
入口段 2	≥105	100	200	1.67	
过渡段 1	≥31.5	140	100	2.5	
过渡段 2	≥10.5	140	50	3.33	
中间段	≥4.5	由隧道长度决定	50	10	
出口段 1	≥13.5	30	50	3	
出口段 2	≥22.5	30	50	2	

照明灯具将原设计5.6m高的LED灯优化设计为3.0m高度的DFLED灯,路面亮度等设计参数保持不变。DFLED灯布设根据《公路隧道照明设计细则》(JTGT D702-01—2014)等相关规范设置。在实际运营中,可根据原设计规定的参数实际调控进出口、过渡段、基本段的路面照明亮度和路面照明均匀度。此优化照明方案与原设计相比,将在保证原照明设计参数不变的前提下,至少节约照明能耗12%,同时可进一步增长人眼视觉距离,并在发生灾害状态下提供应急指示引导照明。隧道施工照明及装饰效果如图6.3-2所示。

a) 隧道照明设施开灯效果　　　　　　b) 隧道照明设施关灯效果

图6.3-2　隧道施工照明与装饰效果

6.3.2.3　隧道装饰及交通安全工程设置方案

为改善隧道内部光环境,加强视觉诱导效果,高山隧道基于多功能蓄能发光技术,研发了纳米硅负离子涂料和多功能蓄能发光视线诱导设施,应用纳米硅负离子涂料起到隧道进出口部位增光、增亮效果,应用多功能蓄能发光轮廓标、拱顶诱导标及反光环等视线诱导设施为通行车辆提供视觉参照系,进一步提升高速公路隧道光环境条件下的视认能力。项目采取的详细设置方案如下:

(1)在隧道洞内边墙3m高范围内的边墙喷涂纳米硅负离子涂料,在隧道洞内边墙3m高以上拱部喷涂纳米硅负离子涂料景观效果(蓝天白云),隧道壁面涂装方案如图6.3-3所示。应用纳米硅负离子涂料,对实体隧道工程中小物体可视距离进行检测,小物体可视距离提高30m以上。具体试验结果见表6.3-5。

(2)隧道拱部选用多功能蓄能发光隧道拱部亮化标,纵向间距12m、横环向间距2m,如图6.3-4所示。

(3)隧道进出口30m处设置多功能蓄能发光隧道轮廓带,而后间隔约286m设置一道轮廓带,如图6.3-5所示。

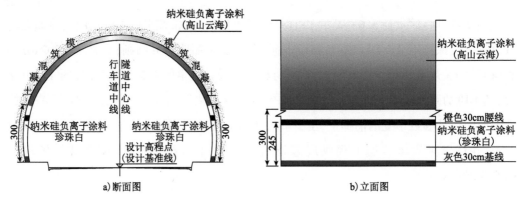

图 6.3-3　隧道壁面涂装方案（尺寸单位：cm）

实体隧道工程中小物体可视距离检测数据　　　　　　　　　　表 6.3-5

编号	试验条件	平均照度(lx)		最大辨识距离 (m)	是否涂装
		观测点	放置点		
1	洞外环境	8400	100	265	是
2		7500	100	156	否
3	暗环境	6	6	165	是
4		9	9	136	否
5	灯具全开	4008	3303	168	是
6		3704	3120	120	否
7	基本照明	83.1	74.6	90	是
8		56.3	57.8	60	否

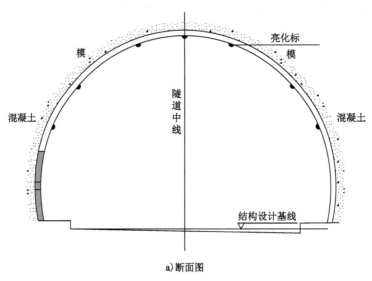

a)断面图

图　6.3-4

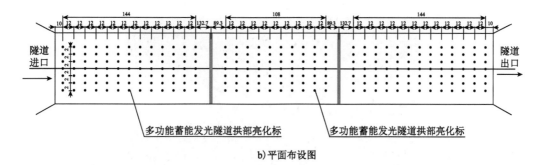

b) 平面布设图

图 6.3-4 多功能蓄能发光隧道拱部亮化标方案（尺寸单位：m）

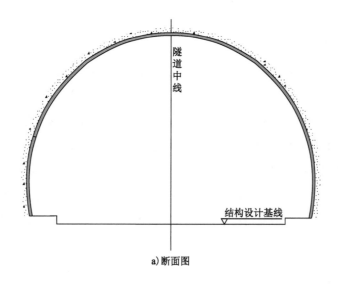

a) 断面图

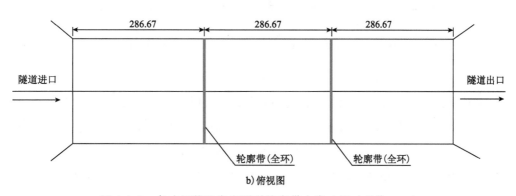

b) 俯视图

图 6.3-5 多功能蓄能发光隧道轮廓带方案（尺寸单位：m）

（4）检修道侧壁中心位置设置多功能蓄能发光轮廓标（有源），间距 10m，光源色温 3500K，逆反射面的颜色沿车辆前进方向左黄右白，逆反射面的颜色沿车辆前进方向左黄右白，此灯透雨雾能力较强。高山隧道照明及装饰完成后，现场实际效果如图 6.3-6 所示。

图 6.3-6　高山隧道照明及装饰

（5）重点区域安全提升设计方案。

①消防设备箱警示加强涂装设计。在隧道内壁的消防箱周围，涂装宽度为 30cm 的红色边框。

②人行横通道安全诱导加强涂装设计。在人行横通道口涂装宽度为 50cm 的橙黄色边框；在人行横通道两侧沿检修道以上 3m 高度范围内，两侧各 0m 范围内采用浅绿色纳米硅负离子涂料涂装，并以多功能储能发光涂料涂刷醒目的白色箭头标志指明逃生方向，与本身墙面的珍珠白涂装作醒目区分，提高紧急情况下的安全疏散方向诱导性。门框以圆弧结构突出显示，增大可辨识距离。人行横通道安全诱导加强涂装设计效果图如图 6.3-7 所示。

图 6.3-7　人行横通道安全诱导加强涂装设计效果图

多功能储能式发光涂料涂装，有效提高了隧道光环境下光波穿透能力。在无其他光源条件下，多功能储能发光涂料涂装后，增加透烟可视距离大于 3m；发生火灾时，其延时发光、烟雾穿透能力可以有效指引逃生。实际应用效果如图 6.3-8 所示。

③机电分区涂装设计。在珍珠白墙面上醒目标识机电分区图标，设置间距为 150m，设置在行车方向的左侧，并与消防箱位置正对，有利于报警人员快速确定自身位置，并可提高紧急情况下对逃生分区的快速识别能力，从而提高应急逃生效率。其效果图如图 6.3-9 所示。

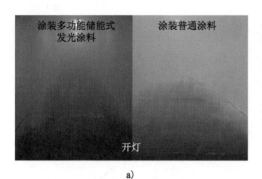 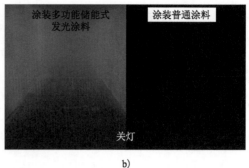

图6.3-8 多功能储能式发光涂料实际应用效果

图6.3-9 机电分区涂装设计效果

6.3.3 管控要点

6.3.3.1 纳米硅负离子涂料

瓷砖装饰隧道是一种早期设计行为,随着材料科学的进步,为了提升隧道的品质及隧道壁面材料的使用寿命,减少投资和运营养护费用,本项目采用纳米硅负离子涂料进行隧道壁面装饰,技术指标见表6.3-6。

纳米硅负离子涂料技术指标　　　　表6.3-6

序号	检测项目	技术标准	检测标准
1	容器中状态	无硬块、搅拌后呈均匀状态	《合成树脂乳液外墙涂料》（GB/T 9755—2014）
2	施工性	刷涂二道无障碍	《合成树脂乳液外墙涂料》（GB/T 9755—2014）
3	涂膜外观	涂膜均匀,无缩孔和开裂	《合成树脂乳液外墙涂料》（GB/T 9755—2014）
4	干燥时间(表干)	≤2h	《合成树脂乳液外墙涂料》（GB/T 9755—2014）
5	耐水性	≥720h	《漆膜耐水性测定法》（GB/T 1733—1993）

续上表

序号	检测项目		技术标准	检测标准
6	耐碱性		≥720h	《建筑涂料 涂层耐碱性的测定》（GB/T 9265—2009）
7	耐酸性		≥720h	《色漆和清漆 耐液体介质的测定》（GB/T 9274—1988）
8	附着力		≤1级	《合成树脂乳液外墙涂料》（GB/T 9755—2014）
9	涂层耐温变性(5次循环)		无异常	《合成树脂乳液外墙涂料》（GB/T 9755—2014）
10	耐洗刷性(次)		≥10000	《建筑用蓄光型发光涂料》（JG/T 446—2014）
11	耐沾污性		≤5%	《建筑用蓄光型发光涂料》（JG/T 446—2014）
12	漆膜硬度		≥2H	《色漆和清漆 铅笔法测定漆膜硬度》（GB/T 6739—2006）
13	可见光反射率		≥0.80	《色漆和清漆 遮盖力的测定 第1部分:白色和浅色漆对比率的测定》（GB/T 23981.1—2009）
14	耐人工气候老化性(3000h)		无明显起泡、剥落及裂纹	《色漆和清漆 人工气候老化和人工辐射曝露 滤过的氙弧辐射》（GB/T 1865—2009）
			≤1级	《色漆和清漆 涂层老化的评级方法》（GB/T 1766—2008）
15	放射性能		内照指数≤1.0	《建筑材料放射性核素限量》（GB 6566—2010）
			外照指数≤1.3	
16	VOC(挥发性有机化合物)含量		≤50mg/L	《建筑用墙面涂料中有害物质限量》（GB 18582—2020）
17	游离甲醛含量		≤5mg/kg	
18	苯系物总和含量[限苯、甲苯、二甲苯(含乙苯)]		≤50mg/kg	
19	总铅(Pb)含量		≤20mg/kg	
20	可溶性重金属含量	镉(Cd)	≤0.5	
		六价铬(Cr)	≤2.5	
		汞	≤0.1	
		砷含量 mg/kg	≤1	《涂料中有害元素总含量的测定》（GB/T 30647—2014）

续上表

序号	检测项目	技术标准	检测标准
21	抗细菌性能	Ⅰ级	《抗菌涂料》(HG/T 3950—2007)
22	抗霉菌性能	Ⅰ级	《抗菌涂料》(HG/T 3950—2007)
23	负离子释放量	≥350 个/cm³	《室内空气离子浓度测试方法》(JC/T 2110—2012)
24	燃烧性能	不低于 A2 级	《建筑材料及制品燃烧性能分级》(GB 8624—2012)

6.3.3.2 负氧离子高分子合金板

相关质量控制要点见表 6.3-7。

负氧离子高分子合金板技术指标 表 6.3-7

序号	项目		技术指标	检测方法
1	外观		表面平整、不应有脱模、伤痕、皱皮、流坠、气泡及色泽不均匀等缺陷	《公路声屏障》(JT/T 646.2—2012)
2	抗冲击性能 (30J±1J)		损坏只局限在结构的表面部分,内部结构不造成损坏或平移断层	《硬质塑料落锤冲击试验方法 通则》(GB/T 14153—1993)
			冲击钢球不能穿透空腔构建的外壁,但允许呈裂缝状且长度小于 50mm 的局部损坏	
			对于脆性材料表面允许弧坑状的局部损坏,但弧坑深度应<20mm,当外壁厚度<20mm 时,弧坑深度应小于外壁厚度	
3	防火性能		不低于 B1 级	《建筑材料及制品燃烧性能分级》(GB 8624—2012)
4	负离子含量(个/cm³)		≥350 个/cm³	《多功能储能式发光涂料技术规程》(T/CCES 4—2019)
5	耐候性能 (2000h)	色差	≤5.0	《塑料 实验室光源暴露试验方法 第 2 部分:氙弧灯》(GB/T 16422.2—2022)
		黄色指数变化	≤3.0	
		落锤冲击性能保留率(%)	≥60	
6	耐沾污性		≤5%	《建筑幕墙用铝塑复合板》(GB/T 17748—2016)

6.3.3.3 多功能蓄能发光隧道轮廓带和多功能蓄能发光隧道拱部亮化标

为提升隧道品质,减少驾乘人员的心理压抑感,提升视觉的背景明亮度,减少灰霾的污染及提高运营期的易洁净性,采用多功能蓄能发光隧道轮廓带、轮廓带和隧道拱部亮化标。其优点是耐沾污、易洁净,既能逆反射又能自发光,可提升人眼视认性,同时在无光源状态下能自发光消除黑暗恐惧感和引导照明,主要技术参数要求见表6.3-8。

多功能蓄能发光隧道轮廓带及拱部亮化标主要技术参数　　　表6.3-8

序号	项目			指标		检验方法
1	外观质量			成型完整,无明显的划伤、裂纹、气泡、凹陷、颜色不均		
2	色度性能			符合《轮廓标》(GB/T 24970—2020)的规定		
3	逆反射系数 [cd/(lx·m²)]	观测角	入射角	逆反射系数[cd/(lx·m²)]		《轮廓标》(GB/T 24970—2020)
				白色	黄色	
		0.2°	-4°	≥580	≥435	
			15°	≥348	≥261	
			30°	≥220	≥165	
		0.5°	-4°	≥420	≥315	
			15°	≥252	≥189	
			30°	≥150	≥110	
		1°	-4°	≥120	≥90	
			15°	≥72	≥54	
			30°	≥45	≥34	
4	耐盐雾腐蚀性能			各部件不应有变色、起泡、锈斑或被侵蚀的痕迹		
5	耐高温性能			各部件不应出现裂缝、剥落、碎裂、起泡、翘曲或变形等破损的痕迹		
6	发光亮度(白色)(mcd/m²)	激发停止10min时		≥90		《建筑用蓄光型发光涂料》(JG/T 446—2014)
		激发停止1h时		≥10		
7	余辉时间(h)			≥12		

续上表

序号	项目		指标	检验方法
8	耐候性(1200h)	外观	无明显的裂缝、刻痕、气泡、侵蚀、剥离、褪色、粉化或变形等破损的痕迹	《轮廓标》(GB/T 24970—2020)
		色度	符合《轮廓标》(GB/T 24970—2020)的规定	
		反光膜逆反射系数(%)	≥规定值的80%	
		发光亮度损失(%)	≤20	《建筑用蓄光型发光涂料》(JG/T 446—2014)

6.3.3.4 多功能蓄能发光轮廓标(无源/有源)

多功能蓄能发光轮廓标(有源)既能逆反射又能自发光,可提升人眼视认性,停电状态的黑暗中可引导指示照明,技术指标见表6.3-9。

多功能蓄能发光轮廓标(无源/有源) 表6.3-9

序号	项目			指标		检测方法
1	外观质量			成型完整,表面平整光滑		《轮廓标》(GB/T 24970—2020)
				无裂纹、无明显气泡、皱纹、划痕及各种损伤		
				颜色、性能、反光亮度均匀		
2	结构尺寸	长边(mm)		180±2		
		短边(mm)		60±2		
		逆反射材料		符合《轮廓标》(GB/T 24970—2020)的规定		
3	反射体光度性能 $[cd/(lx \cdot m^2)]$	观测角	入射角	逆反射系数		《道路交通反光膜》(GB/T 18833—2012)
				白色	黄色	
		0.2°	-4°	≥580	≥435	
			15°	≥348	≥261	
			30°	≥220	≥165	
		0.5°	-4°	≥420	≥315	
			15°	≥252	≥189	
			30°	≥150	≥110	

续上表

序号	项目			指标		检测方法
3	反射体光度性能 [cd/(lx·m²)]	1°	−4°	≥120	≥90	《道路交通反光膜》(GB/T 18833—2012)
			15°	≥72	≥54	
			30°	≥54	≥34	
4	反射体亮度性能(mcd/m²)	激发停止10min时		≥90	—	《建筑用蓄光型发光涂料》(JG/T 446—2014)
		激发停止1h时		≥10		
5	耐盐雾腐蚀性能			反射体部位无水、雾渗入痕迹		《轮廓标》(GB/T 24970—2020)
6	耐高低温性能			无裂缝、剥落、碎裂、气泡、翘曲或变形等破损的痕迹		
7	耐候性(1200h)	外观		无明显的裂缝、刻痕、气泡、侵蚀、剥离、褪色、粉化或变形等破损的痕迹		《轮廓标》(GB/T 24970—2020)
		色度		色坐标和亮度因素在《轮廓标》(GB/T 24970—2020)中表1和表2规定的范围内		
		反射体逆反射系数(%)		≥规定值的80%		
		反射体发光亮度损失(%)		≥试验前的75%		
8	负离子释放量			≥350 个/cm³		—
9	光源参数	电源性质		直流		Approved Method: Electrical and Photometric Measurements of Solid-State Lighting Products (IES LM-79—2008)
		输入电压		12~24V		
		功率(W)		1.0~3.0		
		色温(K)		2500~3500		
		光效(lm/W)		≥120		
		显色指数 Ra		≥70		

注：多功能蓄能发光轮廓标技术指标为1~8项；多功能蓄能发光有源轮廓标技术指标为1~9项。

6.3.4 经验启示

针对隧道照明灯具能耗普遍偏高、光环境质量不佳等问题，通过多功能储能发光新型材料研发，对隧道光环境体系进行技术升级，设计研发了由 DFLED 灯、纳米硅负离子涂料、多功能储能发光涂料和多功能蓄能发光视线诱导设施共同构成的新型隧道光环境体系。相关技术的研发与应用具有如下技术优势：

(1) DFLED 灯匀光效果好、不眩光,停电状态下延时发光。当发生停电或意外灾害时,其延时发光光波穿透烟雾能力强,可提供连续有效的应急指示照明。

(2) 散热性好、使用寿命长。灯具结温与灯片温度基本一致,温度相差不超过±2℃。光衰效应缓慢,灯具使用寿命能够得到保证。

(3) 具有 480~580nm 人眼敏感波长,提高人眼可视距离,在保证安全视距的情况下降低照明能耗。在路面亮度和安装方式相同条件下,提高小物体可视距离,有效提高公路隧道照明的安全性。

(4) 优化了布灯方式,利用照明仿真软件 Dialux,对同一光源不同安装高度的光效进行模拟仿真,确定照明的合理高度。

研究表明,采用分布式光伏供电与 DFLED 低位照明技术,综合节能 60% 以上,有效降低了高速公路隧道运营成本。与传统 LED 灯具相比,DFLED 灯真实使用寿命>50000h,全寿命周期内成本低,符合芜合高速公路改扩建项目全生命周期节能、减排的技术需求。

6.4 本章小结

本章从旧沥青再利用需求和隧道照明能耗节约需求两方面研究了固废利用及节能减排技术在高速公路改扩建工程中应用技术,得到的主要结论如下：

(1) 提出了旧沥青路面就地冷再生及异位利用技术的主要步骤,包括旧路调查及芯样性能评价、改性乳化沥青制备及性能评价、改性乳化沥青冷再生混合料配合比设计、高性能乳化沥青冷再生混合料路用性能评价,总结了旧沥青路面就地冷再生施工的关键工艺及质量管控要点。

(2) 利用旧沥青路面就地冷再生及异位利用关键技术,双车道每 200m 节约 6.2 万元,总成本降低约 8.6%,CO_2 等温室气体减排量降低 89.31%、柴油能耗降低 89%。旧沥青路面就地冷再生及异位利用技术的应用能够有效节约项目成本、减少温室气体排放、降低化石能源消耗,符合芜合高速公路改扩建工程绿色低碳建造理念。

(3) 提出了干式油石分离后的再生策略及性能评价标准,以变异系数作为衡量 RAP 料各个组成材料变异性的指标,并根据油石分离后的 RAP 性能试验分析,提出了 10~

15mm、5~10mm、3~5mm 三类油石分离集料可应用到上、中、下面层的技术方案;提出了基于干式油石分离的再生沥青混合料配合比设计方法,从高温稳定性、低温抗裂性、水稳定性、抗疲劳性能方面,提出了基于干式油石分离的再生沥青混合料路用性能评价方法;对设计出的掺加细 RAP 的水稳碎石混合料和普通水稳碎石混合料的路用性能进行试验评价,提出了掺加细 RAP 的水稳碎石混合料的级配选择、无侧限抗压强度、回弹模量、干缩性能、温缩性能等控制要求。

(4)与厂拌热再生相比,相同层位的干式油石分离热再生的材料成本降低约3%;与普通热拌混合料相比,相同层位的干式油石分离热再生的材料成本降低约19%,具有较好的经济效益;基于干式油石分离的再生沥青混合料的 RAP 掺量得到有效提高,节约了大量矿料并有效减少了碳排放,节约了由于旧沥青混合料堆积而占用的土地资源。

(5)针对现有隧道照明技术存在的使用寿命较短、眩光、照明亮度和照明色温不匹配、透烟可视距离低等问题,设计研发了由 DFLED 灯、纳米硅负离子涂料、多功能储能发光涂料和多功能蓄能发光视线诱导设施共同构成的新型隧道光环境体系。研究成果综合节能60%以上,有效降低了高速公路隧道运营成本;与传统 LED 灯具相比,DFLED 灯真实使用寿命大于 50000h,全寿命周期内成本低;提高了人眼视觉距离和完善了发生灾害状态下提供应急指示引导照明的功能,进一步提升了高速公路隧道光环境条件下的视认能力。

附录

附录 A　芜合高速公路改扩建项目科研项目及科技创新成果

芜合一期、二期高速公路改扩建工程历时近十年,聚焦项目施工过程关键技术难点,立项开展了科研课题研究,并取得了系列科技创新成果,具体项目清单见表 A.1,科技创新成果清单见表 A.2。

科研项目清单　　　　　　　　　　　　　　　　　　　　　　表 A.1

序号	项目名称	项目编号
1	高速公路改扩建工程交通安全风险评估技术研究	JKKJ-2021-18
2	安徽省高速公路改扩建工程交通组织管理与安全保障技术研究	AHJK-合芜改-2017-0022
3	高速公路改扩建工程预制管桩处理软土路堤的稳定性与变形协调技术研究	WHGS-合芜改-工-2022-0005
4	超长无缝桩板式路基关键技术研究	AHJK-合芜改-2018-0013
5	桩板式路基关键构件连接性能实验研究	JKXM-合芜改-2020-0005
6	大跨径变截面连续组合箱梁桥建造关键技术研究	JKXM-合芜改-2022-0002
7	免涂装高性能耐候钢在钢板组合梁中的应用研究	AHJK-合芜改-2018-0014
8	隧道改扩建工程安全控制与保护关键技术研究	SDSJK01 标
9	高速公路旧沥青路面就地冷再生及异位利用关键技术研究	AHJK-合芜改-2018-0018
10	基于干式油石分离的沥青混合料高质再生利用关键技术研究	JKXM-合芜改-2021-0028

科技创新成果清单　　　　　　　　　　　　　　　　　　　　表 A.2

序号	所述章节	成果名称	成果类型
1	施工交通组织	一种高速公路施工区车辆信息预警和防追尾提示系统	实用新型专利
2	施工交通组织	一种公路防撞护栏	实用新型专利
3	施工交通组织	《高速公路扩建交通转换期中分带开口设置技术研究》	学术论文
4	施工交通组织	《基于 VISSIM 仿真施工区路段速度推荐值研究》	学术论文

续上表

序号	所述章节	成果名称	成果类型
5	施工交通组织	《高速公路半幅单车道封闭作业区上游过渡段长度研究》	学术论文
6	施工交通组织	基于Vissim的等效最小安全距离计算软件V1.0	软件著作权
7	施工交通组织	一种高速公路临时中央分隔带开口长度分析软件V1.0	软件著作权
8	施工交通组织	安徽省高速公路改扩建工程交通组织管理与安全保障技术研究	安徽省公路学会交通科技进步奖二等奖
9	路基路面工程	《静力触探应用技术规程》(DB 34/T 3944—2021)	地方标准
10	路基路面工程	一种预制管桩打入方法	发明专利
11	路基路面工程	一种装配化梁板式无缝路面	实用新型专利
12	路基路面工程	一种装配化路面用预制梁板节段组	实用新型专利
13	路基路面工程	一种桩板式路基伸缩缝端头部位病害处置装置	实用新型专利
14	路基路面工程	*Analysis of the mechanical performance of the corbel of pile-plate structure*	学术论文
15	路基路面工程	*Finite element modeling and dynamic mode characteristics of pile-slab structure*	学术论文
16	路基路面工程	《基于ANSYS的公路桩板式结构连接构造非线性有限元分析》	学术论文
17	路基路面工程	一种一体化桩墩施工方法	安徽省专利银奖
18	路基路面工程	桩板式结构技术创新与工程应用	安徽省公路学会交通科技进步奖一等奖
19	路基路面工程	公路装配化桩板式结构关键技术研究	建华工程奖一等奖
20	路基路面工程	装配化桩板式道路成套技术研究与应用	华夏建设科学技术奖一等奖
21	路基路面工程	全装配化无土道路创新与关键技术研究	中国交通运输协会科技二等奖

续上表

序号	所述章节	成果名称	成果类型
22	桥涵工程	一种采用耐候波形钢腹板的钢-混凝土组合梁结构	发明专利
23	桥涵工程	一种用于耐候钢组合梁桥的梁端防、排水构造系统	实用新型专利
24	桥涵工程	一种超大直径超长钢筋笼起重吊具简易装置	实用新型专利
25	桥涵工程	钻孔钻头	实用新型专利
26	桥涵工程	钢护筒导向架	实用新型专利
27	桥涵工程	一种加强圈检测装置	实用新型专利
28	桥涵工程	一种龙门吊轨道支撑结构	实用新型专利
29	桥涵工程	Inspection and evaluation strategy for uncoated weathering steel bridges	学术论文
30	桥涵工程	《耐候桥梁钢在工业大气环境下的耐蚀性研究》	学术论文
31	桥涵工程	《公路桩板式结构设计与施工技术规程》（DB 34/T 4056—2021）	地方标准
32	桥涵工程	桩板式道路技术创新与工程应用	安徽省科学技术奖三等奖
33	桥涵工程	桥梁LP耐候钢技术创新与工程应用	安徽省公路学会交通科技进步奖特等奖
34	桥涵工程	一种钢混组合梁负弯矩区的连接装置及其施工办法	发明专利
35	桥涵工程	一种用于连接螺栓安装用的钢板辅助固定装置	实用新型专利
36	桥涵工程	一种超长超大直径桩基分体筒式四翼截齿钻头	交通建设微创新成果
37	隧道工程	隧道改扩建工程安全控制与保护关键技术研究	安徽省公路学会交通科技进步奖一等奖
38	隧道工程	邻近隧道爆破振速监测分析系统	实用新型专利
39	隧道工程	一种既有隧道衬砌涂装拆除装置	实用新型专利
40	隧道工程	试刀山隧道建养一体化平台软件V1.0	软件著作权

续上表

序号	所述章节	成果名称	成果类型
41	隧道工程	《隧道穿越断层破碎带施工过程围岩位移特征研究》	学术论文
42		《邻近隧道爆破震速预测及控制方法研究》	学术论文
43		《浅埋偏压岩体隧道施工工法研究》	学术论文
44	固废利用与节能减排	用于测定集料与沥青砂浆界面黏结力的固定机构、方法	发明专利
45		一种乳化沥青就地再生异地利用路面结构	实用新型专利
46		一种可拆卸式油石分离设备送料结构	实用新型专利
47		一种油石分离铣刨料的振动筛分装置	实用新型专利
48		一种干式油石分离装置	实用新型专利
49		一种沥青混合料再生利用装置	实用新型专利
50		《改性乳化沥青冷再生混合料高温性能研究》	学术论文
51		《改性乳化沥青高温性能研究》	学术论文
52		高速公路旧沥青路面就地冷再生及异位利用关键技术研究	安徽省公路学会交通科技进步奖二等奖

附录B 芜合高速公路改扩建项目"平安工程"创建实践

G5011芜合高速公路芜湖至林头段是国家高速公路网G50上海—重庆高速的联络线,是安徽省连接长三角地区重要干线公路和省内交通"内循环"重要通道。芜合高速公路芜湖至林头段改扩建工程,是安徽省"十四五"重点建设项目。为深入贯彻落实交通运输部《关于打造公路水运品质工程的指导意见》《关于做好平安百年品质工程创建示范 推动交通运输基础设施建设高质量发展的指导意见》(交安监发〔2024〕6号)等文件要求,以大力提升公路水运基础设施的使用寿命和耐久性为目标,全面推进公路水运品质工程建设,推动公路水运基础设施建设高质量发展,项目全面开展平安百年品质工程建设工作。

一、建设规模及主要技术指标

项目起自芜湖市鸠江区裕溪河特大桥北,向北终于马鞍山西枢纽北,顺接林头至陇西段改扩建起点,全长41.573km,项目总投资56.2886亿元,其中安生生产费用投入1.0504亿元。主要施工内容包括改扩建互通立交3处(芜湖北互通、含山互通和马鞍山西枢纽)、改建服务区1处、新增养护工区1处、改造主线收费站1处、匝道收费站2处。全线采用八车道高速公路标准改扩建,除特殊路段外,设计速度由现状100km/h提高为120km/h,整体式路基宽42.0m。芜合高速公路芜湖至林头段改扩建工程涉及的控制性工程及建设重难点主要包括:

(1)牛屯河特大桥:采取旧桥拆除重建、右侧分离增建方案,主桥为五跨变截面钢箱组合连续梁(70+3×125+70)m,左右分幅,单幅桥面宽20.75m。采用单桩独柱结构,主桥主墩采用T形桥墩,横向间距为11.5m,墩柱直径3.2m,桩基采用直径3.8m钻孔灌注桩,桩长80m。

(2)淮南铁路桥:交叉处铁路轴线与铁路桥设计线交角为133.06°(右偏角),铁路为复线布置。主桥总长1101.14m,采用31m跨径预制组合箱梁跨越铁路,两幅桥错孔布置,桥梁结构为正交,11.75m小边跨为钢筋混凝土结构,其余跨径为预应力混凝土结构。

(3)高山隧道:隧道改扩建方案采用2+2+2+2(利用既有隧道+增建单洞两车道隧道)方案,改造既有隧道810m,左洞换拱长度高达394m。新建分离式隧道左洞860m(左线纵坡2.2%/-2.450%)、右洞760m(2.2%/-2.450%),设计速度120km/h。

(4)马鞍山西枢纽:桥梁设计荷载公路Ⅰ级,匝道最小平曲线半径400m,最大纵坡2.34%。主线采取两侧整体拼宽,由双向四车道拓宽为双向八车道,路基宽度拓宽至42m;A、C、D、E匝道与主线衔接部分改建,其中,A、C匝道为"3+1"匝道桥,其余匝道完全利用。

二、施工安全风险特征

芜合高速公路芜湖至林头段改扩建工程涵盖特大桥工程、隧道工程、互通枢纽改造工程、上跨桥拆除新建以及涉铁工程等多种施工类型,存在的主要施工安全风险如下:

1. 现状交通流量大

作为安徽省"内通外联"的重要通道,扩容改造前芜合高速公路改扩建项目交通流量大,日均断面流量4.81万辆,高峰时间段超过10.3万辆,货车率约占28%,高山隧道等关键节点拥堵现象频发、区域通行能力差。

2. 运营保通风险高

为保障改扩建施工期间施工路段及区域路网交通运营畅通,项目采用"边通车、边施工"的交通组织方式,在各主要施工路段采取"保四通行"模式,进一步提升了施工过程中交通组织管理难度,施工安全风险与交通安全风险交织。

3. 关键工程风险高

项目沿线软土分布广泛,软基处置工程量大,单侧PHC管桩处理长度占路线总长的58%。软基处置与路基拼宽施工同步,施工工序交叉、工艺复杂,高大机械设备倾覆、物体打击等风险高。

牛屯河特大桥采用超大直径水下钻孔灌注桩,单桩独柱墩结构,单桩直径3.8m、最大桩长超过80m,单桩钢筋笼重量超78t,桩基施工难度大,物体打击、机械伤害等安全风险高;高山隧道服役时间长,左洞二次衬砌撤除重建比例达到70%,原有初期支护结构缺失,部分原有二次衬砌背后空洞较多,V级围岩高达70%。改扩建施工需拆除重建既有二次衬砌结构,隧道坍塌施工安全风险高。

4. 平纵交叉组合多

多处平纵转换、公铁转换路段,交通转换贯穿项目建设全周期,转换范围广。马鞍山西枢纽匝道日均交通流量超过3万辆,在保通状况下进行施工改造,对交通安全影响大;既有淮南铁路桥墩柱距离铁路中心线最小距离仅5.1m,无盖梁结构桥梁拆除施工安全风险大,现场防护要求高。

5. 外部环境变量多

芜合高速公路是连接合肥、芜湖、马鞍山三大重点城市的重点建设项目,扩容改造社会关注度高。项目建设贯穿疫情始末,对施工进度及工期提出较大挑战;受土地政策影响,项目建设用地报批历时8个月,对总体工期造成较大压力;随着国家进一步加强对环境保护工作的重视及人民对美好生态环境的需求日益增长,环保的高标准高要求提高了项目的管理难度。

三、主要施工工艺

针对芜合高速公路芜湖至林头段改扩建工程建设重难点及施工安全风险特征,项目聚焦深水河漫滩区穿越复杂地质岩层桩基施工、淮南铁路分离式立交桥拆除施工、高山隧道二次衬砌拆除重建和桥梁工业化建造等采取的主要施工工艺如下:

1. 深水河漫滩区穿越复杂地质岩层成孔稳定性控制工艺

护筒下土层钻进采用自主研发的分体筒式四翼截齿钻头,通过反循环减压钻进,在护筒底口附近慢速钻进,每小时进尺控制在0.3~0.8m左右,形成稳定孔壁,防止塌孔。对于含粉质黏土圆砾、砾砂层,采用轻压、低挡慢速钻进方法,以免孔壁不稳定,发生局部扩孔或局部坍孔。

2. 淮南铁路分离式立交桥拆除作业平台搭设

采用钢抱箍+钢横梁+钢管立柱形式作为临时支撑竖向受力结构,通过化学锚栓植筋将钢抱箍与桥墩连接,确保抱箍竖向承载安全、可靠;钢结构抱箍上设置双拼钢横梁并作为箱梁与架桥机支腿承载平台,钢横梁与抱箍通过高强螺栓连接,同时在抱箍下设置钢管立柱,防止架桥机横向移动过程中钢横梁的倾覆;钢横梁上设置钢结构临时支座及限位钢板,用于支撑小箱梁及防止箱梁倾覆。

3. 高山隧道二次衬砌拆除重建精准控制工艺

采用地质雷达对原有二次衬砌断面进行扫描,识别出潜在的空洞断面,结合地质资料对V级围岩段和空洞段围岩进行系统注浆加固,并施加临时钢拱架支撑。注浆完毕后拆除原二次衬砌,拆除时先在拱顶开1~2m²的天窗,查看围岩地质情况。按照先拱部后边墙的顺序,围岩条件较差时每次拆除纵向长度控制在1m。

4. 桥梁工业化建造施工工艺

建立了高速公路改扩建道路结构化安全快速拼宽模式,研发了板板、桩板高效连接工艺,发明了基于承载力控制的一体化预制桩柱精确打入方法;涵洞标准节段分为两个预制模块,接缝采用榫接头+弯螺栓的连接形式,通过侧墙凹槽与顶板凸角结构连接并设置铰缝定位点,有效提高预制拼装精度和效率,减少施工现场机械及人员投入。

四、风险管控措施

针对芜合高速公路芜湖至林头段改扩建工程存在的主要施工安全风险特征,项目在前期策划和建设实施阶段从施工安全管理、现场安全防护、施工安全控制、四新技术应用和科研基础保障等方面,采取了相应的施工安全风险管控措施和保障手段。

(1)坚持做好施工安全管理策划,做足规定动作、做好自选动作"两动作",确保安全责任落实、安全措施执行、安全费用投入、安全隐患整治"四到位",实现了从开工到交工844天"建设零死亡"。提出并应用了单向封闭交通组织模式,加强一路多方协调联动,科学管控大流量条件下交通安全风险,实现了"运营保通畅",落实了既定建设目标。

(2)提出"钢抱箍+钢横梁+钢管立柱形式"的临时支撑竖向受力结构,有效管控机械设备倾覆等施工安全风险,实现了高速公路改扩建无盖梁结构铁路桥梁安全拆除。

(3)提出了Ⅴ级围岩、穿越断层破碎带等复杂地质条件下长运营年限隧道二次衬砌结构拆除精准控制工艺,有效管控隧道坍塌等施工安全风险,实现了安徽省首例既有高速公路隧道二次衬砌结构规模化安全拆除重建。

(4)提出牛屯河特大桥超大直径桩基成孔安全稳定性控制工艺以及单桩80t超大钢筋笼吊装安全控制技术,有效管控物体打击、机械伤害等施工安全风险,保障了超大直径桩基(3.8m)施工安全。

(5)采取方案优化-快速作业-智能监测等安全管理措施,有效保障吊装及拆除作业过程中物体打击、高大机械设备倾覆等施工安全风险,系统总结了不同类型的(服务区、匝道桥、上跨桥、涵洞、特大桥梁等)长服役时间(25年)下构造物拆除作业的施工安全方法。

(6)借助科技力量,运用科研成果,为安全管理注入新活力,主持《安徽省高速公路改扩建工程交通组织管理与安全保障技术研究》《高速公路改扩建工程交通安全风险评估技术研究》《隧道改扩建工程安全控制与保护关键技术研究》等课题,参与《高速公路改扩建工程临时交通安全设施设置关键技术研究》,形成"四新""三微"等创新、专利成果20余项,获得科技奖励9项。

五、平安工地建设成效

项目地处长三角沿江地带江淮丘陵山地湿润区,具有现状交通流量大、运营保通风险高,平纵交叉组合多,关键工程风险高,外部环境变量多等特点,素有安徽省高速公路改扩建"小百科全书"之称。项目践行"安徽精度、品质徽道"建设理念,围绕平安工程创建,提出"建设零死亡、运营保通畅"建设目标,通过坚持安全管理五大创新,取得了交工验收99.46的高分,开创了扩容改造徽道模式,取得的主要安全生产业绩如下:

(1)坚持管理创新,建立安全管理策划机制。在规划阶段,率先编制安全管理策划大纲,推动落实安全生产条件,坚持做足规定动作、做好自选动作"两动作",确保安全责任落实、安全措施执行、安全费用投入、安全隐患整治"四到位";推动一路多方积极参与前期统筹谋划,及时消解涉路安全风险,实施"联勤联动维常态,通力合作筑平安",实现从开工到交工844天"建设零死亡"。

(2)坚持模式创新,创新单向封闭交通组织模式。提出了大交通流量、高施工难度、短施工时间等多重制约因素下适应安全快速施工的单向封闭交通组织模式,提出基于最小交通影响的施工路段安全风险评估方法,科学管控交通安全风险,大大降低改扩建路段交通事故率,实现"运营保通畅",落实了既定建设目标。

(3)坚持技术创新,管控危大工程拆除施工风险。采取方案优化-快速作业-智能监测等安全管理措施,有效保障40m预应力T梁桥拆除施工稳定性;提出了"钢抱箍+钢横梁+钢管立柱"形式的临时支撑竖向受力结构,有效保障了上跨既有铁路无盖梁结构桥拆除安全;采用雷达扫描、注浆加固、临时支撑、工序优化等手段,实现了高山隧道二次衬砌拆除重建精准控制,有效管控隧道坍塌施工安全风险,形成了不同类型、长服役时间构造物拆除施工安全方法。

(4)坚持三微创新,保障施工现场防护安全。研发了新型护栏轮廓标,有效匹配各类临时护栏,提供夜间行车诱导;研发了超大直径钢筋笼吊装装置,有效保障了单桩80t钢筋笼吊装稳定性和安全性。从交通安全和施工安全防护方面,形成了施工安全类微创新成果十余项,有效控制了机械伤害、物体打击、车辆伤害等风险。

(5)坚持工艺创新,促进本质安全水平提升。研发牛屯河特大桥3.8m超大直径桩基成孔安全稳定性控制工艺,提出基于"榫接头+弯螺栓"铰接形式的装配式通道拼装技术,建立了高速公路改扩建道路结构化安全快速拼宽模式,发展了路基和桥涵工程工业化建造模式,有效降低高大机械设备倾覆、坍塌等风险,形成安全快速施工成套技术方法。

参考文献

[1] 缪梦曦. 高速公路改扩建作业区安全保障技术及评价研究[D]. 南京:东南大学,2019.

[2] 蓝勇. 营运高速公路新建互通立交交叉工程交通组织设计研究[D]. 广州:华南理工大学,2019.

[3] 刘程. 高速公路互通式立交改扩建设计若干问题研究[D]. 西安:长安大学,2021.

[4] MA X G,GUO H B,TANG X D,et al. Emergency traffic distribution and related traffic organization method under natural disasters[J]. Sustainable Operations and Computers,2023(4):1-9.

[5] JIA Y,WANG L,ZOU H,et al. Traffic Conflict Prediction Model for Bottleneck Section of Expressway Construction Area Based on Video Recognition[C] // 12th International Conference on Intelligent Computation Technology and Automation,2019.

[6] HOU G,CHEN S. Study of work zone traffic safety under adverse driving conditions with a microscopic traffic simulation approach-ScienceDirect[J]. Accident Analysis & Prevention,2020,145(9):1-13.

[7] 孙丹,杨军超,李星,等. 高速公路互通式立交改扩建工程施工期交通组织研究[J]. 公路,2022,67(05):75-81.

[8] 成萌,刘兵,邓正步,等. 高速公路改扩建六车道交通组织横断面布局研究[J]. 武汉理工大学学报,2020,42(02):83-89.

[9] 张于平,单东辉,靳媛媛,等. 兼顾城市交通功能高速公路改扩建设计速度选取方法研究[J]. 公路,2022,67(10):301-307.

[10] 张妍,李露,马壮林,等.公路养护组织方案优化与效益评估[J].中外公路,2021,41(S2):227-239.

[11] 王彬.高速公路改扩建期交通分流的效益分析[D].西安:长安大学,2011.

[12] 刘伟,华文婷,付青松.基于TransCAD的单向交通组织方案评价[J].交通信息与安全,2010,28(05):99-103.

[13] 李然然.单向交通组织绕行影响分析及综合效益评价[D].成都:西南交通大学,2010.

[14] 侯习东,龙逵,李旭,等.基于时间效益的U-turn中央分隔带开口选址研究[J].科技创新导报,2018,15(21):82-84.

[15] ZOU H,ZHU S Y,JIANG R X,et al. Traffic conflicts in the lane-switching sections at highway reconstruction zones[J]. Journal of Safety Research,2022(11):1-9.

[16] MENG Q,WENG J X. A Genetic algorithm approach to assessing work zone casualty risk[J]. Safety Science,2011,49(8-9):1283-1288.

[17] ALMALIAH M,HUSSAIN Q,ALHAJYASEEN W,et al. Improved traffic safety at work zones through animation-based variable message signs[J]. Accident Analysis and Prevention,2021(9):159.

[18] 杜子君,侯伟,吕能超,等.改扩建公路同分带开口交通仿真及安全特性评价[J].交通信息与安全,2019,37(05):18-25.

[19] 曹梦迪.高速公路施工区交通冲突预测及安全评价应用[D].哈尔滨:哈尔滨工业大学,2020.

[20] 吴彪,宋成举,戴彤焱,等.高速公路施工区合流冲突风险阈值界定及交通冲突量预测[J].北京工业大学学报,2014,40(04):561-566.

[21] 赵晓华,杨海益,姚莹,等.高速公路桥梁路段交通安全风险评价及影响要素挖掘[J].同济大学学报(自然科学版),2022,50(11):1637-1646.

[22] 田万利,吴忠广,李娟,等.基于动态风险饱和度的高速公路交通安全分析[J].交通信息与安全,2021,39(05):12-18.

[23] BHARADWAJ N,EDARA P,SUN C. Risk Factors in Work Zone Safety Events:A Naturalistic Driving Study Analysis[J]. Journal of the Transportation Research Board,2019,1-9.

[24] HU J B,GAO X J,WANG R H,et al. Safety evaluation index on daytime lighting of tunnel entrances[J]. Advances in Mechanical Engineering,2019,11(5):1-10.

[25] 刘兴东,胡志平,向昕.高速公路路基拼接方案与优化分析[J].公路交通科技(应用技术版),2014(4):5.

[26] 康笠.济青高速公路拓宽路基差异沉降控制模型试验对比研究[J].公路交通科技(应用技术版),2019,15(06):56-58.

[27] 翁效林,张留俊,李林涛,等.拓宽路基差异沉降控制技术模型试验研究[J].岩土工程学报,2011,33(01):159-164.

[28] 万瑞,张峻伟,张婷.路基路面拼接施工技术在高速公路改扩建中的应用[J].公路,2021,66(02):351-357.

[29] 丁凤臣.高速公路新老路基拼接施工技术探析[J].公路交通科技(应用技术版)2017,13(07):166-167.

[30] 徐柿根,傅爱蓉.高速公路拓宽工程路基拼接施工技术应用[J].交通世界,2021(32):123-124.

[31] 张玲.钢管板桩结构的设计计算和施工工艺研究[D].上海:上海交通大学,2016.

[32] 张淑坤,张向东,李永靖,等.深水基础组合桩围护体系设计与应急处理技术[J].中国安全生产科学技术,2014,10(07):130-134.

[33] 孙洪春,范御华,胡雪华,等.复杂土层HZM/AZ型组合钢板桩施工技术[J].水运工程,2022(01):209-214.

[34] 游锦坚.U形钢板桩弯曲力学特性试验研究[D].广州:华南理工大学,2020.

[35] 林金舜.沙溪特大桥断层破碎带大直径桩基施工技术[J].公路,2019,64(03):106-110.

[36] PENG W Z,et al. Analysis of laterally loaded piles in sloping ground using a modified strain wedge model[J]. Computers and Geotechnics,2019(107):163-175.

[37] MOHAMED A,AMR H. Contribution of Vertical Skin Friction to the Lateral Resistance of Large-Diameter Shafts[J]. Journal of Bridge Engineering,2014,19(2):289-302.

[38] ZHENG Z J,DU Z G,XIANG Q J,et al. Influence of multiscale visual information on drivers perceived speed in highway tunnels[J]. Advances in Mechanical Engineering,2018,10(12):1-12.

[39] 赵英策.港珠澳大桥跨气田管线桥变截面连续钢箱梁设计及施工关键技术[J].公路,2019,64(06):113-119.

[40] 孙磊.大型变截面连续钢箱梁高空总拼关键技术研究[J].公路交通科技,2021,38(S1):62-70.

[41] 陈仕周.钢桥面浇注式沥青混凝土铺装技术[M].北京:人民交通出版社股份有限公司,2015.

[42] 刘双,聂玉东,张铭,等.钢-混组合梁斜拉桥现浇混凝土桥面板关键设计技术研究[J].公路,2020,65(07):359-363.

[43] 朱奎,魏纲,徐日庆.软土地基预制桩施工时桩上浮现象研究[J].岩土力学,2010,31(05):1564-1568.

[44] 李福连,尚伟,华锦耀.基坑支护采用PC工法组合钢管桩及其快速接头施工技术[J].建筑施工,2019,41(01).

[45] 郭国和,韩富庆,马增,等.云茂高速公路预制装配式涵洞应用[J].公路,2020,65(10):73-77.

[46] 魏杰,王思琦,梁勇,等.预制装配式涵洞施工技术研究[J].施工技术(中英文),2022,51(19):89-92.

[47] LARROSA N O, AKID R, AINSWORTH R A. Corrosion-fatigue: a review of damage tolerance models[J]. International Materials Reviews,2018,63(5): 283-308.

[48] 陈开利.日本耐候钢桥梁技术的研究发展动向[J].世界桥梁,2020,48(01):47-52.

[49] STEFANOS G,et al. Correlation of laboratory and real marine corrosion for the investigation of corrosion fatigue behaviour of steel components[J]. International Journal of Fatigue,2019,126: 90-102.

[50] 刘德军,仲飞,黄宏伟,等.运营隧道衬砌病害诊治的现状与发展[J].中国公路学报,2021,34(11):178-199.

[51] 张在晨,林从谋,李家盛,等.我国公路隧道改扩建技术发展现状及研究展望[J].隧道建设(中英文),2022,42(04):570-585.

[52] ALIREZA A. Study of infrared thermal application for detecting defects within tunnel lining[J]. Tunnelling and Underground Space Technology incorporating Trenchless Technology Research,2019,86: 186-197.

[53] BRETT K. Void detection in two-component annulus grout behind a pre-cast segmental tunnel liner using Ground Penetrating Radar[J]. Tunnelling and Underground Space Technology incorporating Trenchless Technology Research,2019,83: 381-392.

[54] 邱礼球.基于物元可拓模型的改扩建隧道施工安全风险评估[J].隧道建设(中英文),2018,38(S2):25-30.

[55] 王春河,朱福强,罗兴,等.隧道改扩建工程施工风险评估研究[J].现代隧道技术,2021,58(02):63-70.

[56] 余涛.矿山法隧道塌方冒顶处理技术研究[J].工程技术研究,2021,6(20):227-229.

[57] 关宝树.隧道工程施工要点集[M].北京:人民交通出版社,2011.

[58] 汪波,郭新新,王志伟,等.新建隧道爆破施工对既有裂缝病害隧道的动力响应分析[J].爆破,2019,36(01):90-96.

[59] 王晓星,张昱辉,鲁彪.机械与爆破法下路基开挖对既有临近隧道的影响[J].公路交通科技,2022,39(04):101-107.

[60] JIANG N,ZHOU C B. Blasting vibration safety criterion for a tunnel liner structure[J]. Tunnelling and Underground Space Technology incorporating Trenchless Technology Research,2012,32:52-57.

[61] 郭新新,刘锦超,汪波,等.既有裂缝、空洞病害隧道爆破振动安全控制标准[J].爆炸与冲击,2020,40(11):149-159.

[62] 程方圆,姚国明,奎永才,等.集成GIS/BIM的公路隧道数字化管理研究及应用[J].隧道建设(中英文),2019,39(12):1973-1980.

[63] 宋战平,史贵林,王军保,等.基于BIM技术的隧道协同管理平台架构研究[J].岩土工程学报,2018,40(S2):117-121.